Reliure serrée

Texte détérioré — reliure défectueuse

NF Z 43-120-11

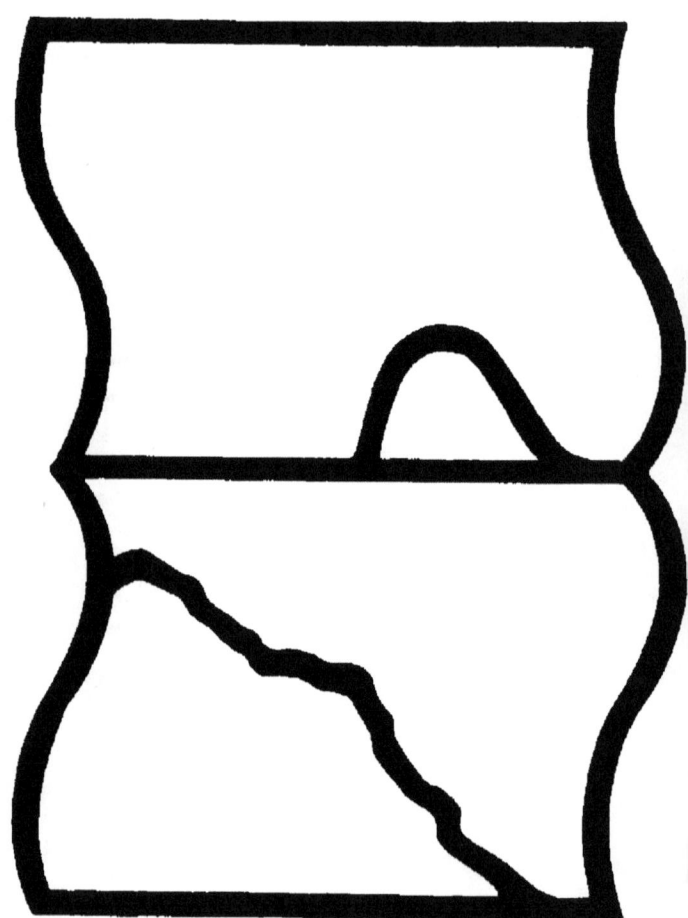

247-31.

QUESTIONS
SUR
L'ENCYCLOPÉDIE,
PAR
DES AMATEURS.

SIXIEME PARTIE.

M. DCC. LXXI.

QUESTIONS

SUR

L'ENCYCLOPEDIE.

FABLE.

L eſt vraiſemblable que les fables dans le goût de celles qu'on attribué à *Eſope*, & qui ſont plus anciennes que lui, furent inventées en Aſie par les premiers peuples ſubjugués : des hommes libres n'auraient pas eu toûjours beſoin de déguiſer la vérité : on ne peut guères parler à un tyran qu'en paraboles, encor ce détour même eſt-il dangereux.

Il ſe peut très bien auſſi que les hommes aimant naturellement les images & les contes, les gens d'eſprit ſe ſoient amuſés à leur

Sixiéme partie.   A

en faire sans aucune autre vue. Quoiqu'il en soit, telle est la nature de l'homme, que la fable est plus ancienne que l'histoire.

Chez les Juifs qui sont une peuplade toute nouvelle *a*) en comparaison de la Caldée & de Tyr ses voisines, mais fort ancienne par rapport à nous, on voit des fables toutes semblables à celles d'*Esope* dès le tems des juges; c'est-à-dire mille deux cent trente-trois ans avant notre ère; si on peut compter sur de telles supputations.

Il est donc dit dans les Juges, que *Gédéon* avait soixante & dix fils, qui étaient *sortis de lui parce qu'il avait plusieurs femmes*, & qu'il eut d'une servante un autre fils nommé *Abimélec*.

Or cet *Abimélec* écrasa sur une même pierre soixante & neuf de ses frères, selon la coutume; & les Juifs pleins de respect & d'admiration pour *Abimélec* allèrent le couronner roi sous un chêne auprès de la ville de Mélo, qui d'ailleurs est peu connue dans l'histoire.

Joatham le plus jeune des frères, échappé seul au carnage, (comme il arrive toûjours dans les anciennes histoires) harangua les Juifs; il leur dit que les arbres allèrent un

a) Il est prouvé que la peuplade hébraïque n'arriva en Palestine que dans un tems où le Canaan avait déja d'assez puissantes villes; Tyr, Sidon, Berith, florissaient. Il est dit que *Josué* détruisit Jé-

jour se choisir un roi. On ne voit pas trop comment des arbres marchent ; mais s'ils parlaient, ils pouvaient bien marcher. Ils s'adressèrent d'abord à l'olivier ; & lui dirent, régne : l'olivier répondit ; Je ne quitterai pas le soin de mon huile pour régner sur vous. Le figuier dit, qu'il aimait mieux ses figues que l'embarras du pouvoir suprême. La vigne donna la préférence à ses raisins. Enfin les arbres s'adressèrent au buisson ; le buisson répondit, *Je régnerai sur vous, je vous offre mon ombre ; & si vous n'en voulez pas, le feu sortira du buisson & vous dévorera.*

Il est vrai que la fable péche par le fonds ; parce que le feu ne sort point d'un buisson ; mais elle montre l'antiquité de l'usage des fables.

Celle de l'estomac & des membres, qui servit à calmer une sédition dans Rome, il y a environ deux mille trois cent ans, est ingénieuse & sans défaut. Plus les fables sont anciennes, plus elles sont allégoriques.

L'ancienne fable de *Vénus*, telle qu'elle est rapportée dans *Hésiode*, n'est-elle pas une allégorie de la nature entière ? Les parties de la génération sont tombées de l'éther sur

---

rico & la ville des lettres, des archives, des écoles appellée *Cariath Sepher* ; donc les Juifs n'étaient alors que des étrangers qui portaient le ravage chez des peuples policés.

le rivage de la mer ; *Vénus* naît de cette écume précieuse ; son premier nom est celui d'*Amante* de l'organe de la génération *Philometès* : y a-t-il une image plus sensible ?

Cette *Vénus* est la déesse de la beauté ; la beauté celle d'être aimable, si elle marche sans les graces ; la beauté fait naître l'amour ; l'amour a des traits qui percent les cœurs ; il porte un bandeau qui cache les défauts de ce qu'on aime ; il a des ailes, il vient vite & fuit de même.

La sagesse est conçue dans le cerveau du maître des Dieux sous le nom de *Minerve* ; l'ame de l'homme est un feu divin que *Minerve* montre à *Prométhée*, qui se sert de ce feu divin pour animer l'homme.

Il est impossible de ne pas reconnaître dans ces fables une peinture vivante de la nature entière. La plûpart des autres fables sont ou la corruption des histoires anciennes, ou le caprice de l'imagination. Il en est des anciennes fables comme de nos contes modernes : il y en a de moraux qui sont charmans ; il en est qui sont insipides.

Les fables des anciens peuples ingénieux ont été grossiérement imitées par des peuples grossiers ; témoins celles de *Bacchus*, d'*Hercule*, de *Prométhée*, de *Pandore* & tant d'autres ; elles étaient l'amusement de l'ancien monde. Les barbares qui en entendirent parler confusément, les firent entrer dans leur mythologie sauvage ; & ensuite ils osèrent dire, c'est nous qui les avons inventées. Hélas ! pauvres peuples ignorés & ignorans, qui n'avez connu aucun art ni agréable, ni utile, chez qui même le nom de *Géométrie* ne parvint jamais, pouvez-vous dire que vous avez inventé quelque chose ? Vous n'avez su ni trouver des vérités, ni mentir habilement.

La plus belle fable des Grecs est celle de *Psiché*. La plus plaisante fut celle de la matrone d'Ephèse.

La plus jolie parmi les modernes fut celle de la folie, qui ayant crevé les yeux à l'amour, est condamnée à lui servir de guide.

Les fables attribuées à *Esope* sont toutes des emblêmes, des instructions aux faibles, pour se garantir des forts autant qu'ils le peuvent. Toutes les nations un peu savantes les ont adoptées. *La Fontaine* est celui qui les a traitées avec le plus d'agrément : il y en a environ quatre-vingt qui sont des chefs-d'œuvre de naïveté, de graces, de finesse, quelquefois même de poësie ; c'est encore un des avantages du siécle de *Louis XIV* d'avoir produit un *La Fontaine*. Il a trouvé si bien le secret de se faire lire sans presque le chercher, qu'il a eu en France plus de réputation que l'inventeur même.

Boileau ne l'a jamais compté parmi ceux qui fesaient honneur à ce grand siécle ; sa raison ou son prétexte était qu'il n'avait jamais rien inventé. Ce qui pouvait encor excuser *Boileau*, c'était le grand nombre de fautes contre la langue & contre la correction du stile ; fautes que *La Fontaine* aurait pu éviter, & que ce sévère critique ne pouvait pardonner. C'était la cigale, qui *ayant chanté tout l'été, s'en alla crier famine chez la fourmi sa voisine*, qui lui dit, *qu'elle la payera avant l'oust, foi d'animal, intérêt & principal*, & à qui la fourmi répond ; *Vous chantiez, j'en suis fort aise ; eh bien dansez maintenant.* Comme si les fourmis dansaient.

C'était le loup qui voyant la marque du collier du chien, lui dit, *Je ne voudrais pas même à ce prix un trésor.* Comme si les trésors étaient à l'usage des loups.

C'était la *race escarbote qui est en quartier d'hyver comme la marmote.*

C'était l'astrologue qui se laissa cheoir, & à qui on dit, *pauvre bête, penses-tu lire au-dessus de ta tête ?* En effet, *Copernic, Galilée, Cassini, Halley*, ont très bien lu au-dessus de leur tête ; & le meilleur des astronomes peut se laisser tomber sans être une pauvre bete.

L'astrologie judiciaire est à la vérité une charlatanerie très ridicule ; mais ce ridicule ne consistait pas à regarder le ciel : il consistait à croire ou à vouloir faire croire qu'on y lit ce qu'on n'y lit point. Plusieurs de ces fables ou mal choisies, ou mal écrites, pouvaient mériter en effet la censure de *Boileau*.

Rien n'est plus insipide que la femme noyée, dont on dit qu'il faut chercher le corps en remontant le cours de la rivière parce que cette femme avait été contredisante.

Le tribut des animaux envoyé au roi *Aléxandre*, est une fable qui, pour être ancienne, n'en est pas meilleure. Les animaux n'envoyent point d'argent à un roi ; & un lion ne s'avise pas de voler de l'argent.

Un satyre qui reçoit chez lui un passant, ne doit point le renvoyer sur ce qu'il soufle d'abord dans ses doigts, parce qu'il a trop froid ; & qu'ensuite en prenant *l'écuelle aux dents* il soufle sur son potage qui est trop chaud. L'homme avait très grande raison, & le satyre était un sot. D'ailleurs on ne prend point l'écuelle avec les dents.

Mère écrevisse qui reproche à sa fille de ne pas aller droit, & la fille qui lui répond que sa mère va tortu, n'a pas paru une fable agréable.

Le buisson & le canard en société avec une chauve-souris pour des marchandises, *ayant des comptoirs, des facteurs, des agens, payant le principal & les intérêts, & ayant des sergens à leur porte*, n'a ni vérité, ni naturel, ni agrément.

Un buisson qui sort de son pays avec une chauve-souris pour aller trafiquer, est une de ces imaginations froides & hors de la nature que *La Fontaine* ne devait pas adopter.

Un logis plein de chiens, & des chats *vivant entre eux comme cousins, se brouillant pour un pot de potage*, semble bien indigne d'un homme de goût.

La *pie-margot-caquet-bon-bec* est encor pire; l'aigle lui dit, qu'elle n'a que faire de sa compagnie, parce qu'elle parle trop. Sur quoi *La Fontaine* remarque qu'il faut à la cour *porter habit de deux paroisses*.

Que signifie un milan présenté par un oiseleur à un roi, auquel il prend le bout du nez avec ses griffes ?

Un singe qui avait épousé une fille Parisienne & qui la battait, est un très mauvais conte qu'on avait fait à *La Fontaine*, & qu'il eut le malheur de mettre en vers.

De telles fables & quelques autres pouraient sans doute justifier *Boileau* : il se pouvait même que *La Fontaine* ne sût pas distinguer ses mauvaises fables des bonnes.

Madame de *la Sablière* appellait La Fontaine *un fablier*, qui portait naturellement des fables, comme un prunier des prunes. Il est vrai qu'il n'avait qu'un stile, & qu'il écrivait un opéra de ce même stile dont il parlait de *Janot Lapin*, & de

Rominagrobis. Il dit dans l'opéra de *Daphné* ;

> J'ai vu le tems qu'une jeune fillette,
> Pouvait fans peur aller au bois feulette :
> Maintenant, maintenant les bergers font loups.
> Je vous dis, je vous dis, filles gardez-vous.

> Jupiter vous vaut bien ;
> Je ris auffi quand l'amour veut qu'il pleure :
> Vous autres Dieux n'attaquez rien
> Qui fans vous étonner s'ofe défendre une heure.

> Que vous êtes reprenante
> Gouvernante !

Malgré tout cela, *Boileau* devait rendre juftice au mérite fingulier du bon homme ; c'eft ainfi qu'il l'appellait ; & être enchanté avec tout le public du ftile de fes bonnes fables.

La Fontaine n'était pas né inventeur ; ce n'était pas un écrivain fublime, un homme d'un goût toûjours fûr, un des premiers génies du grand fiécle ; & c'eft encor un défaut très remarquable dans lui de ne pas parler correctement fa langue. Il eft dans cette partie très inférieur à *Phèdre* ; mais c'eft un homme unique dans les excellens morceaux qu'il nous a laiffés : ils font en grand nombre, ils font dans la bouche de tous ceux qui ont été élevés honnêtement : ils contribuent même à leur éducation : ils iront à la dernière postérité ; ils conviennent à tous les hommes, à tous les âges ; & ceux de *Boileau* ne conviennent guères qu'aux gens de lettres.

DE QUELQUES FANATIQUES QUI ONT VOULU PROSCRIRE LES ANCIENNES FABLES.

Il y eut parmi ceux qu'on nomme *janfénistes*, une petite secte de cerveaux durs & creux, qui voulurent proscrire les belles fables de l'antiquité, substituer *St. Prosper* à *Ovide*, & *Santeuil* à *Horace*. Si on les avait crus, les peintres n'auraient plus représenté *Iris* sur l'arc-en-ciel, ni *Minerve* avec son égide ; mais *Nicole* & *Arnauld* combattant contre des jésuites & contre des protestans ; Mademoiselle *Perrier* guérie d'un mal aux yeux par une épine de la couronne de JESUS-CHRIST, arrivée de Jérusalem à Port-royal ; le conseiller *Carré de Montgeron* préfentant à *Louïs XV* le recueil des convulsions de St. Médard, & *St. Ovide* ressuscitant des petits garçons.

Aux yeux de ces sages austères, *Fénélon* n'était qu'un idolâtre qui introduisait l'enfant *Cupidon* chez la nymphe *Eucharis*, à l'exemple du poëme impie de l'Enéide.

Pluche à la fin de sa fable du ciel intitulée *Histoire*, fait une longue dissertation pour prouve qu'il est honteux d'avoir dans ses tapisseries des figures prises des métamorphoses d'*Ovide* ; & que *Zéphire* & *Flore*, *Vertumne* & *Pomone* devraient être bannis des jardins de Versailles. Il exhorte l'académie des belles-lettres à s'opposer à ce mauvais goût, & il dit qu'elle seule est capable de rétablir les belles-lettres.

Hist. du ciel, tom. 2. page 398.

Voici une petite apologie de la fable, que nous présentons à notre cher lecteur pour le prémunir contre la mauvaise humeur de cet ennemi des beaux arts.

APOLOGIE DE LA FABLE.

Savante antiquité, beauté toûjours nouvelle,
Monumens du génie, heureuses fictions,
  Environnez-moi des rayons
  De votre lumière immortelle :
Vous savez animer l'air, la terre & les mers ;
  Vous embellissez l'univers.
Cet arbre à tête longue, aux rameaux toûjours verds,
  C'est Atis aimé de Cibèle ;
La précoce Hyacinte est le tendre mignon
Que sur ces prés fleuris caressait Apollon.
Flore avec le zéphire a peint ces jeunes roses
  De l'éclat de leur vermillon.
Des baisers de Pomone on voit dans ce vallon
Les fleurs de mes pêchers nouvellement écloses.
Ces montagnes, ces bois qui bordent l'horizon
  Sont couverts de métamorphoses.

Ce cerf aux pieds légers eſt le jeune Actéon.
Du chantre de la nuit j'entends la voix touchante,
  C'eſt la fille de Pandion,
  C'eſt Philomèle gémiſſante.
Si le foleil fe couche il dort avec Thétis.
Si je vois de Vénus la planète brillante,
C'eſt Vénus que je vois dans les bras d'Adonis.
Ce pôle me préſente Andromède & Perſée ;
Leurs amours immortels échauffent de leurs feux
Les éternels frimats de la zone glacée ;
Tout l'olympe eſt peuplé de héros amoureux ;
Admirables tableaux ! féduiſante magie !
Qu'Héſiode me plaît dans ſa théologie !
Quand il me peint l'amour débrouillant le cahos,
S'élançant dans les airs & planant fur les flots !
Vantez-nous maintenant, bienheureux légendaires,
Le porc de Saint Antoine & le chien de Saint Roc.
  Vos reliques, vos ſcapulaires
Et la guimpe d'Urſule & la craſſe du froc ;
Mettez la Fleur des ſaints à côté d'un Homère :
Il ment ; mais en grand-homme ; il ment, mais il
 fait plaire.
  Sottement vous avez menti,
 , Par lui l'eſprit humain s'éclaire :
Et ſi l'on vous croyait, il ferait abruti.
On chérira toûjours les erreurs de la Grèce,
  Toûjours Ovide charmera.
Si nos peuples nouveaux font chrétiens à la meſſe,

Ils sont payens à l'opéra.
L'almanach est payen ; nous comptons nos journées
Par le seul nom des Dieux que Rome avait connus ;
C'est Mars & Jupiter, c'est Saturne & Vénus,
Qui président au tems, qui font nos destinées.
Ce mélange est impur, on a tort ; mais enfin
Nous ressemblons assez à l'abbé Pellegrin ;
*Le matin catholique & le soir idolâtre,
Déjeunant de l'autel, & soupant du théâtre.*

FACULTÉ.

Toutes les puissances du corps & de l'entendement ne sont-elles pas des facultés, & qui pis est des facultés très ignorées, de franches qualités occultes, à commencer par le mouvement dont personne n'a découvert l'origine ?

Quand le président de la faculté de médecine dans le *Malade imaginaire*, demande à Thomas Diafoirus *quare opium facit dormire ?* Thomas répond très pertinemment, *quia est in eo virtus dormitiva quæ facit sopire*, parce qu'il y a dans l'opium une faculté soporative qui fait dormir. Les plus grands physiciens ne peuvent guères mieux dire.

Le sincère chevalier de *Jaucourt* avoue à l'article *Sommeil*, qu'on ne peut former sur la cause du sommeil que de simples conjectures. Un autre *Thomas* plus révéré que *Diafoirus*, n'a pas répondu autrement que ce bachelier de comédie, à toutes les questions qu'il propose dans ses volumes immenses.

Il est dit à l'article *Faculté* du grand dictionnaire encyclopédique, *que la faculté vitale une fois établie dans le principe intelligent qui nous anime, on conçoit aisément que cette faculté excitée par les impressions que le sensorium vital transmet à la partie du sensorium commun, détermine l'influx alternatif du suc nerveux dans les fibres motrices des organes vitaux, pour faire contracter alternativement ces organes.*

Cela revient précisément à la réponse du jeune médecin Thomas, *quia est in eo virtus alternativa quæ facit alternare.* Et ce *Thomas Diafoirus* a du moins le mérite d'être plus court.

La faculté de remuer le pied quand on le veut, celle de se ressouvenir du passé, celle d'user de ses cinq sens, toutes nos facultés en un mot, ne sont-elles pas à la Diafoirus ?

Mais la pensée ! nous disent les gens qui savent le secret ; la pensée, qui distingue l'homme du reste des animaux !

Sanctius his animal mentisque capacius altæ.

Cet animal si saint, plein d'un esprit sublime.

Si faint qu'il vous plaira ; c'eft ici que *Diafoirus* triomphe plus que jamais. Tout le monde au fond répond *quia eft in eo virtus penfativa quæ facit penfare*. Perfonne ne faura jamais par quel myftère il penfe.

Cette queftion s'étend donc à tout dans la nature entière. Je ne fais s'il n'y aurait pas dans cet abîme même une preuve de l'exiftence de l'Etre fuprême. Il y a un fecret dans tous les premiers refforts de tous les êtres, à commencer par un galet des bords de la mer, & à finir par l'anneau de Saturne & par la voie lactée. Or comment ce fecret fans que perfonne le fût ? il faut bien qu'il y ait un être qui foit au fait.

Des favans, pour éclairer notre ignorance, nous difent qu'il faut faire des fyftèmes, qu'à la fin nous trouverons le fecret. Mais nous avons tant cherché fans rien trouver, qu'à la fin on fe dégoûte. C'eft la philofophie pareffeufe, nous crient-ils ; non, c'eft le repos raifonnable de gens qui ont couru en vain. Et après tout, philofophie pareffeufe vaut mieux que théologie turbulente ; & chimères métaphyfiques.

FANATISME.

SECTION PREMIÈRE.

SI cette expression tient encor à son origine, ce n'est que par un filet bien mince.

Fanaticus était un titre honorable, il signifiait *desservant* ou *bienfaiteur d'un temple*. Les antiquaires, comme le dit le dictionnaire de Trevoux, ont retrouvé des inscriptions dans lesquelles des Romains considérables prenaient ce titre de *fanaticus*.

Dans la harangue de Cicéron *pro domo sua*, il y a un passage où le mot *fanaticus* me paraît difficile à expliquer. Le séditieux & débauché *Clodius* qui avait fait exiler *Cicéron* pour avoir sauvé la république; non-seulement avait pillé & démoli les maisons de ce grand-homme. Mais afin que *Cicéron* ne pût jamais rentrer dans sa maison de Rome, il en avait consacré le terrain; & les prêtres y avaient bâti un temple à la liberté, ou plutôt à l'esclavage dans lequel *César*, *Pompée*, *Crassus* & *Clodius* tenaient alors la république : tant la religion dans tous les tems a servi à persécuter les grands-hommes.

Lorsqu'enfin dans un tems plus heureux *Cicéron* fut rappellé, il plaida devant le peuple

ple pour obtenir que le terrain de fa maifon lui fût rendu, & qu'on la rebâtît aux frais du peuple Romain. Voici comme il s'exprime dans fon plaidoyer contre *Clodius*.

Afpicite pontifices, afpicite hominem religiofum, monete eum modum effe religionis nimium, effe fuperftitiofum, non oportere; quid tibi neceffe fuit anili fuperftitione homo fanatice facrificium quod alienæ domi fieret inviferere?

Le mot *fanaticus* fignifie-t-il en cette place, infenfé fanatique, impitoyable fanatique, abominable fanatique comme on l'entend aujourd'hui ? ou bien fignifie-t-il pieux, confécrateur, homme religieux, dévot zélateur des temples ? ce mot eft-il ici une injure ou une louange ironique ? je n'en fais pas affez pour décider ; mais je vais traduire.

„ Regardez, pontifes, regardez cet homme
„ religieux, avertiffez-le que la religion même
„ a fes bornes, qu'il ne faut pas être fi fcru-
„ puleux. Quel befoin vous confécrateur,
„ vous fanatique, quel befoin avez-vous de
„ recourir à des fuperftitions de vieille pour
„ affifter à un facrifice qui fe fefait dans une
„ maifon étrangère ? "

Cicéron fait ici allufion aux myftères de la bonne déeffe que *Clodius* avait profanés en fe gliffant déguifé en femme avec une vieille pour entrer dans la maifon de *Céfar*, & pour y coucher avec fa femme : c'eft donc ici évidemment une ironie.

Sixiéme partie. B

Cicéron appelle *Clodius* homme religieux ; l'ironie doit donc être soutenue dans tout ce paſſage. Il ſe ſert de termes honorables pour mieux faire ſentir la honte de *Clodius*. Il me parait donc qu'il emploie le mot *fanatique* comme un mot honorable, comme un mot qui emporte avec lui l'idée de conſécrateur, de pieux, de zélé deſſervant d'un temple.

On put depuis donner ce nom à ceux qui ſe crurent inſpirés par les Dieux.

> Les Dieux à leur interprète
> Ont fait un étrange don,
> Ne peut-on être prophète
> Sans qu'on perde la raiſon ?

Le même dictionnaire de Trevoux dit que les anciennes chroniques de France appellent Clovis *fanatique & payen*. Le lecteur déſirerait qu'on nous eût déſigné ces chroniques. Je n'ai point trouvé cette épithète de *Clovis* dans le peu de livres que j'ai vers le mont Crapak où je demeure.

On entend aujourd'hui par *fanatiſme* une folie religieuſe, ſombre & cruelle. C'eſt une maladie de l'eſprit qui ſe gagne comme la petite vérole. Les livres la communiquent beaucoup moins que les aſſemblées & les diſcours. On s'échauffe rarement en liſant ;

car alors on peut avoir le sens rassis. Mais quand un homme ardent & d'une imagination forte parle à des imaginations faibles, ses yeux sont en feu, & ce feu se communique ; ses tons, ses gestes ébranlent tous les nerfs des auditeurs. Il crie : DIEU vous regarde, sacrifiez ce qui n'est qu'humain ; combattez les combats du seigneur : & on va combattre.

Le fanatisme est à l'entousiasme du superstitieux ce que le transport est à la fiévre.

Celui qui a des extases, des visions, qui prend des songes pour des réalités, & ses imaginations pour des prophéties, est un fanatique novice qui donne de grandes espérances ; il poura bientôt tuer pour l'amour de DIEU.

Barthelemi Diaz fut un fanatique profès. Il avait à Nuremberg un frère *Jean Diaz* qui n'était encor qu'entousiaste luthérien, vivement convaincu que le pape est l'antechrist, ayant le signe de la bête. *Barthelemi* encor plus vivement persuadé que le pape est DIEU en terre, part de Rome pour aller convertir ou tuer son frère ; il l'assassine : voilà du parfait : & nous avons ailleurs rendu justice à ce *Diaz*.

Polyeucte qui va au temple dans un jour de solemnité renverser & casser les statues & les ornemens, est un fanatique moins horrible que *Diaz*, mais non moins sot. Les aſſaſſins du duc *François de Guiſe*, de *Guillaume* prince d'Orange, du roi *Henri III*, & du roi *Henri IV*, de tant d'autres, étaient des énergumènes malades de la même rage que *Diaz*.

Le plus grand exemple de fanatiſme, eſt celui des bourgeois de Paris qui coururent aſſaſſiner, égorger, jetter par les fenêtres, mettre en piéces la nuit de la St. Barthelemi leurs concitoyens qui n'allaient point à la meſſe. *Caveirac*, *Guion*, *Patouillet*, *Chaudon*, *Nonotte*, l'ex-jéſuite *Paulian* ne ſont que des fanatiques du coin de la rue, des miſérables à qui on ne prend pas garde. Mais un jour de St. Barthelemi, ils ſeraient de grandes choſes.

Il y a des fanatiques de ſang-froid ; ce ſont les juges qui condamnent à la mort ceux qui n'ont d'autre crime que de ne pas penſer comme eux & ces juges-là ſont d'autant plus coupables, d'autant plus dignes de l'exécration du genre-humain, que n'étant pas dans un excès de fureur, comme les *Cléments*, les *Châtels*, les *Ravaillacs*, les *Damiens*, il ſemble qu'ils pouraient écouter la raiſon.

Il n'eſt d'autre remède à cette maladie épidémique que l'eſprit philoſophique, qui répandu de proche en proche adoucit enfin les mœurs des hommes, & qui prévient les accès du mal ; car dès que ce mal fait des progrès, il faut fuir, & attendre que l'air soit purifié. Les loix & la religion ne suffisent pas contre la peste des ames : la religion loin d'être pour elles un aliment salutaire, se tourne en poison dans les cerveaux infectés. Ces misérables ont sans cesse présent à l'esprit l'exemple d'*Aod*, qui assassine le roi *Eglon* ; de *Judith*, qui coupe la tête d'*Holopherne* en couchant avec lui ; de *Samuel* qui hâche en morceaux le roi *Agag* ; du prêtre *Joad* qui assassine sa reine à la porte-aux-chevaux, &c. &c. &c. Ils ne voyent pas que ces exemples qui sont respectables dans l'antiquité, sont abominables dans le tems présent : ils puisent leurs fureurs dans la religion même qui les condamne.

Les loix sont encor très impuissantes contre ces accès de rage ; c'est comme si vous lisiez un arrêt du conseil à un frénétique. Ces gens-là sont persuadés que l'Esprit saint qui les pénètre, est au-dessus des loix, que leur entousiasme est la seule loi qu'ils doivent entendre.

Que répondre à un homme qui vous dit qu'il aime mieux obéir à Dieu qu'aux hommes, & qui en conséquence est sûr de mériter le ciel en vous égorgeant ?

Je les ai vus les convulsionnaires ; je les ai

vus tordre leurs membres & écumer. Ils criaient, *il faut du sang*. Ils sont parvenus à faire assassiner leur roi par un laquais ; & ils ont fini par ne crier que contre les philosophes.

Ce sont presque toûjours les fripons qui conduisent les fanatiques, & qui mettent le poignard entre leurs mains ; ils ressemblent à ce vieux de la montagne qui fesait, dit-on, goûter les joies du paradis à des imbécilles, & qui leur promettait une éternité de ces plaisirs, dont il leur avait donné un avant-goût, à condition qu'ils iraient assassiner tous ceux qu'il leur nommerait. Il n'y a eu qu'une seule religion dans le monde qui n'ait pas été souillée par le fanatisme, c'est celle des lettrés de la Chine. Les sectes des philosophes étaient non-seulement exemptes de cette peste, mais elles en étaient le remède.

Car l'effet de la philosophie est de rendre l'ame tranquille ; & le fanatisme est incompatible avec la tranquillité. Si notre sainte religion a été si souvent corrompue par cette fureur infernale, c'est à la folie des hommes qu'il faut s'en prendre.

> Ainsi du plumage qu'il eut
> Icare pervertit l'usage ;
> Il le reçut pour son salut,
> Il s'en servit pour son dommage.

BERTAUD *évêque de Séès*.

SECTION SECONDE.

Les fanatiques ne combattent pas toûjours les combats du Seigneur ; ils n'assassinent pas toûjours des rois & des princes. Il y a parmi eux des tigres, mais on y voit encor plus de renards.

Quel tissu de fourberies, de calomnies, de larcins, tissu par les fanatiques de la cour de Rome, contre les fanatiques de la cour de *Calvin*, des jésuites contre les jansénistes & *vicissim* ! & si vous remontez plus haut, l'histoire ecclésiastique qui est l'école des vertus, est aussi celle des scélératesses employées par toutes les sectes les unes contre les autres. Elles ont toutes le même bandeau sur les yeux, soit quand il faut incendier les villes & les bourgs de leurs adversaires, égorger les habitans, les condamner aux supplices, soit quand il faut simplement tromper, s'enrichir & dominer ; le même fanatisme les aveugle ; elles croient bien faire : tout fanatique est fripon en conscience, comme il est meurtrier de bonne foi pour la bonne cause.

Lisez, si vous pouvez, les cinq ou six mille volumes de reproches que les jansénistes & les molinistes se sont faits pendant cent ans sur leurs friponneries ; & voyez si *Scapin* & *Trivelin* en approchent.

Une des bonnes friponneries théologiques qu'on ait faites, est, à mon gré, celle d'un

petit évêque ; (on nous assure dans la ré-
lation que c'était un évêque Biscayen. Nous
trouverons bien un jour son nom & son évêché) son diocèse était partie en Biscaye &
partie en France.

Il y avait dans la partie de France une
paroisse qui fut habitée autrefois par quelques
maures de Maroc. Le seigneur de la paroisse
n'est point mahométan : il est très bon catholique comme tout l'univers doit l'être, attendu que le mot *catholique* veut dire universel.

Mr. l'évêque soupçonna ce pauvre seigneur
qui n'était occupé qu'à faire du bien, d'avoir
eu de mauvaises pensées, de mauvais senti-
mens dans le fond de son cœur, je ne sais
quoi qui sentait l'hérésie. Il l'accusa même
d'avoir dit en plaisantant qu'il y avait d'honnêtes gens à Maroc comme en Biscaye, &
qu'un honnête Maroquin pouvait à toute force
n'être pas le mortel ennemi de l'Etre suprême
qui est le père de tous les hommes.

Notre fanatique écrivit une grande lettre
au roi de France, seigneur suzerain de ce
pauvre petit seigneur de paroisse. Il pria dans
sa lettre le seigneur suzerain de transférer le
manoir de cette ouaille infidelle en basse Bretagne, ou en basse Normandie, selon le bon
plaisir de sa majesté, afin qu'il n'infectât plus
les Basques de ses mauvaises plaisanteries.

Le roi de France & son conseil se moquèrent, comme de raison, de cet extravagant.

Notre pasteur Biscayen ayant appris quelque tems après que sa brebis Française était malade, défendit aux confesseurs du canton de la confesser, à moins qu'elle ne donnât un billet de confession, par lequel il devait apparaître que le mourant n'était point circoncis, qu'il condamnait de tout son cœur l'hérésie de *Mahomet*, & toute autre hérésie dans ce goût, comme le calvinisme & le jansénisme, & qu'il pensait en tout comme lui évèque Biscayen.

Les billets de confession étaient alors fort à la mode. Le mourant fit venir chez lui son curé qui était un yvrogne imbécille, & le menaça de le faire pendre par le parlement de Bordeaux, s'il ne lui donnait pas tout-à-l'heure le viatique dont lui mourant se sentait un extrême besoin. Le curé eut peur, il administra mon homme, lequel après la cérémonie déclara hautement devant témoins, que le pasteur Biscayen l'avait faussement accusé auprès du roi d'avoir du goût pour la religion musulmane; qu'il était bon chrétien, & que le Biscayen était un calomniateur. Il signa cet écrit pardevant notaire; tout fut en règle; il s'en porta mieux, & le repos de la bonne conscience le guérit bientôt entièrement.

Le petit Biscayen outré qu'un vieux moribond se fût moqué de lui, résolut de s'en venger; & voici comme il s'y prit.

Il fit fabriquer en son patois au bout de quinze jours, une prétendue profession de foi que le curé prétendit avoir entendue. On la fit signer par le curé & par trois ou quatre paysans qui n'avaient point assisté à la cérémonie. Ensuite on fit contrôler cet acte de faussaire, comme si ce contrôle l'avait rendu autentique.

Un acte non signé par la partie seule intéressée, un acte signé par des inconnus quinze jours après l'événement, un acte désavoué par les témoins véritables, était visiblement un crime de faux; & comme il s'agissait de matière de foi, ce crime menait visiblement le curé avec ses faux témoins aux galères dans ce monde, & en enfer dans l'autre.

Le petit seigneur châtelain qui était goguenard & point méchant, eut pitié de l'ame & du corps de ces misérables : il ne voulut point les traduire devant la justice humaine, & se contenta de les traduire en ridicule. Mais il a déclaré que dès qu'il serait mort il se donnerait le plaisir de faire imprimer toute cette manœuvre de son Biscayen avec les preuves, pour amuser le petit nombre de lecteurs qui aiment ces anecdotes, & point du tout pour instruire l'univers. Car il y a tant d'auteurs qui parlent à *l'univers*, qui s'imaginent rendre *l'univers* attentif, qui croient l'univers occupé d'eux, que celui-ci ne croit pas être lu d'une douzaine de perfonnes dans l'univers entier. Revenons au fanatifme.

C'eft cette rage de profélitifme, cette fureur d'amener les autres à boire de fon vin, qui amena le jéfuite *Caftel* & le jéfuite *Routh* auprès du célèbre *Montefquieu* lorfqu'il fe mourait. Ces deux énergumènes voulaient fe vanter de lui avoir perfuadé les mérites de l'attrition & de la grace fuffifante. Nous l'avons converti, difaient-ils ; c'était dans le fond une bonne ame ; il aimait fort la compagnie de Jefus. Nous avons eu un peu de peine à le faire convenir de certaines vérités fondamentales ; mais comme dans ces momens là on a toûjours l'efprit plus net, nous l'avons bientôt convaincu.

Ce fanatifme de convertiffeur eft fi fort, que le moine le plus débauché quitterait fa maîtreffe pour aller convertir une ame à l'autre bout de la ville.

Nous avons vu le père *Poiffon* cordelier à Paris, qui ruina fon couvent pour payer fes filles de joie, & qui fut enfermé pour fes mœurs dépravées. C'était un des prédicateurs de Paris les plus courus, & un des convertiffeurs les plus acharnés.

Tel était le célèbre curé de Verfailles *Fantin*. Cette lifte pourait être longue, mais il ne faut pas révéler les fredaines de certaines personnes constituées en certaines places. Vous savez ce qui arriva à *Cham* pour avoir révélé la turpitude de son père; il devint noir comme du charbon.

Prions DIEU seulement en nous levant & en nous couchant, qu'il nous délivre des fanatiques; comme les pélerins de la Mecque prient DIEU de ne point rencontrer *de visages tristes* sur leur chemin.

SECTION TROISIÉME.

Ludlow, entousiaste de la liberté plutôt que fanatique de religion; ce brave homme qui avait plus de haine pour *Cromwell* que pour *Charles I*, rapporte que les milices du parlement étaient toûjours battues par les troupes du roi dans le commencement de la guerre civile; comme le régiment des portes-cochères ne tenait pas du tems de la Fronde contre le grand *Condé*; *Cromwell* dit au général *Fairfax*, comment voulez-vous que des porte faix de Londre, & des garçons de boutique indisciplinés résistent à une noblesse animée par le fantôme de l'honneur? présentons-leur un plus grand fantôme, le fanatisme. Nos ennemis ne combattent que pour le roi, persuadons à nos gens qu'ils font la guerre pour DIEU.

Donnez-moi une patente, je vais lever un régiment de frères meurtriers, & je vous réponds que j'en ferai des fanatiques invincibles.

Il n'y manqua pas, il composa son régiment des frères rouges, de fous mélancoliques; il en fit des tigres obéissans. *Mahomet* n'avait pas été mieux servi par ses soldats.

Mais pour inspirer ce fanatisme, il faut que l'esprit du tems vous seconde. Un parlement de France essayerait en vain aujourd'hui de lever un régiment de portes-cochères; il n'ameuterait pas seulement dix femmes de la halle.

Il n'appartient qu'aux habiles de faire des fanatiques & de les conduire; mais ce n'est pas assez d'être fourbe & hardi, nous avons déja vu que tout dépend de venir au monde à propos.

FEMME.

PHYSIQUE ET MORALE.

EN général elle est bien moins forte que l'homme, moins grande, moins capable de longs travaux; son sang est plus aqueux, sa chair moins compacte, ses cheveux plus longs, ses membres plus arrondis, les bras moins musculeux, la bouche plus petite, les fesses plus relevées, les hanches plus écartées, le ventre plus large. Ces caractères distinguent les femmes dans toute la terre, chez toutes les espèces depuis la Lapponie jusqu'à la côte de Guinée, en Amérique comme à la Chine.

Plutarque dans son troisiéme livre des *propos de table*, prétend que le vin ne les enyvre pas aussi aisément que les hommes ; & voici la raison qu'il apporte de ce qui n'est pas vrai. Je me sers de la traduction d'*Amiot*.

„ Le tempérament des femmes est fort
„ humide. Ce qui leur rend la charnure
„ ainsi molle, lissée & luisante, avec leurs
„ purgations menstruelles. Quand donc le
„ vin vient à tomber en une si grande humi-
„ dité, alors se trouvant vaincu il perd sa
„ couleur & sa force, & devient décoloré &
„ éveux ; & en peut-on tirer quelque chose
„ des paroles mêmes d'*Aristote* : car il dit que
„ ceux qui boivent à grands traits sans repren-
„ dre haleine, ce que les anciens appellaient
„ *amusizein*, ne s'enyvrent pas si facilement,
„ parce que le vin ne leur demeure guères
„ dedans le corps ; ains étant pressé & poussé
„ à force, il passe tout outre à travers. Or
„ le plus communément nous voyons que
„ les femmes boivent ainsi, & si est vraissem-
„ blable que leurs corps, à cause de la con-
„ tinuelle attraction des humeurs qui se fait
„ par contre bas pour leurs purgations mens-
„ truelles, est plein de plusieurs conduits,
„ & percé de plusieurs tuiaux & échevaux

„ efquels le vin venant à tomber en fort
„ vitement & facilement fans fe pouvoir atta-
„ cher aux parties nobles & principales, lef-
„ quelles étant troublées, l'yvreffe s'en en-
„ fuit. "

Cette phyfique eft tout-à-fait digne des anciens.

Les femmes vivent un peu plus que les hommes, c'eſt-à-dire qu'en une génération on trouve plus de vieilles que de vieillards. C'eſt ce qu'ont pu obſerver en Europe tous ceux qui ont fait des relevés exacts des naiſſances & des morts. Il eſt à croire qu'il en eſt ainſi dans l'Aſie & chez les négreſſes, les rouges, les cendrées comme chez les blanches. *Natura eſt ſemper ſibi conſona.*

Nous avons rapporté ailleurs un extrait d'un journal de la Chine, qui porte qu'en l'année 1725 la femme de l'empereur *Yontchin* ayant fait des libéralités aux pauvres femmes de la Chine qui paſſaient ſoixante & dix ans, *a*) on compta dans la ſeule province de Canton, parmi celles qui reçurent ces préſens, 98220 femmes de ſoixante & dix ans paſſés, 48893 âgées de plus de quatre-vingt ans, & 3453 d'environ cent années. Ceux qui aiment les cauſes finales diſent que la nature leur accorde une plus longue vie qu'aux hommes, pour les

a) Lettre très inſtructive du jéſuite *Conſtantin* au jéſuite *Souciet*, dix-neuvième recueil.

récompenser de la peine qu'elles prennent de porter neuf mois des enfans, de les mettre au monde & de les nourrir. Il n'est pas à croire que la nature donne des récompenses; mais il est probable que le sang des femmes étant plus doux, leurs fibres s'endurcissent moins vite.

Aucun anatomiste, aucun physicien n'a jamais pu connaitre la manière dont elles concoivent. *Sanchez* a eu beau assurer, *Mariam & spiritum sanctum emisisse semen in copulatione & ex semine amborum natum esse Jesum.* Cette abominable impertinence de *Sanchez*, d'ailleurs très savant, n'est adoptée aujourd'hui par aucun naturaliste.

Les femmes sont la seule espèce femelle qui répande du sang tous les mois. On a voulu attribuer la même évacuation à quelques autres espèces, & surtout aux guenons: mais le fait ne s'est pas trouvé vrai.

Ces émissions périodiques de sang qui les affaiblissent toûjours pendant cette perte, les maladies qui naissent de la suppression, les tems de grossesse, la nécessité d'alaiter les enfans & de veiller continuellement sur eux, la délicatesse de leurs membres les rendent peu propres aux fatigues de la guerre & à la fureur des combats. Il est vrai, comme nous l'avons dit, qu'on a vu dans tous les

tems

tems & presque dans tous les pays, des femmes à qui la nature donna un courage & des forces extraordinaires, qui combattirent avec les hommes, qui soutinrent de prodigieux travaux ; mais après tout, ces exemples sont rares. Nous renvoyons à l'article *Amazones.*

Le physique gouverne toûjours le moral. Les femmes étant plus faibles de corps que nous, ayant plus d'adresse dans leurs doigts beaucoup plus souples que les nôtres, ne pouvant guères travailler aux ouvrages pénibles de la maçonnerie, de la charpente, de la métallurgie, de la charrue, étant nécessairement chargées des petits travaux plus légers de l'intérieur de la maison, & surtout du soin des enfans, menant une vie plus sédentaire, elles doivent avoir plus de douceur dans le caractère que la race masculine ; elles doivent moins connaître les grands crimes. Et cela est si vrai, que dans tous les pays policés il y a toûjours cinquante hommes au moins d'exécutés à mort contre une seule femme.

Montesquieu dans son *Esprit des loix*, en promettant de parler de la condition des femmes dans les divers gouvernemens, avance que *chez les Grecs les femmes n'étaient pas regardées comme dignes d'avoir part au veritable amour, & que l'amour n'avait chez eux qu'une forme qu'on n'ose dire.* Il cite *Plutarque* pour son garant. L 7 & 10. Voyez l'article *Amour* dans lequel on a déjà indiqué cette bevue.

Sixième partie. C

C'est une méprise qui n'est guères pardon‍nable qu'à un esprit tel que *Montesquieu*, toûjours entraîné par la rapidité de ses idées, souvent incohérentes.

Plutarque dans son chapitre de *l'amour*, introduit plusieurs interlocuteurs. Et lui-mê‍me, sous le nom de *Daphneus*, réfute avec la plus grande force les discours que tient *Prota‍gène* en faveur de la débauche des garçons.

C'est dans ce même dialogue qu'il va jus‍qu'à dire qu'il y a dans l'amour des femmes quelque chose de divin. Il compare cet amour au soleil qui anime la nature. Il met le plus grand bonheur dans l'amour conjugal. Enfin il finit par le magnifique éloge de la vertu d'*Epponine*. Cette mémorable avanture s'était passée sous les yeux mêmes de *Plutarque* qui vécut quelque tems dans la maison de *Vespa‍sien*. Cette héroïne apprenant que son mari *Sabinus* vaincu par les troupes de l'empereur, s'était caché dans une profonde caverne entre la Franche-Comté & la Champagne, s'y en‍ferma seule avec lui, le servit, le nourrit pendant plusieurs années, en eut des enfans. Enfin étant prise avec son mari & présentée à *Vespasien* étonné de la grandeur de son cou‍rage, elle lui dit, *j'ai vécu plus heureuse sous la terre dans les ténèbres que toi à la lumière du soleil au faîte de la puissance*. Plutarque af‍firme donc précisément le contraire de ce que *Montesquieu* lui fait dire ; il s'énonce même en faveur des femmes avec un entouſiaſme très touchant.

Il n'eſt pas étonnant qu'en tout pays l'homme ſe ſoit rendu le maître de la femme, tout étant fondé ſur la force. Il a d'ordinaire beaucoup de ſupériorité par celle du corps & même de l'eſprit.

On a vu des femmes très ſavantes comme il en fut de guerrières ; mais il n'y en a jamais eu d'inventrice.

L'eſprit de ſociété & d'agrément eſt communément leur partage. Il ſemble généralement parlant qu'elles ſoient faites pour adoucir les mœurs des hommes.

Dans aucune république elles n'eurent jamais la moindre part au gouvernement ; elles n'ont jamais régné dans les empires purement électifs ; mais elles régnent dans preſque tous les royaumes héréditaires de l'Europe, en Eſpagne, à Naples, en Angleterre, dans pluſieurs états du Nord, dans pluſieurs grands fiefs qu'on nomme *féminins*.

La coutume qu'on appelle *loi ſalique*, les a exclues du royaume de France ; & ce n'eſt pas, comme le dit *Mézerai*, qu'elles fuſſent incapables de gouverner, puis qu'on leur a preſque toûjours accordé la régence.

On prétend que le cardinal *Mazarin* avouait que pluſieurs femmes étaient dignes de régir un royaume, & qu'il ajoutait, qu'il était toûjours à craindre qu'elles ne se laissassent subjuguer *par des amans incapables de gouverner douze poules.* Cependant *Isabelle* en Castille, *Elizabeth* en Angleterre, *Marie-Thérèse* en Hongrie, ont bien démenti ce prétendu bon mot attribué au cardinal *Mazarin.* Et aujourd'hui nous voyons dans le Nord une législatrice aussi respectée que le souverain de la Grèce, de l'Asie mineure, de la Syrie & de l'Egypte, est peu estimé.

L'ignorance a prétendu longtems que les femmes sont esclaves pendant leur vie chez les mahométans, & qu'après leur mort elles n'entrent point dans le paradis. Ce sont deux grandes erreurs, telles qu'on en a débité toûjours sur le mahométisme. Les épouses ne sont point du tout esclaves. Le sura ou chapitre IV du Koran leur assigne un douaire. Une fille doit avoir la moitié du bien dont hérite son frère. S'il n'y a que des filles, elles partagent entre elles les deux tiers de la succession, & le reste appartient aux parens du mort; ces parens en auront chacun la sixiéme partie, & la mère du mort a aussi un droit dans la succession. Les épouses sont si peu esclaves, qu'elles ont permission de demander le divorce, qui leur est accordé quand leurs plaintes sont jugées légitimes.

Il n'est pas permis aux musulmans d'épouser

leur belle-sœur, leur niéce, leur sœur de lait, leur belle-fille élevée sous la garde de leur femme. Il n'est pas permis d'épouser les deux sœurs. En cela ils sont bien plus sévères que les chrétiens, qui tous les jours achètent à Rome le droit de contracter de tels mariages, qu'ils pouraient faire gratis.

POLYGAMIE.

Mahomet a réduit le nombre illimité des épouses à quatre. Mais comme il faut être extrêmement riche pour entretenir quatre femmes selon leur condition, il n'y a que les plus grands seigneurs qui puissent user d'un tel privilège. Ainsi la pluralité des femmes ne fait point aux états musulmans le tort que nous leur reprochons si souvent, & ne les dépeuple pas comme on le répète tous les jours dans tant de livres écrits au hazard.

Les Juifs par un ancien usage, établi selon leurs livres depuis *Lamech*, ont toûjours eu la liberté d'avoir à la fois plusieurs femmes. *David* en eut dix-huit; & c'est depuis ce tems que les rabins déterminèrent à ce nombre la polygamie des rois, quoiqu'il soit dit que *Salomon* en eut jusqu'à sept cent.

Les mahométans n'accordent pas publiquement aujourd'hui aux Juifs la pluralité des femmes; ils ne les croient pas dignes de cet avantage; mais l'argent toûjours plus fort que la loi, donne quelquefois en Orient & en Afrique aux Juifs qui sont riches, la permission que la loi leur refuse.

On a rapporté sérieusement que *Lélius Cinna* tribun du peuple, publia après la mort de *César*, que ce dictateur avait voulu promulguer une loi qui donnait aux femmes le droit de prendre autant de maris qu'elles voudraient. Quel homme sensé ne voit que c'est là un conte populaire & ridicule inventé pour rendre *César* odieux ? Il ressemble à cet autre conte qu'un sénateur Romain avait proposé en plein sénat de donner permission à *César* de coucher avec toutes les femmes qu'il voudrait. De pareilles inepties deshonorent l'histoire, & font tort à l'esprit de ceux qui les croient. Il est triste que *Montesquieu* ait ajouté foi à cette fable.

Il n'en est pas de même de l'empereur *Valentinien I* qui, se disant chrétien, épousa *Justine* du vivant de *Severa* sa première femme, mère de l'empereur *Gratien*.

Dans la première race des rois Francs, *Gontran*, *Cherebert*, *Sigibert*, *Chilperic* eurent plusieurs femmes à la fois. *Gontran* eut dans son palais *Venerande*, *Mercatrude* & *Ostregile*, reconnues pour femmes légitimes. *Cherebert* eut *Meroflède*, *Marcovese*, & *Theodegile*. Il est difficile de concevoir comment l'ex-jésuite nommé *Nonotte* a pu, dans son ignorance, pousser la hardiesse jusqu'à nier ces faits, jusqu'à dire que les rois de cette première race n'usèrent point de la polygamie, & jusqu'à défigurer dans un libelle en deux volumes plus de cent vérités historiques avec la confiance d'un régent qui dicte des leçons dans un collège? Des livres dans ce goût ne laissent pas de se vendre quelque tems dans les provinces où les jésuites ont encor un parti; ils séduisent quelques personnes peu instruites.

Le père *Daniel* plus savant & plus judicieux, avoue la polygamie des rois Francs sans aucune difficulté; il ne nie pas les trois femmes de *Dagobert I*; il dit expressément que *Théodebert* épousa *Deuterie* quoiqu'il eût une autre femme nommée *Visigalde*, & quoique *Deuterie* eût un mari. Il ajoute qu'en cela il imita son oncle *Clotaire*, lequel épousa la veuve de *Clodomir* son frère, quoiqu'il eût déja trois femmes.

Tous les historiens font les mêmes aveux. Comment après tous ces témoignages souffrir l'impudence d'un ignorant qui parle en maître, & qui ose dire en débitant de si énormes sottises, que c'est pour la défense de la religion, comme s'il s'agissait dans un point d'histoire de notre religion vénérable & sacrée que des calomniateurs méprisables font servir à leurs ineptes impostures!

C iiij

DE LA POLYGAMIE PERMISE PAR QUELQUES PAPES ET PAR QUELQUES RÉFORMATEURS.

L'abbé *Fleuri* auteur de l'*Histoire ecclésiastique*, rend plus de justice à la vérité dans tout ce qui concerne les loix & les usages de l'église. Il avoue que *Boniface* apôtre de la basse Allemagne, ayant consulté l'an 726 le pape *Grégoire II* pour savoir en quels cas un mari peut avoir deux femmes, *Grégoire II* lui répondit le 22 Novembre de la même année ces propres mots : *Si une femme est attaquée d'une maladie qui la rende peu propre au devoir conjugal, le mari peut se marier à une autre ; mais il doit donner à la femme malade les secours nécessaires.* Cette décision paraît conforme à la raison & à la politique ; elle favorise la population qui est l'objet du mariage.

Mais ce qui ne paraît ni selon la raison, ni selon la politique, ni selon la nature, c'est la loi qui porte qu'une femme séparée de corps & de biens de son mari ne peut avoir un autre époux, ni le mari prendre une autre femme. Il est évident que voilà une race perdue pour la peuplade ; & que si cet époux & cette épouse séparés ont tout deux un tempérament indomptable, ils sont nécessairement exposés & forcés à des péchés continuels dont les législateurs doivent être responsables devant DIEU, si....

Les décrétales des papes n'ont pas toûjours eu pour objet ce qui est convenable au bien des états & à celui des particuliers. Cette même décrétale du pape *Grégoire II*, qui permet en certains cas la bigamie, prive à jamais de la société conjugale les garçons & les filles que leurs parens auront voués à l'église dans leur plus tendre enfance. Cette loi semble aussi barbare qu'injuste; c'est anéantir à la fois des familles, c'est forcer la volonté des hommes avant qu'ils ayent une volonté, c'est rendre à jamais les enfans esclaves d'un vœu qu'ils n'ont point fait, c'est détruire la liberté naturelle, c'est offenser DIEU & le genre-humain.

La polygamie de *Philippe* landgrave de Hesse, dans la communion luthérienne en 1539, est assez publique. J'ai connu un des souverains dans l'empire d'Allemagne, dont le père ayant épousé une luthérienne, eut permission du pape de se marier à une catholique, & qui garda ses deux femmes.

Il est public en Angleterre, & on voudrait le nier en vain, que le chancelier *Cowper* épousa deux femmes qui vécurent ensemble dans sa maison avec une concorde singulière qui fit honneur à tous trois. Plusieurs curieux ont encor le petit livre que ce chancelier compofa en faveur de la polygamie.

Il faut fe défier des auteurs qui rapportent que dans quelques pays les loix permettent aux femmes d'avoir plufieurs maris. Les hommes qui partout ont fait les loix, font nés avec trop d'amour-propre, font trop jaloux de leur autorité, ont communément un tempérament trop ardent en comparaifon de celui des femmes, pour avoir imaginé une telle jurifprudence. Ce qui n'eft pas conforme au train ordinaire de la nature eft rarement vrai. Mais ce qui eft fort ordinaire, furtout dans les anciens voyageurs, c'eft d'avoir pris un abus pour une loi.

Liv. XVI. chap. v. L'auteur de l'*Efprit des loix* prétend que fur la côte de Malabar, dans la cafte des Naires, les hommes ne peuvent avoir qu'une femme, & qu'une femme au contraire peut avoir plufieurs maris ; il cite des auteurs fufpects, & furtout *Pirard*. On ne devrait parler de ces coutumes étranges qu'en cas qu'on eût été longtems témoin oculaire. Si on en fait mention, ce doit être en doutant ; mais quel eft l'efprit vif qui fache douter ?

Liv. XVI. ch. x. *La lubricité des femmes*, dit-il, *eft fi grande à Pataue, que les hommes font contraints de fe faire certaines garnitures pour fe mettre à l'abri de leurs entreprifes.*

Le préfident de *Montefquieu* n'alla jamais à

Patane. Mr. *Linguet* ne remarque-t-il pas très judicieusement que ceux qui imprimèrent ce conte étaient des voyageurs qui se trompaient, ou qui voulaient se moquer de leurs lecteurs? Soyons justes, aimons le vrai, ne nous laissons pas séduire, jugeons par les choses & non par les noms.

Pluralités des femmes.

Il semble que le pouvoir & non la convention ait fait toutes les loix, surtout en Orient. C'est là qu'on voit les premiers esclaves, les premiers eunuques, le trésor du prince composé de ce qu'on a pris au peuple.

Qui peut vêtir, nourrir & amuser plusieurs femmes, les a dans sa ménagerie, & leur commande despotiquement.

Ben-Aboul-Kiba dans son *Miroir des fidèles*, rapporte qu'un des visirs du grand *Soliman* tint ce discours à un agent du grand *Charles-Quint*.

„ Chien de chrétien, pour qui j'ai d'ail-
„ leurs une estime toute particulière, peux-
„ tu bien me reprocher d'avoir quatre fem-
„ mes selon nos saintes loix, tandis que tu
„ vides douze quartauts par an, & que je ne
„ bois pas un verre de vin? Quel bien fais-tu
„ au monde en passant plus d'heures à table
„ que je n'en passe au lit? Je peux donner
„ quatre enfans chaque année pour le service

„ de mon auguste maître ; à peine en peux-
„ tu fournir un. Et qu'est-ce que l'enfant
„ d'un yvrogne ? Sa cervelle sera offus-
„ quée des vapeurs du vin qu'aura bu son
„ père Que veux-tu d'ailleurs que je de-
„ vienne quand deux de mes femmes sont en
„ couche ? ne faut-il pas que j'en serve deux
„ autres ainsi que ma loi me le commande ?
„ Que deviens-tu, quel rôle joues-tu dans
„ les derniers mois de la grossesse de ton
„ unique femme, & pendant ses couches &
„ pendant ses maladies ? Il faut que tu restes
„ dans une oisiveté honteuse, ou que tu
„ cherches une autre femme. Te voilà néces-
„ sairement entre deux péchés mortels qui
„ te feront tomber tout roide après ta mort
„ du pont-aigu au fond de l'enfer.

„ Je suppose que dans nos guerres contre
„ les chiens de chrétiens, nous perdions cent
„ mille soldats ; voilà près de cent mille filles
„ à pourvoir. N'est ce pas aux riches à pren-
„ dre soin d'elles ? Malheur à tout musul-
„ man assez tiéde pour ne pas donner retraite
„ chez lui à quatre jolies filles en qualité de
„ ses légitimes épouses, & pour ne les pas
„ traiter selon leurs mérites.

„ Comment sont donc faits dans ton pays
„ la trompette du jour que tu appelles *coq*,
„ l'honnête belier prince des troupeaux, le
„ taureau souverain des vaches ? chacun d'eux

„ n'a-t-il pas son serrail ? Il te sied bien,
„ vraiment de me reprocher mes quatre fem-
„ mes, tandis que notre grand prophète en a
„ eu dix-huit, *David* le juif autant ; & *Salo-*
„ *mon* le juif sept cent de compte fait avec
„ trois cent concubines ! tu vois combien
„ je suis modeste. Cesse de reprocher la gour-
„ mandise à un sage, qui fait de si médiocres
„ repas. Je te permets de boire ; permets-
„ moi d'aimer. Tu changes de vins, souffre
„ que je change de femmes. Que chacun lais-
„ se vivre les autres à la mode de leur pays.
„ Ton chapeau n'est point fait pour donner
„ des loix à mon turban. Ta fraise & ton
„ petit manteau ne doivent point commander
„ à mon doliman. Achève de prendre ton caffé
„ avec moi & va t-en caresser ton Allemande,
„ puisque tu es réduit à elle seule. "

RÉPONSE DE L'ALLEMAND.

„ Chien de musulman, pour qui je con-
„ serve une vénération profonde, avant d'a-
„ chever mon caffé je veux confondre tes
„ propos. Qui possède quatre femmes possède
„ quatre harpies, toûjours prêtes à se calom-
„ nier, à se nuire, à se battre. Le logis est
„ l'antre de la discorde ; aucune d'elles ne
„ peut t'aimer. Chacune n'a qu'un quart de
„ ta personne, & ne pourait tout au plus te
„ donner que le quart de son cœur. Aucune
„ ne peut te rendre la vie agréable, ce sont

des prisonnières qui n'ayant jamais rien vu n'ont rien à te dire; elles ne connaissent que toi, par conséquent tu les ennuies. Tu es leur maître absolu, donc elles te haïssent. Tu es obligé de les faire garder par un eunuque qui leur donne le fouet quand elles ont fait trop de bruit. Tu oses te comparer à un coq! mais jamais un coq n'a fait fouetter ses poules par un chapon. Prends tes exemples chez les animaux, ressemble-leur tant que tu voudras. Moi je veux aimer en homme; je veux donner tout mon cœur & qu'on me donne le sien. Je rendrai compte de cet entretien ce soir à ma femme; & j'espère qu'elle en sera contente. A l'égard du vin que tu me reproches, apprends que s'il est mal d'en boire en Arabie, c'est une habitude très louable en Allemagne. Adieu. "

FERRARE.

CE que nous avons à dire ici de Ferrare, n'a aucun rapport à la littérature, principal objet de nos questions; mais il en a un très grand avec la justice qui est plus nécessaire que les belles-lettres, & bien moins cultivée, surtout en Italie.

Ferrare était constamment un fief de l'empire ainsi que Parme & Plaisance. Le pape *Clément VIII* en dépouilla *César d'Est* à main armée en 1597. Le prétexte de cette tyrannie était bien singulier pour un homme qui se dit l'humble vicaire de JÉSUS-CHRIST.

Le duc *Alphonse d'Est* premier du nom, souverain de Ferrare, de Modène, d'Est, de Carpi, de Rovigno, avait épousé une simple citoyenne de Ferrare nommée *Laura Eustochia*, dont il avait eu trois enfans avant son mariage, reconnus par lui solemnellement en face d'église. Il ne manqua à cette reconnaissance aucune des formalités prescrites par les loix. Son successeur *Alphonse d'Est* fut reconnu duc de Ferrare. Il épousa *Julie d'Urbin* fille de *François* duc d'Urbin, dont il eut cet infortuné *César d'Est*, héritier incontestable de tous les biens de la maison, & déclaré héritier par le dernier duc mort le 27 Octobre 1597. Le pape *Clément VIII* du nom d'*Aldobrandin*, originaire d'une famille de négocians de Florence, osa prétexter que la grand'mère de *César d'Est* n'était pas assez noble, & que les enfans qu'elle avait mis au monde devaient être regardés comme des bâtards. La première raison est ridicule & scandaleuse dans un évêque; la seconde est insoutenable dans tous les tribunaux de l'Europe. Car si le duc n'était pas légitime, il devait perdre Modène & ses autres états; & s'il n'y avait point de vice dans sa naisfance, il devait garder Ferrare comme Modène.

L'acquifition de Ferrare était trop belle pour que le pape ne fît pas valoir toutes les décrétales & toutes les décifions des braves théologiens qui affurent que le pape *peut rendre jufte ce qui eft injufte*. En conféquence il excommunia d'abord *Céfar d'Eft*; & comme l'excommunication prive néceffairement un homme de tous fes biens, le père commun des fidèles leva des troupes contre l'excommunié pour lui ravir fon héritage au nom de l'églife. Ces troupes furent battues; mais le duc de Modène & de Ferrare vit bientôt fes finances épuifées & fes amis refroidis.

Ce qu'il y eut de plus déplorable, c'eft que le roi de France *Henri IV* fe crut obligé de prendre le parti du pape pour balancer le crédit de *Philippe II* à la cour de Rome. C'eft ainfi que le bon roi *Louis XII*, moins excufable, s'était deshonoré en s'uniffant avec le monftre *Alexandre VI* & fon exécrable bâtard le duc *Borgia*. Il falut céder; alors le pape fit envahir Ferrare par le cardinal *Aldobrandin*, qui entra dans cette floriffante ville avec mille chevaux & cinq mille fantaffins.

Il eft bien trifte qu'un homme tel que *Henri IV* ait defcendu à cette indignité qu'on appelle *politique*. Les *Catons*, les *Metellus*, les *Scipions*, les *Fabricius*, n'auraient point ainfi ainſi trahi la juſtice pour plaire à un prêtre. Et à quel prêtre !

Depuis ce tems Ferrare devint déſerte, ſon terroir inculte ſe couvrit de marais croupiſſans. Ce pays avait été ſous la maiſon d'*Eſt* un des plus beaux de l'Italie ; le peuple regretta toûjours ſes anciens maîtres. Il eſt vrai que le duc fut dédommagé. On lui donna la nomination à un évêché & à une cure ; & on lui fournit même quelques minots de ſel des magaſins de Cervia. Mais il n'eſt pas moins vrai que la maiſon de *Modène* a des droits inconteſtables & impreſcriptibles ſur ce duché de Ferrare, dont elle eſt ſi indignement dépouillée.

Maintenant, mon cher lecteur, ſuppoſons que cette ſcène ſe fût paſſée du tems où Jesus-Christ reſſuſcité apparaiſſait à ſes apôtres, & que *Simon Barjone* ſurnommé *Pierre* eût voulu s'emparer des états de ce pauvre duc de Ferrare. Imaginons que le duc va demander juſtice en Béthanie au ſeigneur Jesus ; n'entendez-vous pas notre Seigneur qui envoye chercher ſur le champ *Simon*, & qui lui dit, *Simon* fils de *Jone*, je t'ai donné les clefs du royaume des cieux ; on ſait comme ces clefs ſont faites, mais je ne t'ai pas donné celles de la terre ? Si on t'a dit que le ciel entoure le globe & que le contenu eſt dans le contenant, t'es-tu imaginé que les royaumes

Sixiéme partie. D

d'ici-bas t'appartiennent, & que tu n'as qu'à t'emparer de tout ce qui te convient ? Je t'ai déja défendu de dégaîner. Tu me parais un composé fort bizarre, tantôt tu coupes, à ce qu'on dit, une oreille à *Malchus*, tantôt tu me renies ; sois plus doux & plus honnête, ne prends ni le bien, ni les oreilles de personne, de peur qu'on ne te donne sur les tiennes.

FERTILISATION.

Section première.

1°. JE propose des vues générales sur la fertilisation. Il ne s'agit pas ici de savoir en quel tems il faut semer des navets vers les Pyrénées & vers Dunkerke ; il n'y a point de paysan qui ne connaisse ces détails mieux que tous les maîtres & tous les livres. Je n'examine point les vingt & une manières de parvenir à la multiplication du bled, parmi lesquelles il n'y en a pas une de vraie ; car la multiplication des germes dépend de la préparation des terres ; & non de celle des grains. Il en est du bled comme de tous les autres fruits. Vous aurez beau mettre un noyau de pêche dans de la saumure ou de la lessive, vous n'aurez de bonnes pêches qu'avec des abris & un sol convenable.

2°. Il y a dans toute la zone tempérée de bons, de médiocres & de mauvais terroirs. Le seul moyen, peut-être, de rendre les bons encor meilleurs, de fertiliser les médiocres, & de tirer parti des mauvais, est que les seigneurs des terres les habitent.

Les médiocres terrains, & surtout les mauvais, ne pouront jamais être amendés par des fermiers; ils n'en ont ni la faculté ni la volonté; ils afferment à vil prix, font très peu de profit, & laissent la terre en plus mauvais état qu'ils ne l'ont prise.

3°. Il faut de grandes avances pour améliorer de vastes champs. Celui qui écrit ces réfléxions, a trouvé dans un très mauvais pays un vaste terrain inculte, qui appartenait à des colons. Il leur a dit; je pourais le cultiver à mon profit par le droit de deshérence, je vais le défricher pour vous & pour moi à mes dépens. Quand j'aurai changé ces bruières en pâturages, nous y engraisserons des bestiaux; ce petit canton sera plus riche & plus peuplé.

Il en est de même des marais qui étendent sur tant de contrées la stérilité & la mortalité. Il n'y a que les seigneurs qui puissent détruire ces ennemis du genre-humain. Et si ces marais sont trop vastes, le gouvernement seul est assez puissant pour faire de telles entreprises ; il y a plus à gagner que dans une guerre.

4°. Les seigneurs seuls seront longtems en état d'employer le semoir. Cet instrument est coûteux ; il faut souvent le rétablir ; nul ouvrier de campagne n'est en état de le construire ; aucun colon ne s'en chargera ; & si vous lui en donnez un il épargnera trop la semence, & fera de médiocres récoltes.

Cependant, cet instrument employé à propos, doit épargner environ le tiers de la semence, & par conséquent enrichir le pays d'un tiers ; voilà la vraie multiplication. Il est donc très important de le rendre d'usage, & de longtems il n'y aura que les riches qui pouront s'en servir.

5°. Les seigneurs peuvent faire la dépense du van-cribleur, qui, quand il est bien conditionné, épargne beaucoup de bras & de tems. En un mot, il est clair que si la terre ne rend pas ce qu'elle peut donner, c'est que les simples cultivateurs ne sont pas en état de faire les avances. La culture de la terre est une vraie manufacture : il faut pour que la manufacture fleurisse que l'entrepreneur soit riche.

6°. La prétendue égalité des hommes que quelques sophistes mettent à la mode, est une chimère pernicieuse. S'il n'y avait pas trente manœuvres pour un maître, la terre ne serait pas cultivée. Quiconque possède une charrue, a besoin de deux valets & de plusieurs hommes de journée. Plus il y aura d'hommes qui n'auront que leurs bras pour toute fortune, plus les terres seront en valeur. Mais pour employer utilement ces bras, il faut que les seigneurs soient sur les lieux.

7°. Il ne faut pas qu'un seigneur s'attende en faisant cultiver sa terre sous ses yeux, à faire la fortune d'un entrepreneur des hôpitaux ou des fourages de l'armée, mais il vivra dans la plus honorable abondance. (*Voyez Agriculture.*)

8°. S'il fait la dépense d'un étalon, il aura en quatre ans de beaux chevaux qui ne lui coûteront rien ; il y gagnera, & l'état aussi.

Si le fermier est malheureusement obligé de vendre tous les veaux & toutes les genisses pour être en état de payer le roi & son maître, le même seigneur fait élever ces genisses & quelques veaux. Il a au bout de trois ans des troupeaux considérables sans frais. Tous ces détails produisent l'agréable & l'utile. Le goût de ces occupations augmente chaque jour ; le tems affaiblit presque toutes les autres.

9°. S'il y a de mauvaises récoltes, des dommages, des pertes, le seigneur est en état de les réparer. Le fermier & le métayer ne peuvent même les supporter. Il est donc essentiel à l'état que les possesseurs habitent souvent leurs domaines.

10°. Les évêques qui résident font du bien aux villes. Si les abbés commendataires résidaient, ils feraient du bien aux campagnes; leur absence est préjudiciable.

11°. Il est d'autant plus nécessaire de songer aux richesses de la terre, que les autres peuvent aisément nous échapper; la balance du commerce peut ne nous être plus favorable; nos espèces peuvent passer chez l'étranger, les biens fictifs peuvent se perdre, la terre reste.

12°. Nos nouveaux besoins nous imposent la nécessité d'avoir de nouvelles ressources. Les Français & les autres peuples n'avaient point imaginé du tems de *Henri IV* d'infecter leurs nez d'une poudre noire & puante, & de porter dans leurs poches des linges remplis d'ordure, qui auraient inspiré autrefois l'horreur & le dégoût. Cet article seul coûte au moins à la France six millions par an. Le déjeuner de leurs pères n'était pas préparé par les quatre parties du monde; ils se passaient de l'herbe & de la terre de la Chine, des roseaux qui croissent en Amérique & des feves de l'Arabie. Ces nouvelles denrées, & beaucoup d'autres que nous payons argent comptant, peuvent nous épuiser. Une compagnie de négocians qui n'a jamais pu en quarante années donner un sou de dividende à ses actionnaires sur le produit de son commerce, & qui ne les paye que d'une partie du revenu du roi, peut être à charge à la longue. L'agriculture est donc la ressource indispensable.

13º. Plusieurs branches de cette ressource sont négligées. Il y a, par exemple, trop peu de ruches, tandis qu'on fait une prodigieuse consommation de bougies. Il n'y a point de maison un peu forte où l'on n'en brûle pour deux ou trois écus par jour. Cette seule dépense entretiendrait une famille économe. Nous consommons cinq ou six fois plus de bois de chauffage que nos pères ; nous devons donc avoir plus d'attention à planter & à entretenir nos plants ; c'est ce que le fermier n'est pas même en droit de faire ; c'est ce que le seigneur ne fera que lorsqu'il gouvernera lui-même ses possessions.

14º. Lorsque les possesseurs des terres sur les frontières y résident, les manœuvres, les ouvriers étrangers viennent s'y établir ; le pays se peuple insensiblement, il se forme des races d'hommes vigoureux. La plûpart des manufactures corrompent la taille des ouvriers ; leur race s'affaiblit. Ceux qui travaillent aux métaux abrègent leurs jours. Les travaux de la campagne, au contraire, fortifient & produisent des générations robustes, pourvu que la débauche des jours de fêtes n'altère pas le bien que font le travail & la sobriété.

15º. On sait assez quelles sont les funestes

suites de l'oisive intempérance attachée à ces jours qu'on croit consacrés à la religion, & qui ne le sont qu'aux cabarets. On sait quelle supériorité le retranchement de ces jours dangereux a donné aux protestans sur nous. Notre raison commence enfin à se développer au point de nous faire sentir confusément que l'oisiveté & la débauche ne sont pas si précieuses devant Dieu qu'on le croyait. Plus d'un évêque a rendu à la terre pendant quarante jours de l'année ou environ, des hommes qu'elle demandait pour la cultiver. Mais sur les frontières, où beaucoup de nos domaines se trouvent dans l'évêché d'un étranger, il arrive trop souvent, soit par contradiction, soit par une infame politique, que ces étrangers se plaisent à nous accabler d'un fardeau que les plus sages de nos prélats ont ôté à nos cultivateurs, à l'exemple du pape. Le gouvernement peut aisément nous délivrer de ce très grand mal que ces étrangers nous font. Ils sont en droit d'obliger nos colons à entendre une messe le jour de St. Roc ; mais au fond, ils ne sont pas en droit d'empêcher les sujets du roi de cultiver après la messe une terre qui appartient au roi, & dont il partage les fruits. Et ils doivent savoir qu'on ne peut mieux s'acquitter de son devoir envers Dieu qu'en le priant le matin, & en obéissant le reste du jour à la loi qu'il nous a imposée de travailler.

16°. Plusieurs personnes ont établi des écoles dans leurs terres, j'en ai établi moi-même ; mais je les crains. Je crois convenable que quelques enfans apprennent à lire, à écrire, à chiffrer ; mais que le grand nombre, surtout les enfans des manœuvres ne sachent que cultiver, parce qu'on n'a besoin que d'une plume pour deux ou trois cent bras. La culture de la terre ne demande qu'une intelligence très commune ; la nature a rendu faciles tous les travaux auxquels elle a destiné l'homme : il faut donc employer le plus d'hommes qu'on peut à ces travaux faciles, & les leur rendre nécessaires.

17°. Le seul encouragement des cultivateurs est le commerce des denrées. Empêcher les bleds de sortir du royaume, c'est dire aux étrangers que nous en manquons, & que nous sommes de mauvais économes. Il y a quelquefois cherté en France, mais rarement disette. Nous fournissons les cours de l'Europe de danseurs & de perruquiers ; il vaudrait mieux les fournir de froment. Mais c'est à la prudence du gouvernement d'étendre ou de resserrer ce grand objet de commerce. Il n'appartient pas à un particulier qui ne voit que son canton, à proposer des vues à ceux qui voyent & qui embrassent le bien général du royaume.

18°. La réparation & l'entretien des chemins de traverse, est un objet important. Le gouvernement s'eſt ſignalé par la confection des voies publiques, qui font à la fois l'avantage & l'ornement de la France. Il a auſſi donné des ordres très utiles pour les chemins de traverſe ; mais ces ordres ne ſont pas ſi bien exécutés que ceux qui regardent les grands chemins. Le même colon qui voiturerait ſes denrées de ſon village au marché voiſin en une heure de tems avec un cheval, y parvient à peine avec deux chevaux en trois heures, parce qu'il ne prend pas le ſoin de donner un écoulement aux eaux, de combler une ornière, de porter un peu de gravier ; & ce peu de peine qu'il s'eſt épargnée, lui cauſe à la fin de très grandes peines & de grands dommages.

19°. Le nombre des mendians eſt prodigieux ; &, malgré les loix, on laiſſe cette vermine ſe multiplier. Je demanderais qu'il fût permis à tous les ſeigneurs de retenir & faire travailler à un prix raiſonnable, tous les mendians robuſtes, hommes & femmes qui mendieront ſur leurs terres.

20°. S'il m'était permis d'entrer dans des vues plus générales, je répéterais ici combien le célibat eſt pernicieux. Je ne ſais s'il ne ſerait point à propos d'augmenter d'un tiers la taille & la capitation, de quiconque ne ſerait pas marié à vingt-cinq ans. Je ne ſais s'il ne ſerait pas utile d'exempter d'impôts quiconque aurait ſept enfans mâles, tant que le père & les sept enfans vivraient ensemble. Mr. *Colbert* exempta tous ceux qui auraient douze enfans ; mais ce cas arrive si rarement, que la loi était inutile.

21º. On a fait des volumes sur tous les avantages qu'on peut retirer de la campagne, sur les améliorations, sur les bleds, les légumes, les pâturages, les animaux domestiques, & sur mille secrets presque tous chimériques. Le meilleur secret est de veiller soi-même à son domaine.

SECTION SECONDE.

Pourquoi certaines terres sont mal cultivées.

Je passai un jour par de belles campagnes bordées d'un côté d'une forêt adossée à des montagnes, & de l'autre par une vaste étendue d'eau saine & claire qui nourrit d'excellens poissons. C'est le plus bel aspect de la nature ; il termine les frontières de plusieurs états ; la terre y est couverte de bétail, & elle le serait de fleurs & de fruits toute l'année sans les vents & les grêles qui désolent souvent cette contrée délicieuse & qui la changent en Sibérie.

Je vis à l'entrée de cette petite province une maison bien bâtie, où demeuraient sept ou huit hommes bien faits & vigoureux. Je leur dis, Vous cultivez sans doute un héritage fertile dans ce beau séjour ? Nous, monsieur, nous avilir à rendre féconde la terre qui doit nourrir l'homme ! nous ne sommes pas faits pour cet indigne métier. Nous poursuivons les cultivateurs qui portent le fruit de leurs travaux d'un pays dans un autre ; nous les chargeons de fers : notre emploi est celui des héros. Sachez que dans ce pays de deux lieues sur six, nous avons quatorze maisons aussi respectables que celle ci, consacrées à cet usage. La dignité dont nous sommes revêtus nous distingue des autres citoyens ; & nous ne payons aucune contribution, parce que nous ne travaillons à rien qu'à faire trembler ceux qui travaillent.

Je m'avançai tout confus vers une autre maison ; je vis dans un jardin bien tenu, un homme entouré d'une nombreuse famille ; je croyais qu'il daignait *cultiver son jardin*. J'appris qu'il était revêtu de la charge de contrôleur du grenier à sel.

Plus loin demeurait le directeur de ce grenier, dont les revenus étaient établis sur les avanies faites à ceux qui viennent acheter de quoi donner un peu de goût à leur bouillon. Il y avait des juges de ce grenier où se conserve l'eau de la mer réduite en figures irrégulières ; des élus dont la dignité consistait à écrire les noms des citoyens, & ce qu'ils doivent au fisc ; des agens qui partageaient avec les receveurs de ce fisc; des hommes revètus d'offices de toute espèce, les uns conseillers du roi n'ayant jamais donné de conseil, les autres secrétaires du roi n'ayant jamais su le moindre de ses secrets. Dans cette multitude de gens qui se pavanaient de par-le-roi, il y en avait un assez grand nombre revètus d'un habit ridicule & chargés d'un grand sac qu'ils se fesaient remplir de la part de DIEU.

Il y en avait d'autres plus proprement vètus, & qui avaient des appointemens plus réglés pour ne rien faire. Ils étaient originairement payés pour chanter de grand matin ; & depuis plusieurs siécles ils ne chantaient qu'à table.

Enfin, je vis dans le lointain quelques spectres à demi-nuds qui écorchaient avec des bœufs aussi décharnés qu'eux un sol encor plus amaigri ; je compris pourquoi la terre n'était pas aussi fertile qu'elle pouvait l'ètre.

FÊTES DES SAINTS.

LETTRE d'un ouvrier de Lyon, à Messeigneurs de la commission établie à Paris pour la réformation des ordres religieux. Imprimée dans les papiers publics en 1766.

Messeigneurs,

Je suis ouvrier en soie, & je travaille à Lyon depuis dix-neuf ans. Mes journées ont augmenté insensiblement, & aujourd'hui je gagne trente-cinq sous. Ma femme qui travaille en passemens, en gagnerait quinze s'il lui était possible d'y donner tout son tems ; mais comme les soins du ménage, les maladies de couches ou autres, la détournent étrangement, je réduis son profit à dix sous, ce qui fait quarante-cinq sous journellement que nous apportons au ménage. Si l'on déduit de l'année quatre-vingt deux jours de dimanches ou de fêtes, l'on aura deux cent quatre-vingt quatre jours profitables, qui à quarante-cinq sous font six cent trente-neuf livres. Voilà mon revenu.

Voici les charges.

J'ai huit enfans vivans, & ma femme est sur le point d'accoucher du onziéme, car j'en ai perdu deux. Il y a quinze ans que je suis marié. Ainsi je puis compter annuellement vingt-quatre livres pour les frais de couches & de batême, cent huit livres pour l'année de deux nourrices, ayant communément deux enfans en nourrice, quelquefois même trois. Je paye de loyer à un quatriéme cinquante-fept livres, & d'impofition quatorze livres. Mon profit fe trouve donc réduit à quatre cent trente-fix livres, ou à vingt-cinq fous trois deniers par jour, avec lefquels il faut fe vêtir, fe meubler, acheter le bois, la chandelle, & faire vivre ma femme & fix enfans.

Je ne vois qu'avec effroi arriver des jours de fête. Il s'en faut très peu, je vous en fais ma confeffion, que je ne maudiffe leur inftitution. Elles ne peuvent avoir été inftituées, difais-je, que par les commis des aides, par les cabaretiers, & par ceux qui tiennent les guinguettes.

Mon père m'a fait étudier jufqu'à ma feconde, & voulait à toute force que je fuffe moine, me fefant entrevoir dans cet état un afyle affuré contre le befoin ; mais j'ai toûjours penfé que chaque homme doit fon tribut à la fociété, & que les moines font des guêpes inutiles qui mangent le travail des abeilles. Je vous avoue pourtant que quand je vois *Jean* C*** avec lequel j'ai étudié, & qui était le garçon le plus pareffeux du collège, poffédèr les premières places chez les prémontrés, je ne puis m'empêcher d'avoir quelques regrets de n'avoir pas écouté les avis de mon père.

Je suis à la troisiéme fête de Noël, j'ai engagé le peu de meubles que j'avais, je me suis fait avancer une semaine par mon bourgeois, je manque de pain, comment passer la quatriéme fête ? Ce n'est pas tout ; j'en entrevois encor quatre autres dans la semaine prochaine. Grand Dieu ! huit fêtes dans quinze jours ! est-ce vous qui l'ordonnez ?

Il y a un an que l'on me fait espérer que les loyers vont diminuer par la suppression d'une des maisons des capucins & des cordeliers. Que de maisons inutiles dans le centre d'une ville comme Lyon ! les jacobins, les dames de St. Pierre &c. Pourquoi ne pas les écarter dans les fauxbourgs si on les juge nécessaires ?- que d'habitans plus nécessaires encor tiendraient leurs places !

Toutes ces réflexions m'ont engagé à m'adresser à vous, Messeigneurs, qui avez été choisis par le roi pour détruire des abus. Je ne suis pas le seul qui pense ainsi ; combien d'ouvriers dans Lyon & ailleurs, combien de laboureurs dans le royaume sont réduits à la même nécessité que moi ? Il est visible que chaque jour de fête coûte à l'état plusieurs millions. Ces considérations vous porteront à prendre à cœur
les

les intérêts du peuple qu'on dédaigne un peu trop.

J'ai l'honneur d'être, &c.
    BOGEN.

Nous avons cru que cette requète, qui a été réellement présentée, pourait figurer dans un ouvrage utile.

SECTION SECONDE.

On connait assez les fêtes que *Jules César* & les empereurs qui lui succédèrent donnèrent au peuple Romain ; la fête des vingt-deux mille tables, servies par vingt-deux mille maîtres-d'hôtel ; les combats de vaisseaux sur des lacs qui se formaient tout d'un coup &c., n'ont pas été imitées par les seigneurs Hérules, Lombards ou Francs, qui ont voulu aussi qu'on parlât d'eux.

Un Welche nommé *Cahusac*, n'a pas manqué de faire un long article sur ces fêtes dans le grand Dictionnaire encyclopédique. Il dit, *que le ballet de Cassandre fut donné à Louis XIV par le cardinal Mazarin qui avait de la gaieté dans l'esprit, du goût pour les plaisirs dans le cœur & dans l'imagination, moins de faste que de galanterie ; que le roi dansa dans ce ballet à l'âge de treize ans, avec les proportions marquées, & les attitudes dont la nature l'avait embelli.* Ce Louis XIV,

Sixiéme partie.   E

né avec des attitudes & ce faste de l'imagination du cardinal *Mazarin*, sont dignes du beau stile qui est aujourd'hui à la mode. Notre *Cahusac* finit par décrire une fête charmante, d'un genre neuf & élégant donnée à la reine *Marie Leczinska*. Cette fête finit par le discours ingénieux d'un Allemand yvre, qui dit, *Est-ce la peine de faire tant de dépense en bougie pour ne faire voir que de l'eau?* A quoi un Gascon répondit : *Eh sandis, je meurs de faim; on vit donc de l'air à la cour des rois de France.*

Il est triste d'avoir inféré de pareilles platitudes dans un dictionnaire des arts & des sciences.

F E U.

LE feu est-il autre chose qu'un élément qui nous éclaire, qui nous échauffe & qui nous brûle?

La lumière n'est elle pas toûjours du feu, quoi que le feu ne soit pas toûjours lumière; & *Boheraave* n'a-t-il pas raison?

Le feu le plus pur tiré de nos matières combustibles, n'est-il pas toûjours grossier, toûjours chargé des corps qu'il embrase, & très différent du feu élémentaire?

Comment le feu eſt-il répandu dans toute la nature dont il eſt l'ame ?

Ignis ubique latet naturam amplectitur omnem,
Cuncta parit renovat dividit unit alit.

Quel homme peut concevoir comment un morceau de cire s'enflamme & comment il n'en reſte rien à nos yeux, quoi que rien ne ſe ſoit perdu ?

Pourquoi *Newton* dit-il toûjours en parlant des rayons de la lumière, *de natura radiorum*, *lucis utrum corpora ſint nec ne non diſputans* ; n'examinant point ſi les rayons de lumière ſont des corps ou non ?

N'en parlait-il qu'en géomètre ? en ce cas ce doute était inutile. Il eſt évident qu'il doutait de la nature du feu élémentaire, & qu'il doutait avec raiſon.

Le feu élémentaire eſt-il un corps à la manière des autres, comme l'eau & la terre ? Si c'était un corps de cette eſpèce, ne graviterait-il pas comme toute matière ? s'échapperait-il en tout ſens du corps lumineux en droite ligne ? aurait-il une progreſſion uniforme ? Et pourquoi jamais la lumière ne ſe meut-elle en ligne courbe ?

Le feu élémentaire ne pourait-il pas avoir des propriétés de la matière à nous ſi peu connue, & d'autres propriétés de ſubſtances à nous entiérement inconnues ?

Ne pourait-il pas être un milieu entre la matière & des fubftances d'un autre genre ? & qui nous a dit qu'il n'y a pas un millier de ces fubftances ? Je ne dis pas que cela foit, mais je dis qu'il n'eft point prouvé que cela ne puiffe pas être.

J'avais eu autrefois un fcrupule en voyant un point bleu & un point rouge fur une toile blanche, tout deux fur une même ligne, tout deux à une égale diftance de mes yeux, tout deux également expofés à la lumière, tout deux me réfléchiffant la même quantité de rayons, & fefant le même effet fur les yeux de cinq cent mille hommes. Il faut néceffairement que tous ces rayons fe croifent en venant à nous. Comment pouraient-ils cheminer fans fe croifer ; & s'ils fe croifent comment puis-je voir ? Ma folution était qu'ils paffaient les uns fur les autres. On a adopté ma difficulté & ma folution dans le Dictionnaire encyclopédique, à l'article *Lumière* ; mais je ne fuis point du tout content de ma folution. Car je fuis toûjours en droit de fuppofer que les rayons fe croifent tous à moitié chemin ; que par conféquent ils doivent tous fe réfléchir, ou qu'ils font pénétrables. Je fuis donc fondé à foupçonner que les rayons de lumière fe pénètrent, & qu'en ce cas ils ont quelque chofe qui ne tient point du tout de la matière. Ce soupçon m'effraye, j'en conviens ; ce n'eſt pas ſans un prodigieux remords que j'admettrais un être qui aurait tant d'autres propriétés des corps, & qui ſerait pénétrable. Mais auſſi je ne vois point comment on peut répondre bien nettement à ma difficulté. Je ne la propoſe donc que comme un doute & comme une ignorance.

Il était très difficile de croire, il y a environ cent ans, que les corps agiſſaient les uns ſur les autres, non-ſeulement ſans ſe toucher & ſans aucune émiſſion, mais à des diſtances effrayantes ; cependant cela s'eſt trouvé vrai, & on n'en doute plus. Il eſt difficile aujourd'hui de croire que les rayons du ſoleil ſe pénètrent : mais que ſait-on ce qui arrivera ?

Quoi qu'il en ſoit, je ris de mon doute ; & je voudrais pour la rareté du fait que cette incompréhenſible pénétration pût être admiſe. La lumière a quelque choſe de ſi divin, qu'on ſerait tenté d'en faire un degré pour monter à des ſubſtances encor plus pures.

A mon ſecours *Empedocle*, à moi *Démocrite*; venez admirer les merveilles de l'électricité ; voyez ſi ces étincelles qui traverſent mille corps en un clin d'œil ſont de la matière ordinaire ; jugez ſi le feu élémentaire ne fait pas contracter le cœur, & ne lui communique pas cette chaleur qui donne la vie. Jugez si cet être n'est pas la source de toutes les sensations, & si ces sensations ne sont pas l'unique origine de toutes nos chétives pensées, quoi que des pédans ignorans & insolens ayent condamné cette proposition comme on condamne un plaideur à l'amende.

Dites-moi si l'Etre suprême qui préside à toute la nature, ne peut pas conserver à jamais ces monades élémentaires auxquelles il a fait des dons si précieux. *Igneus est ollis vigor & celestis origor.*

Dissertation de Le Cat sur le fluide des nerfs, page 36.

Le célèbre *Le Cat* appelle ce fluide vivifiant, *un être amphibie, affecté par son auteur d'une nuance supérieure, qui le lie avec l'être immatériel, & par-là l'annoblit & l'élève à la nature mitoyenne qui le caractérise, & fait la source de toutes ses propriétés.*

Vous êtes de l'avis de *Le Cat*; j'en serais aussi si j'osais : mais il y a tant de sots & tant de méchans que je n'ose pas. Je ne puis que penser tout bas à ma façon au mont Krapac. Les autres penseront comme ils pouront, soit à Salamanque, soit à Bergame.

FICTION.

UNe fiction qui annonce des vérités intéressantes & neuves, n'est-elle pas une belle chose ? n'aimez-vous pas le conte arabe du sultan qui ne voulait pas croire qu'un peu de tems pût paraître très long, & qui disputait sur la nature du tems avec son derviche ? Celui-ci le prie pour s'en éclaircir de plonger seulement la tête un moment dans le bassin où il se lavait. Aussi-tôt le sultan se trouve transporté dans un désert affreux ; il est obligé de travailler pour gagner sa vie. Il se marie, il a des enfans qui deviennent grands & qui le battent. Enfin il revient dans son pays & dans son palais ; il y retrouve son derviche qui lui a fait souffrir tant de maux pendant vingt-cinq ans. Il veut le tuer. Il ne s'appaise que quand il sait que tout cela s'est passé dans l'instant qu'il s'est lavé le visage en fermant les yeux.

Vous aimez mieux la fiction des amours de *Didon* & d'*Enée*, qui rendent raison de la haine immortelle de Carthage contre Rome ; & Anchise, & celle qui développe dans l'Elisée les grandes destinées de l'empire Romain.

Mais n'aimez-vous pas auſſi dans l'*Arioſte* cette *Alcine* qui a la taille de *Minerve* & la beauté de *Vénus*, qui eſt ſi charmante aux yeux de ſes amans, qui les enyvre de voluptés ſi raviſſantes, qui réunit tous les charmes & toutes les graces ? Quand elle eſt enfin réduite à elle-même, & que l'enchantement eſt paſſé, ce n'eſt plus qu'une petite vieille ratatinée & dégoûtante.

Pour les fictions qui ne figurent rien, qui n'enſeignent rien, dont il ne réſulte rien, ſont-elles autre choſe que des menſonges ? & ſi elles ſont incohérentes, entaſſées ſans choix, comme il y en a tant, ſont-elles autre choſe que des rêves ?

Vous m'aſſurez pourtant qu'il y a de vieilles fictions très incohérentes, fort peu ingénieuſes, & aſſez abſurdes, qu'on admire encore. Mais prenez garde ſi ce ne ſont pas les grandes images répandues dans ces fictions qu'on admire, plutôt que les inventions qui amènent ces images. Je ne veux pas diſputer : mais voulez-vous être ſiflé de toute l'Europe, & enſuite oublié pour jamais ; donnez-nous des fictions ſemblables à celles que vous admirez.

FIGURE.

Si on veut s'inftruire, il faut lire attentivement tous les articles du grand dictionnaire de l'Encyclopédie, au mot *Figure*.

Figure de la terre par Mr. *d'Alembert*; ouvrage auffi clair que profond, & dans lequel on trouve tout ce qu'on peut favoir fur cette matière.

Figures de rhétorique par *César Dumarfais*; inftruction qui apprend à penfer & à écrire, & qui fait regretter comme bien d'autres articles, que les jeunes gens ne foient pas à portée de lire commodément des chofes fi utiles. Ces tréfors cachés dans un dictionnaire de vingt-deux volumes in-folio d'un prix exceffif, devraient être entre les mains de tous les étudians pour trente fous.

Figure humaine par rapport à la peinture & à la fculpture; excellente leçon donnée par Mr. *Vatelet* à tous les artiftes.

Figure: en phyfiologie; artifte très ingénieux, par Mr. *d'Abbés de Caberoles*.

Figure: en arithmétique & en algèbre, par Mr. *Mallet*.

Figure: en logique, en métaphyfique & belles-lettres, par Mr. le chevalier de *Jaucourt*, homme au deffus des philofophes de l'antiquité, en ce qu'il a préféré la retraite, la vraie philosophie, le travail infatigable à tous les avantages que pouvaient lui procurer sa naissance, dans un pays où l'on préfère ces avantages à tout le reste.

Figure, ou forme de la Terre.

Comment *Platon*, *Aristote*, *Eratosthènes*, *Possidonius* & tous les géomètres de l'Asie, de l'Egypte & de la Grece ayant reconnu la sphéricité de notre globe, arriva-t-il que nous crûmes si longtems la terre plus longue que large d'un tiers, & que delà nous vinrent les degrés de longitude & de latitude; dénomination qui atteste continuellement notre ancienne ignorance ?

Le juste respect pour la Bible qui nous enseigne tant de vérités plus nécessaires & plus sublimes, fut la cause de cette erreur universelle parmi nous.

On avait trouvé dans le pseaume CIII, que Dieu a étendu le ciel sur la terre comme une peau; & de ce qu'une peau a d'ordinaire plus de longueur que de largeur, on en avait conclu autant pour la terre.

St. Athanase s'exprime avec autant de chaleur contre les bons astronomes que contre les partisans d'Arius & d'Eusèbe. *Fermons*, dit-il, *la bouche à ces barbares, qui parlant sans preuve, osent avancer que le ciel s'étend aussi sous la terre*. Les pères regardaient la terre comme un grand vaisseau entouré d'eau, la proue était à l'orient & la pouppe à l'occident.

On voit encor dans *Cosmas* moine du quatriéme siécle, une espèce de carte géographique où la terre a cette figure.

Tortato évêque d'Avila sur la fin du quinziéme siécle, déclare dans son commentaire sur la Genèse, que la foi chrétienne est ébranlée, pour peu qu'on croie la terre ronde.

Colombo, *Vespuce* & *Magellan* ne craignirent point l'excommunication de ce savant évêque ; & la terre reprit sa rondeur malgré lui.

Alors on courut d'une extrémité à l'autre ; la terre passa pour une sphère parfaite. Mais l'erreur de la sphère parfaite était une méprise de philosophes, & l'erreur d'une terre plate & longue était une sottise d'idiots.

Dès qu'on commença à bien savoir que notre globe tourne sur lui-même en vingt-quatre heures, on aurait pu juger de cela seul, qu'une forme véritablement ronde ne saurait lui appartenir. Non-seulement la force centrifuge élève considérablement les eaux dans la région de l'équateur, par le mouvement de la rotation en vingt-quatre heures ; mais elles y sont encor élevées d'environ vingt-cinq pieds deux fois par jour par les marées ; il serait donc impossible que les terres vers l'équateur ne fuffent perpétuellement inondées ; or elles ne le font pas ; donc la région de l'équateur eft beaucoup plus élevée à proportion que le refte de la terre ; donc la terre eft un fphéroide élevé à l'équateur, & ne peut être une fphère parfaite. Cette preuve fi fimple avait échappé aux plus grands génies, parce qu'un préjugé univerfel permet rarement l'examen.

On fait qu'en 1672, *Richer* dans un voyage à la Cayenne près de la ligne, entrepris par l'ordre de *Louis XIV* fous les aufpices de *Colbert* le père de tous les arts ; *Richer*, dis-je, parmi beaucoup d'obfervations, trouva que le pendule de fon horloge ne fefait plus fes ofcillations, fes vibrations auffi fréquentes que dans la latitude de Paris, & qu'il falait abfolument raccourcir le pendule d'une ligne & de plus d'un quart. La phyfique & la géométrie n'étaient pas alors à beaucoup près fi cultivées qu'elles le font aujourd'hui ; quel homme eût pu croire que de cette remarque fi petite en apparence, & que d'une ligne de plus ou de moins, puffent fortir les plus grandes vérités phyfiques? On trouva d'abord qu'il falait néceffairement que la pefanteur fût moindre fous l'équateur dans notre latitude, puifque la feule pefanteur fait l'ofcillation d'un pendule. Par conféquent puifque la pefanteur des corps eft d'autant moins forte que ces corps font plus éloignés du centre de la terre, il falait abfolument que la région de l'équateur fût beaucoup plus élevée que la nôtre, plus éloignée du centre; ainfi la terre ne pouvait être une vraie fphère.

Beaucoup de philofophes firent, à propos de ces découvertes, ce que font tous les hommes quand il faut changer fon opinion; on difputa fur l'expérience de *Richer*; on prétendit que nos pendules ne fefaient leurs vibrations moins promtes vers l'équateur, que parce que la chaleur allongeait ce métal; mais on vit, que la chaleur du plus brûlant été l'allonge d'une ligne fur trente pieds de longueur; & il s'agiffait ici d'une ligne & un quart, d'une ligne & demie, ou même de deux lignes, fur une verge de fer longue de trois pieds huit lignes.

Quelques années après, Meffieurs *Varin*, *Deshayes*, *Feuillée*, *Couplet*, répétèrent vers l'équateur la même expérience du pendule; il le falut toûjours raccourcir, quoique la chaleur fût très fouvent moins grande fous la ligne même qu'à quinze ou vingt degrés de l'équateur. Cette expérience a été confirmée de nouveau par les académiciens que *Louis XV* a envoyés au Pérou, qui ont été obligés, vers Quito, fur des montagnes où il gelait, de raccourcir le pendule à fecondes d'environ deux lignes *a*).

a) Ceci était écrit en 1736.

A-peu-près au même tems, les académiciens, qui ont été mesurer un arc, du méridien au nord, ont trouvé qu'à Pello, pardelà le cercle polaire, il faut allonger le pendule pour avoir les mêmes oscillations qu'à Paris ; par conséquent la pesanteur est plus grande au cercle polaire que dans les climats de la France, comme elle est plus grande dans nos climats que vers l'équateur. Si la pesanteur est plus grande au nord, le nord est donc plus près du centre de la terre que l'équateur ; la terre est donc applatie vers les poles.

Jamais l'expérience & le raisonnement ne concoururent avec tant d'accord à prouver une vérité. Le célèbre *Huyghens*, par le calcul des forces centrifuges, avait prouvé que la pesanteur devait être moins grande à l'équateur qu'aux régions polaires, & que par conséquent la terre devait être un sphéroide applati aux poles. *Newton* par les principes de l'attraction avait trouvé les mêmes rapports à peu de chose près ; il faut seulement observer qu'*Huyghens* croyait que cette force inhérente aux corps qui les détermine vers le centre du globe, cette gravité primitive, est partout la même. Il n'avait pas encor vu les découvertes de *Newton* ; il ne considérait donc la diminution de la pesanteur que par la théorie des forces centrifuges. L'effet des forces centrifuges diminue la gravité primitive fous l'équateur. Plus les cercles, dans lefquels cette force centrifuge s'exerce, deviennent petits, plus cette force cède à celle de la gravité : ainfi fous le pole même, la force centrifuge qui eft nulle, doit laiffer à la gravité primitive toute fon action. Mais ce principe d'une gravité toûjours égale, tombe en ruine par la découverte que *Newton* a faite, & dont nous avons tant parlé ailleurs, qu'un corps tranfporté, par exemple, à dix diamètres du centre de la terre, pèfe cent fois moins qu'à un diamètre.

C'eft donc par les loix de la gravitation combinées avec celles de la force centrifuge, qu'on fait voir véritablement quelle figure la terre doit avoir. *Newton* & *Grégori* ont été fi fûrs de cette théorie, qu'ils n'ont pas héfité d'avancer, que les expériences fur la pefanteur étaient plus fûres pour faire connaître la figure de la terre, qu'aucune mefure géographique.

Louis XIV avait fignalé fon règne par cette méridienne, qui traverfe la France ; l'illuftre *Dominique Caffini* l'avait commencée avec *Monfieur* fon fils ; il avait en 1701 tiré du pied des Pyrénées à l'obfervatoire une ligne auffi droite qu'on le pouvait, à travers les obftacles prefque infurmontables que les hauteurs des montagnes, les changemens de la réfraction dans l'air, & les altérations des inſtrumens oppoſaient ſans ceſſe à cette vaſte & délicate entrepriſe ; il avait donc en 1701 meſuré ſix degrés dix-huit minutes de cette méridienne. Mais de quelque endroit que vînt l'erreur, il avait trouvé les degrés vers Paris, c'eſt-à-dire, vers le nord, plus petits que ceux qui allaient aux Pyrénées vers le midi ; cette meſure démentait & celle de *Norvood* & la nouvelle théorie de la terre applatie aux poles. Cependant cette nouvelle théorie commençait à être tellement reçue, que le ſecrétaire de l'académie n'héſita point dans ſon hiſtoire de 1701 à dire que les meſures nouvelles priſes en France prouvaient que la terre eſt un ſphéroïde dont les poles ſont applatis. Les meſures de *Dominique Caſſini* entraînaient à la vérité une concluſion toute contraire ; mais comme la figure de la terre ne feſait pas encor en France une queſtion, perſonne ne releva pour lors cette concluſion fauſſe. Les degrés du méridien de Collioure à Paris paſſèrent pour exactement meſurés ; & le pole, qui par ces meſures devait néceſſairement être allongé, paſſa pour applati.

Un ingénieur nommé Mr. *des Roubais*, étonné de la concluſion, démontra que par les meſures priſes en France, la terre devait être un ſphéroïde oblong, dont le méridien qui va d'un pole à l'autre, eſt plus long que l'équateur, & dont les poles ſont allon-

FIGURE.

allongés *b*). Mais de tous les physiciens à qui il adressa sa dissertation, aucun ne voulut la faire imprimer, parce qu'il semblait que l'académie eût prononcé, & qu'il paraissait trop hardi à un particulier de réclamer. Quelque tems après, l'erreur de 1701 fut reconnue; on se dédit, & la terre fut allongée, par une juste conclusion tirée d'un faux principe. La méridienne fut continuée sur ce principe de Paris à Dunkerke; on trouva toûjours les degrés du méridien plus petits en allant vers le nord. On se trompa toûjours sur la figure de la terre, comme on s'était trompé sur la nature de la lumière. Environ ce tems-là, des mathématiciens, qui fesaient les mêmes opérations à la Chine, furent étonnés de voir de la différence entre leurs degrés, qu'ils pensaient devoir être égaux, & de les trouver, après plusieurs vérifications, plus petits vers le nord que vers le midi. C'était encor une puissante raison pour croire le sphéroide oblong, que cet accord des mathématiciens de France & de ceux de la Chine. On fit plus encor en France, on mesura des parallèles à l'équateur. Il est aisé de comprendre, que sur un sphéroide oblong, nos degrés de longitude doivent être plus petits que sur une sphère. Mr. de *Cassini* trouva le parallèle qui passe par Saint-Malo, plus court de

---

b) Son mémoire est dans le Journal littéraire.

Sixième partie.

mille trente-fept toifes, qu'il n'aurait dû être dans l'hypothèfe d'une terre fphérique. Ce degré était donc incomparablement plus court, qu'il n'eût été fur un fphéroide à poles allongés.

Toutes ces fauffes mefures prouvèrent qu'on avait trouvé les degrés, comme on avait voulu les trouver : elles renverfèrent pour un tems en France la démonftration de *Newton* & d'*Huyghens* ; & on ne douta pas, que les poles ne fuffent d'une figure toute oppofée à celle dont on les avait crus d'abord ; on ne favait où l'on en était.

Enfin les nouveaux académiciens qui allèrent au cercle polaire en 1736, ayant vu par d'autres mefures, que le degré était dans ces climats plus long qu'en France, on douta entr'eux & meffieurs *Caffini*. Mais bientôt après on ne douta plus ; car les mêmes aftronomes qui revenaient du pole, examinèrent encor ce degré mefuré en 1677 par *Picard* au nord de Paris ; ils vérifièrent que ce degré eft de cent vingt-trois toifes plus long que *Picard* ne l'avait déterminé. Si donc *Picard*, avec fes précautions, avait fait fon degré de cent vingt-trois toifes trop court, il était fort vraifemblable, qu'on eût enfuite trouvé les degrés vers le midi plus longs qu'ils ne devaient être. Ainfi la première erreur de *Picard*, qui fervait de fondement aux mefures de la méridienne, fervait auffi d'excufe aux erreurs presque inévitables, que de très bons astronomes avaient pu commettre dans ces opérations.

Malheureusement d'autres mesureurs trouvèrent au cap de Bonne-Espérance que les degrés du méridien ne s'accordaient pas avec les nôtres. D'autres mesures prises en Italie contredirent aussi nos mesures françaises. Elles étaient toutes démenties par celles de la Chine. On se remit donc à douter, & on soupçonna très raisonnablement, à mon avis, que la terre était bosselée.

Pour les Anglais, quoiqu'ils aiment à voyager, ils s'épargnèrent cette fatigue, & s'en tinrent à leur théorie.

Au reste, la différence de la sphère au sphéroïde ne donne point une circonférence plus grande ou plus petite : car un cercle changé en ovale n'augmente ni ne diminue de superficie.

Quant à la différence d'un axe à l'autre, elle n'est guères que de cinq de nos lieues ; différence immense pour ceux qui prennent parti, mais insensible pour ceux qui ne considèrent les mesures du globe que par les usages utiles qui en résultent. Un géographe ne pourrait guères dans une carte faire appercevoir cette différence, ni aucun pilote savoir s'il fait route sur un sphéroïde ou sur une sphère.

Cependant, on osa avancer que la vie des navigateurs dépendait de cette question. Q charlatanisme ! entrerez-vous jusques dans les degrés du méridien ?

FIGURÉ, EXPRIMÉ EN FIGURE.

On dit un *ballet figuré*, qui représente ou qu'on croit représenter une action, une passion, une saison, ou qui simplement forme des figures par l'arrangement des danseurs deux à deux, quatre à quatre : *copie figurée*, parce qu'elle exprime précisément l'ordre & la disposition de l'original : *verité figurée* par une fable, par une parabole : l'*église figurée* par la jeune épouse du Cantique des cantiques : l'*ancienne Rome figurée* par Babilone : *stile figuré* par les expressions métaphoriques qui figurent les choses dont on parle, & qui les défigurent quand les métaphores ne sont pas justes.

L'imagination ardente, la passion, le désir, souvent trompé, produisent le stile figuré. Nous ne l'admettons point dans l'histoire, car trop de métaphores nuisent à la clarté; elle nuisent même à la vérité, en disant plus ou moins que la chose même.

Les ouvrages didactiques réprouvent ce stile. Il est bien moins à sa place dans un sermon que dans une oraison funèbre ; parce que le sermon est une instruction dans laquelle on annonce la vérité ; l'oraison funèbre, une déclamation dans laquelle on exagère.

FIGURE.

La poësie d'entousiasme, comme l'épopée, l'ode, est le genre qui reçoit le plus ce stile. On le prodigue moins dans la tragédie, où le dialogue doit être aussi naturel qu'élevé; encore moins dans la comédie, dont le stile doit être plus simple.

C'est le goût qui fixe les bornes qu'on doit donner au stile figuré dans chaque genre. Balthazar Gratian dit, *que les pensées partent des vastes côtes de la mémoire, s'embarquent sur la mer de l'imagination, arrivent au port de l'esprit, pour être enrégistrées à la douane de l'entendement.* C'est précisément le stile d'*Arlequin*. Il dit à son maître, La *balle de vos commandemens* a rebondi sur la raquette de mon obéissance. Avouons que c'est là souvent ce stile oriental qu'on tâche d'admirer.

Un autre défaut du stile figuré est l'entassement des figures incohérentes. Un poete en parlant de quelques philosophes, les a appellés

>D'ambitieux pygmées,
>Qui sur leurs pieds vainement redressés,
>Et sur des monts d'argumens entassés,
>De jour en jour superbes Encélades
>Vont redoublant leurs folles escalades,

Vers d'une épitre de Jean Batiste Rousseau à Louis Racine fils de Jean Racine.

Quand on écrit contre les philosophes, il faudrait mieux écrire. Comment des pygmées ambitieux redreffés fur leurs pieds fur des montagnes d'argumens, continuent-ils des efcalades ? Quelle image fauffe & ridicule! quelle platitude recherchée !

Dans une allégorie du même auteur, intitulée *la liturgie de Cithère*, vous trouvez ces vers-ci :

 De toutes parts, autour de l'inconnue,
 Ils vont tomber comme grêle menue,
 Moiffons de cœurs fur la terre jonchés,
 Et des Dieux même à fon char attachés.
 De par Vénus nous verrons cette affaire.
 Si s'en retourne aux cieux dans fon ferrail,
 En ruminant comment il poura faire
 Pour ramener la brebis au bercail.

Des moiffons de cœurs jonchés fur la terre comme de la grêle menue; & parmi ces cœurs palpitans à terre des Dieux attachés au char de l'inconnue ; l'amour qui va de par Vénus ruminer dans fon ferrail au ciel, comment il poura faire pour ramener au bercail cette brebis entourée de cœurs jonchés! tout cela forme une figure fi fauffe, fi puérile à la fois & fi groffière, fi incohérente, fi dégoûtante, fi extravagante, fi platement exprimée, qu'on eft étonné qu'un homme qui fefait bien des vers dans un autre genre, & qui avait du goût, ait pu écrire quelque chofe de fi mauvais.

On eft encor plus furpris que ce ftile appellé *marotique* ait eu pendant quelque tems des approbateurs. Mais on cesse d'être surpris quand on lit les épitres en vers de cet auteur; elles sont presque toutes hérissées de ces figures peu naturelles & contraires les unes aux autres.

Il y a une épitre à *Marot* qui commence ainsi :

> Ami Marot, honneur de mon pupitre,
> Mon premier maître, acceptez cette épitre
> Que vous écrit un humble nourrisson
> Qui sur Parnasse a pris votre écusson,
> Et qui jadis en maint genre d'escrime
> Vint chez vous seul étudier la rime.

Boileau avait dit dans son épitre à *Molière :*

> Dans les combats d'esprit savant maître d'escrime.

Du moins la figure était juste. On s'escrime dans un combat; mais on n'étudie point la rime en s'escrimant. On n'est point l'honneur du pupitre d'un homme qui s'escrime. On ne met point sur un pupitre un écusson pour rimer à nourrisson. Tout cela est imcompatible; tout cela jure.

Une figure beaucoup plus vicieuse est celle-ci.

> Au demeurant assez haut de stature,
> Large de croupe, épais de fourniture,
> Flanqué de chair, gabionné de lard,

Tel en un mot que la nature & l'art ;
En moissonnant les remparts de son ame ;
Songèrent plus au foureau qu'à la lame.

La nature & l'art qui maſſonnent les remparts d'une ame, ces remparts maſſonnés qui ſe trouvent être une fourniture de chair & un gabion de lard, ſont aſſurément le comble de l'impertinence. Le plus vil faquin travaillant pour la foire St. Germain aurait fait des vers plus raiſonnables. Mais quand ceux qui ſont un peu au fait ſe ſouviennent que ce ramas de ſottiſes fut écrit contre un des premiers hommes de la France par ſa naiſſance, par ſes places & par ſon génie, qui avait été le protecteur de ce rimeur, qui l'avait ſecouru de ſon crédit & de ſon argent, & qui avait beaucoup plus d'eſprit, d'éloquence & de ſcience que ſon détracteur, alors on eſt ſaiſi d'indignation contre le miſérable arrangeur de vieux mots impropres rimés richement ; & en louant ce qu'il a de bon, l'on déteſte cet horrible abus du talent.

Voici une figure du même auteur non moins fauſſe & non moins compoſée d'images, qui ſe détruiſent l'une l'autre.

Incontinent vous l'allez voir s'enfler
De tout le vent que peut faire ſoufler,
Dans les fourneaux d'une tête échauffée,
Fatuité ſur ſottiſe greffée.

FIGURE.

Le lecteur sent assez que la fatuité devenue un arbre greffé sur l'arbre de la sottise, ne peut être un soufflet, & que la tête ne peut être un fourneau. Toutes ces contorsions d'un homme qui s'écarte ainsi du naturel, ne ressemblent pas assurément à la marche décente, aisée, & mesurée de *Boileau*. Ce n'est pas là l'art poetique.

Y a-t-il un amas de figures plus incohérentes, plus disparates que cet autre passage du même poete.

> Oui, tout auteur qui veut sans perdre haleine
> Boire à longs traits aux sources d'Hippocrène,
> Doit s'imposer l'indispensable loi
> De s'éprouver de descendre chez soi,
> Et d'y chercher ces semences de flamme
> Dont le vrai seul doit embraser notre ame.
> Sans quoi jamais le plus fier écrivain
> Ne peut prétendre à cet essor divin.

Quoi! pour boire à longs traits il faut descendre dans soi, & y chercher le vrai des semences de feu, sans quoi le plus fier écrivain n'atteindra point à un essor? Quel monstrueux assemblage! quel inconcevable galimatias!

On peut dans une allégorie ne point employer les figures, les métaphores, & dire avec simplicité ce qu'on a inventé avec imagination. *Platon* a plus d'allégories encor que de figures ; il les exprime souvent avec élégance & sans faste.

Presque toutes les maximes des anciens Orientaux & des Grecs, sont dans un stile figuré. Toutes ces sentences sont des métaphores, de courtes allégories ; & c'est là que le stile figuré fait un tres grand effet en ébranlant l'imagination & en se gravant dans la mémoire.

Nous avons vu que Pythagore dit, *Dans la tempête adorez l'écho*, pour signifier, *dans les troubles civils retirez-vous à la campagne. N'attisez pas le feu avec l'épée*, pour dire, *n'irritez pas les esprits échauffés*.

Il y a dans toutes les langues beaucoup de proverbes communs qui sont dans le stile figuré.

Figure en théologie.

Il est très certain, & les hommes les plus pieux en conviennent, que les figures & les allégories ont été poussées trop loin. On ne peut nier que le morceau de drap rouge mis par la courtisanne *Rahab* à sa fenêtre pour avertir les espions de *Josué*, regardé par quelques pères de l'église comme une figure du sang Jesus-Christ, ne soit un abus de l'esprit qui veut trouver du mystère à tout.

On ne peut nier que *St. Ambroise* dans son livre de *Noé* & de l'*Arche*, n'ait fait un très mauvais ufage de fon goût pour l'allégorie, en difant que la petite porte de l'arche était une figure de notre derrière, par lequel fortent les excrémens.

Tous les gens fenfés ont demandé comment on peut prouver que ces mots hébreux *maher-falal-has-bas, prenez vite les dépouilles*, font une figure de JESUS-CHRIST? Comment *Moïfe* étendant les mains pendant la bataille contre les Madianites, peut-il être la figure de JESUS-CHRIST? Comment *Juda* qui lie fon ânon à la vigne & qui lave fon manteau dans le vin eſt-il auffi une figure? Comment *Ruth* fe gliſſant dans le lit de *Booz* peut-elle figurer l'églife? Comment *Sara* & *Rachel* font-elles l'églife, & *Agar* & *Lia* la fynagogue? Comment les baifers de la Sulamite fur la bouche figurent-ils le mariage de l'églife?

On ferait un volume de toutes ces énigmes, qui ont paru aux meilleurs théologiens des derniers tems plus recherchées qu'édifiantes.

Le danger de cet abus eſt parfaitement reconnu par l'abbé *Fleuri*, auteur de l'*Hiſtoire eccléſiaſtique*. C'eſt un reſte de rabinifme, un défaut dans lequel le favant *St. Jérôme* n'eſt jamais tombé ; cela reſſemble à l'explication des fonges, à l'*oneiromancie*. Qu'une fille voye de l'eau bourbeufe en rêvant, elle sera mal mariée ; qu'elle voye de l'eau claire ; elle aura un bon mari. Une araignée signifie *de l'argent*, &c.

Enfin, la postérité éclairée poura-t-elle le croire ? On a fait pendant plus de quatre mille ans une étude sérieuse de l'intelligence des songes.

Figures symboliques.

Toutes les nations s'en sont servies comme nous l'avons dit à l'article *Emblême* ; mais qui a commencé ? sont-ce les Egyptiens ? il n'y a pas d'apparence. Nous croyons avoir prouvé plus d'une fois que l'Egypte est un pays tout nouveau, & qu'il a falu plusieurs siécles pour préserver la contrée des inondations & pour la rendre habitable. Il est impossible que les Egyptiens ayent inventé les signes du Zodiaque, puisque les figures qui désignent les tems de nos semailles & de nos moissons, ne peuvent convenir aux leurs. Quand nous coupons nos bleds, leur terre est couverte d'eau ; quand nous semons, ils voyent approcher le tems de recueillir. Ainsi le bœuf de notre Zodiaque, & la fille qui porte des épics, ne peuvent venir d'Egypte.

C'est une preuve évidente de la fausseté de ce paradoxe nouveau que les Chinois sont une colonie égyptienne. Les caractères ne sont point les mêmes, les Chinois marquent la toute du soleil par vingt-huit constellations ; & les Egyptiens, d'après les Caldéens, en comptaient douze ainsi que nous.

Les figures qui désignent les planètes, sont à la Chine & aux Indes toutes différentes de celles d'Egypte & de l'Europe ; les signes des métaux différens, la manière de conduire la main en écrivant non moins différente. Donc rien ne parait plus chimérique que d'avoir envoyé les Egyptiens peupler la Chine.

Toutes ces fondations fabuleuses faites dans les tems fabuleux, ont fait perdre un tems irréparable à une multitude prodigieuse de savans, qui se sont tous égarés dans leurs laborieuses recherches, & qui auraient pu être utiles au genre-humain dans des arts véritables.

Pluche, dans son histoire, ou plutôt dans sa *Fable du ciel*, nous certifie que *Cham* fils de *Noé* alla régner en Egypte où il n'y avait personne ; que son fils *Menès* fut le plus grand des législateurs, que *Thot* était son premier ministre.

Selon lui & selon ses garants, ce *Thot* ou un autre institua des fêtes en l'honneur du déluge, & les cris de joie *Io bacché*, si fameux chez les Grecs, étaient des lamentations chez les Egyptiens. *Bacché* venait de l'hébreu *Beke* qui signifie *sanglots*, & cela dans un tems où le peuple Hébreu n'exiſtait pas. Par cette explication, joie veut dire *triſteſſe*, & chanter ſignifie *pleurer*.

Les Iroquois ſont plus ſenſés ; ils ne s'informent point de ce qui ſe paſſa ſur le lac Ontario il y a quelques milliers d'années ; ils vont à la chaſſe au-lieu de faire des ſyſtèmes.

Les mêmes auteurs aſſurent que les ſphinx dont l'Egypte était ornée, ſignifiaient la *ſurabondance*, parce que des interprètes ont prétendu qu'un mot hébreu *ſpang* voulait dire *un excès* ; comme ſi la langue hébraïque, qui eſt en grande partie dérivée de la phénicienne, avait ſervi de leçon à l'Egypte. Et quel rapport d'un ſphinx à une abondance d'eau ? Les ſcoliaſtes futurs ſoutiendront un jour avec plus de vraiſemblance, que nos maſcarons qui ornent la clef des ceintres de nos fenêtres, ſont des emblèmes de nos maſcarades ; & que ces fantaiſies annonçaient qu'on donnait le bal dans toutes les maiſons décorées de maſcarons.

FIGURE, SENS FIGURÉ, ALLÉGORIQUE, MYSTIQUE, TROPOLOGIQUE, TYPIQUE, &c.

C'eſt ſouvent l'art de voir dans les livres toute autre choſe que ce qui s'y trouve. Par exemple, que *Romulus* faſſe périr ſon frère

Rémus, cela signifiera la mort du duc de Berry frère de *Louis XI*. *Régulus* prisonnier à Carthage, ce sera *St. Louis* captif à la Massoure.

On remarque très justement dans le grand Dictionnaire encyclopédique, que plusieurs pères de l'église ont poussé peut-être un peu trop loin ce goût des figures allégoriques ; ils sont respectables jusques dans leurs écarts.

Si les saints pères ont quelquefois abusé de cette méthode, on pardonne à ces petits excès d'imagination en faveur de leur saint zèle.

Ce qui peut les justifier encor, c'est l'antiquité de cet usage que nous avons vu pratiqué par les premiers philosophes. Il est vrai que les figures symboliques employées par les pères, sont dans un goût différent.

Par exemple, lorsque *St. Augustin* veut trouver les quarante-deux générations de la généalogie de Jesus, annoncées par *St. Matthieu* qui n'en rapporte que quarante & une ; *Augustin* dit qu'il faut compter deux fois *Jéconias*, parce que *Jéconias* est la *pierre angulaire* qui appartient à deux murailles ; que ces deux murailles figurent l'ancienne loi & la nouvelle, & que *Jéconias* étant ainsi *pierre angulaire*, figure Jesus-Christ qui est la *vraie pierre angulaire*.

Sermon XLI. article IX.

Article XXII. Le même saint, dans le même sermon, dit que le nombre de quarante doit dominer; & il abandonne *Jéconias* & sa pierre angulaire comptée pour deux générations. Le nombre de quarante, dit-il, signifie la vie; car dix sont la parfaite béatitude, étant multipliés par quatre, qui figurent le tems en comptant les quatre saisons.

Dans le même sermon encor, il explique pourquoi *St. Luc* donne soixante & dix-sept ancêtres à Jesus-Christ, cinquante-six jusqu'au patriarche *Abraham*, & vingt & un d'*Abraham* à Dieu même. Il est vrai que selon le texte hébreu il n'y en aurait que soixante & seize; car la Bible hébraïque ne compte point un *Caïnan* qui est interpolé dans la Bible grecque appellée *des Septante*.

Voici ce que dit St. Augustin.

„ Le nombre de *soixante & dix-sept* figure
„ l'abolition de tous les péchés par le ba-
„ tême......... le nombre *dix* signifie jus-
„ tice & béatitude résultante de la créature,
„ qui est sept avec la Trinité qui fait trois.
„ C'est par cette raison que les commande-
„ mens de Dieu sont au nombre de dix. Le
„ nombre *onze* signifie le péché, parce qu'il
„ transgresse dix..... Ce nombre de soixante
„ & dix-sept est le produit de onze figures
„ du péché multiplié par sept & non pas
„ par dix; car le nombre *sept* est le symbole
de

" de la créature. *Trois* représentent l'ame
" qui est quelque image de la Divinité, &
" *quatre* représentent le corps à cause de ses
" quatre qualités, &c. "

On voit dans ces explications un reste des
mystères de la cabale & du quaternaire de
Pythagore. Ce goût fut très longtems en
vogue.

Article XXIII.

St. Augustin va plus loin sur les dimensions de la matière. La largeur, c'est la dilatation du cœur qui opère les bonnes œuvres; la longueur, c'est la persévérance. La hauteur, c'est l'espoir des récompenses. Il pousse très loin cette allégorie ; il l'applique à la croix & en tire de grandes conséquences.

Sermon LIII. article XIV.

L'usage de ces figures avait passé des juifs aux chrétiens longtems avant *St. Augustin*. Ce n'est pas à nous de savoir dans quelles bornes on devait s'arrêter.

Les exemples de ce défaut sont innombrables. Quiconque a fait de bonnes études, ne hazardera de telles figures ni dans la chaire, ni dans l'école. Il n'y en a point d'exemple chez les Romains & chez les Grecs, pas même dans les poètes.

On trouve seulement dans les *Métamorphoses* d'*Ovide* des inductions ingénieuses tirées des fables qu'on donne pour fables.

Pyrra & *Deucalion* ont jetté des pierres

Sixiéme partie. G

entre leurs jambes par derrière, des hommes en sont nés. Ovide dit :

Inde genus durum sumus experiensque laborum
Et documenta damus qua simus origine nati.

Formés par des cailloux, soit fable ou vérité,
Hélas ! le cœur de l'homme en a la dureté.

Apollon aime *Daphné*, & Daphné n'aime point Apollon ; c'est que l'amour a deux espèces de fléches, les unes d'or & perçantes, les autres de plomb & écachées.

Apollon a reçu dans le cœur une fléche d'or, *Daphné* une de plomb.

Ecce sagittifera promsit duo tela pharetra
Diversorum operum. fugat hoc, facit illud amorem.
Quod facit auratum est ; & Cuspide fulget acuta
Quod fugat obtusum est, & habet sub arundine plumbum &c.

Fatal amour, tes traits sont différens,
Les uns sont d'or, ils sont doux & perçans ;
Ils font qu'on aime, & d'autres au contraire
Sont d'un vil plomb qui rend froid & sévère.
O Dieu d'amour ! en qui j'ai tant de foi,
Prends tes traits d'or pour Aminte & pour moi.

Toutes ces figures sont ingénieuses & ne trompent personne. Quand on dit que *Vénus* la déesse de la beauté, ne doit point marcher sans les graces, on dit une vérité charmante. Ces fables qui étaient dans la bouche de tout le monde, ces allégories si naturelles avaient tant d'empire sur les esprits, que peut-être les premiers chrétiens voulurent les combattre en les imitant. Ils ramassèrent les armes de la mythologie pour la détruire; mais ils ne purent s'en servir avec la même adresse; ils ne songèrent pas que l'austérité sainte de notre religion ne leur permettait pas d'employer ces ressources, & qu'une main chrétienne aurait mal joué sur la lyre d'*Apollon*.

Cependant, le goût de ces figures typiques & prophétiques était si enraciné, qu'il n'y eut guères de prince, d'homme d'état, de pape, de fondateur d'ordre, auquel on n'appliquât des allégories, des allusions prises de l'Ecriture sainte. La flatterie & la satyre puiserent à l'envi dans la même source.

On disait au pape Innocent III, *Innocens eris à maledictione*, quand il fit une croisade sanglante contre le comte de Toulouse.

Lorsque *François Martorillo* de Paule fonda les minimes, il se trouva qu'il était prédit dans la Genèse, *Minimus cum patre nostro*.

Le prédicateur qui prêcha devant *Jean d'Autriche* après la célèbre bataille de Lépante, prit pour son texte, *Fuit homo missus à Deo cui nomen erat Joannes*; & cette allusion était fort belle si les autres étaient ridicules.

Enfin, ce fut un usage si constant, qu'aucun prédicateur de nos jours n'a jamais manqué de se servir, de prendre une allégorie pour son texte. Une des plus heureuses est le texte de l'oraison funèbre du duc de Can-dale, prononcée devant sa sœur qui passait pour un modèle de vertu ; *Dic quia soror mea es ut mihi bene eveniat propter te.* Dites que vous êtes ma sœur, afin que je sois bien traité à cause de vous.

Il ne faut pas être surpris si les cordeliers poussèrent trop loin ces figures en faveur de St. François d'Assise dans le fameux & très peu connu livre des *Conformités de St. François d'Assise avec* Jesus-Christ. On y voit soixante & quatre prédictions de l'avénement de *St. François*, tant dans l'ancien Testament que dans le nouveau ; & chaque prédiction contient trois figures qui signifient la fondation des cordeliers. Ainsi ces pères se trouvent prédits cent quatre-vingt douze fois dans la Bible.

Depuis *Adam* jusqu'à *St. Paul*, tout a figuré le bienheureux *François d'Assise*. Les Ecritures ont été données pour annoncer à l'univers les sermons de *François* aux quadrupèdes, aux poissons & aux oiseaux, ses ébats avec sa femme de neige, ses passe-tems avec le diable, ses avantures avec frère *Elie* & frère *Pacifique*.

On a condamné ces pieuses rêveries qui allaient jusqu'au blasphême. Mais l'ordre de

St. François n'en a point pâti ; il a renoncé à ces extravagances trop communes dans les siécles de barbarie. (Voyez *Emblême*.)

FILOSOFE, ou PHILOSOPHE.

CE beau nom a été tantôt honoré, tantôt flétri comme celui de poete, de mathématicien, de moine, de prêtre, & de tout ce qui dépend de l'opinion.

Domitien chaſſa les filoſophes ; *Lucien* ſe moqua d'eux. Mais quels filoſophes, quels mathématiciens furent exilés par ce monſtre de *Domitien* ? Ce furent des joueurs de gobelets, des tireurs d'horoſcopes, des diſeurs de bonne avanture, de miſérables juifs qui compoſaient des philtres amoureux & des taliſmans ; des gens de cette eſpèce qui avaient un pouvoir ſpécial ſur les eſprits malins, qui les évoquaient, qui les feſaient entrer dans le corps des filles avec des paroles ou avec des ſignes, & qui les en délogeaient par d'autres ſignes & d'autres paroles.

Quels étaient les filoſophes que *Lucien* livrait à la riſée publique ? c'était la lie du genre-humain. C'étaient des gueux incapables d'une profeſſion utile, des gens reſſemblans parfaitement au *pauvre diable* dont on nous a fait une description aussi vraie que comique ; qui ne savent s'ils porteront la livrée ou s'ils feront l'almanach de l'année merveilleuse ; s'ils travailleront à un journal ou aux grands chemins, s'ils se feront soldats ou prêtres, & qui en attendant vont dans les caffés dire leur avis sur la piéce nouvelle, sur Dieu, sur l'Etre en général, & sur les modes de l'Etre ; puis, vous empruntent de l'argent, & vont faire un libelle contre vous, avec l'avocat *Marchant* ou le nommé *Chaudon*, ou le nommé *Bonneval*.

Opuscule d'un abbé d'*Etrée*, du village d'Etrée.

L'avocat *Marchant* auteur du Testament politique d'un académicien, libelle odieux.

Ce n'est pas d'une pareille école que sortirent les *Cicérons*, les *Atticus*, les *Epiclète*, *Trajan*, *Adrien*, *Antonin Pie*, *Marc-Aurèle*, *Julien*.

Ce n'est pas là que s'est formé ce roi de Prusse qui a composé autant de livres filosofiques qu'il a gagné de batailles, & qui a terrassé autant de préjugés que d'ennemis.

Une impératrice victorieuse qui fait trembler les Ottomans, & qui gouverne avec tant de gloire un empire plus vaste que l'empire Romain, n'a été une grande législatrice que parce qu'elle a été filosofe. Tous les princes du nord le sont ; & le nord fait honte au midi. Si les confédérés de Pologne avaient un peu de filosofie, ils ne mettraient pas leur patrie, leurs terres, leurs maisons au pillage ; ils n'enfanglanteraient pas leur pays, ils ne fe rendraient pas les plus malheureux des hommes ; ils écouteraient la voix de leur roi filofofe qui leur a donné de fi vains exemples & de fi vaines leçons de modération & de prudence.

Le grand *Julien* était filofofe quand il écrivait à fes miniftres & à fes pontifes, ces belles lettres remplies de clémence & de fageffe que tous les véritables gens de bien admirent encor aujourd'hui en condamnant fes erreurs.

Conftantin n'était pas filofofe quand il affaffinait fes proches, fon fils & fa femme, & que dégouttant du fang de fa famille, il jurait que DIEU lui avait envoyé le *Labarum* dans les nuées.

C'eft un terrible faut d'aller de *Conftantin* à *Charles IX* & à *Henri III*, rois d'une des cinquante grandes provinces de l'empire Romain. Mais fi ces rois avaient été filofofes, l'un n'aurait pas été coupable de la St. Barthelemi, l'autre n'aurait pas fait des proceffions fcandaleufes avec fes gitons ; ne fe ferait pas réduit à la néceffité d'affaffiner le duc de *Guife* & le cardinal fon frère, & n'aurait pas été affaffiné lui même par un jeune jacobin pour l'amour de DIEU & de la fainte églife.

Si *Louis le jufte*, treiziéme du nom, avait été filofofe, il n'aurait pas laiffé trainer à l'échaffaut le vertueux de *Thou*, & l'innocent maréchal de *Marillac*; il n'aurait pas laissé mourir de faim la mère à Cologne; son règne n'aurait pas été une suite continuelle de discordes & de calamités intestines.

Comparez à tant de princes ignorans, superstitieux, cruels, gouvernés par leurs propres passions ou par celles de leurs ministres, un homme tel que *Montagne*, ou *Charon*, ou le chancelier de l'*Hôpital*, ou l'historien de *Thou*, ou *La Motte le Vayer*, un *Locke*, un *Shaftsburi*, un *Sidney*, un *Herbert*; & voyez si vous aimeriez mieux être gouvernés par ces rois ou par ces sages.

Quand je parle des filosofes, ce n'est pas des polissons qui veulent être les singes des *Diogènes*, mais de ceux qui imitent *Platon* & *Cicéron*.

Voluptueux courtisans, & vous petits hommes revêtus d'un petit emploi qui vous donne une petite autorité dans un petit pays, vous criez contre la filosofie; allez, vous êtes des *Nomentanus* qui vous déchainez contre *Horace*, & des *Cotins* qui voulez qu'on méprise *Boileau*.

SECTION SECONDE.

L'empesé luthérien, le sauvage calviniste, l'orgueilleux anglican, le fanatique janséniste, le jéſuite qui croit toûjours régenter, même dans l'exil & ſous la potence ; le ſorboniſte qui penſe être père d'un concile ; & quelques ſottes que tous ces gens là dirigent, ſe déchainent tous contre le filoſofe. Ce ſont des chiens de différente eſpèce qui heurlent tous à leur manière contre un beau cheval qui pait dans une verte prairie, & qui ne leur diſpute aucune des charognes dont ils ſe nourriſſent, & pour leſquelles ils ſe battent entre eux.

Ils font tous les jours imprimer des fatras de théologie filoſofique, dictionnaire filoſofo-théologique ; & leurs vieux argumens traînés dans les rues, ils les appellent *démonſtrations* ; & leurs ſottiſes rebattues ils les nomment *lemmes* & *corollaires*, comme les faux-monnoieurs appliquent une feuille d'argent ſur un écu de plomb.

Ils ſe ſentent mépriſés par tous les hommes qui penſent, & ſe voyent réduits à tromper quelques vieilles imbécilles. Cet état eſt plus humiliant que d'avoir été chaſſés de France, d'Eſpagne & de Naples. On digère tout hors le mépris. On dit que quand le diable fut vaincu par *Raphaël*, (comme il eſt prouvé) cet eſprit-corps ſi ſuperbe ſe conſola très aiſément, parce qu'il ſavait que les armes ſont journalières. Mais quand il ſut que *Raphaël* ſe moquait de lui, il jura de ne lui pardonner jamais. Ainſi les jéſuites ne pardonnèrent jamais à *Pascal*; ainsi *Jurieu* calomnia *Bayle* jusqu'au tombeau ; ainsi tous les tartuffes se déchainèrent contre *Molière* jusqu'à sa mort.

Dans leur rage ils prodiguent les impostures, comme dans leur ineptie ils débitent leurs argumens.

Un des plus roides calomniateurs comme un des plus pauvres argumentans que nous ayons, est un ex-jésuite nommé *Paulian*, qui a fait imprimer de la théologo-filosoforapsodie en la ville d'Avignon jadis papale, & peut-être un jour papale. Cet homme accuse les auteurs de l'Encyclopédie d'avoir dit,

„ Que l'homme n'étant par sa naissance
„ sensible qu'au plaisir des sens, ces plaisirs
„ par conséquent sont l'unique objet de ses
„ désirs.

„ Qu'il n'y a en soi ni vice ni vertu, ni
„ bien ni mal moral, ni juste ni injuste

„ Que les plaisirs des sens produisent tou-
„ tes les vertus.

„ Que pour être heureux il faut étouffer
„ les remords, &c.

En quels endroits de l'Encyclopédie, dont on a commencé cinq éditions nouvelles, a-t-il donc vu ces horribles turpitudes ? il falait citer. As-tu porté l'insolence de ton orgueil & la démence de ton caractère jusqu'à penser qu'on t'en croirait sur ta parole ?

Ces sottises peuvent se trouver chez tes casuistes, ou dans le portier des chartreux. Mais certes elles ne se trouvent pas dans les articles de l'Encyclopédie faits par Mr. *Diderot*, par Mr. *d'Alembert*, par Mr. le chevalier de *Jaucourt*, par Mr. de *Voltaire*. Tu ne les as vues ni dans les articles de Mr. le marquis de *Tressan*, ni dans ceux de Messieurs *Blondel*, *d'Argis*, *Marmontel*, *Venet*, *Tronchin*, *d'Aubenton*, *d'Argenvile* ; & de tant d'autres qui se sont dévoués généreusement à enrichir le Dictionnaire encyclopédique, & qui ont rendu un service éternel à l'Europe. Nul d'eux n'est assurément coupable des horreurs dont tu les accuses. Il n'y avait que toi & le vinaigrier *Abraham Chaumeix* le convulsionnaire crucifié, qui fussent coupables d'une si infame calomnie.

Tu mêles l'erreur & la vérité parce que tu ne sais les distinguer ; tu veux faire regarder comme impie cette maxime adoptée par tous les publicistes, *Que tout homme est libre de se choisir une patrie.*

Quoi ! vil prédicateur de l'esclavage, il n'était pas permis à la reine *Christine* de voyager en France, & de vivre à Rome ? *Casimir* & *Stanislas* ne pouvaient finir leurs jours parmi nous ? il falait qu'ils mourussent en Pologne parce qu'ils étaient Polonais ? *Goldoni*, *Vanlo*, *Cassini*, ont offensé Dieu en s'établissant à Paris ? Tous les Irlandais qui ont fait quelque fortune en France ont commis en cela un péché mortel ?

Et tu as la bêtise d'imprimer une telle extravagance, & *Riballier* celle de t'approuver; & tu mets dans la même classe *Bayle*, *Montesquieu* & le fou de *La Métrie* ? & tu as senti que notre nation est assez douce, assez indulgente pour ne t'abandonner qu'au mépris ?

Quoi ! tu oses calomnier ta patrie ? (si un jésuite en a une) tu oses dire *qu'on n'entend en France que des filosofes attribuer au hazard l'union & la défunion des atômes qui composent l'ame de l'homme ? Mentiris impudentissime*, je te défie de produire un seul livre fait depuis trente ans où l'on attribue quelque chose au hazard, qui n'est qu'un mot vide de sens.

Tu oses accuser le sage *Locke* d'avoir dit,
„ qu'il se peut que l'ame soit un esprit,
„ mais qu'il n'est pas sûr qu'elle le soit, &
„ que nous ne pouvons pas décider ce qu'elle
„ peut, & ne peut pas acquérir ? "

Mentiris impudentissime. Locke, le respectable *Locke* dit expressément dans sa réponse au chicaneur *Stilingflit*, „ Je suis fortement
„ persuadé, qu'encor qu'on ne puisse pas
„ montrer (par la seule raison) que l'ame
„ est immatérielle, cela ne diminue nulle-
„ ment l'évidence de son immortalité, parce
„ que la fidélité de DIEU est une démons-

„ tration de la vérité de tout ce qu'il a révé-
„ lé, & le manque d'une autre démonstra-
„ tion ne rend pas douteux ce qui est déja
„ démontré. "

Traduction de Coste.

Voyez d'ailleurs à l'article *Ame*, comme *Locke* s'exprime sur les bornes de nos connaissances & sur l'immensité du pouvoir de l'Etre suprême.

Le grand filosofe lord *Bolingbroke*, déclare que l'opinion contraire à celle de *Locke*, est un blasphème.

Tous les pères des trois premiers siécles de l'église regardaient l'ame comme une matière légère, & ne la croyaient pas moins immortelle. Et nous avons aujourd'hui des cuistres de collège qui appellent *athées* ceux qui pensent avec les pères de l'église que DIEU peut donner, conserver l'immortalité à l'ame, de quelque substance qu'elle puisse être !

Tu pousses ton audace jusqu'à trouver de l'athéisme dans ces paroles ; *Qui fait le mouvement dans la nature ? c'est* DIEU. *Qui fait végéter toutes les plantes ? c'est* DIEU. *Qui fait le mouvement dans les animaux ? c'est* DIEU. *Qui fait la pensée dans l'homme ? c'est* DIEU.

On ne peut pas dire ici, *mentiris impudentissime* ; tu mens impudemment ; mais on doit dire, tu blasphèmes la vérité impudemment.

Finissons par remarquer que le héros de l'ex-jésuite *Paulian*, est l'ex-jésuite *Patouillet*, auteur d'un mandement d'évêque, dans lequel tous les parlemens du royaume sont insultés. Ce mandement fut brûlé par la main du bourreau. Il ne restait plus à cet ex-jésuite *Paulian* qu'à traiter l'ex-jésuite *Nonotte* de pere de l'église, & à canoniser le jésuite *Malagrida*, le jésuite *Guignard*, le jésuite *Garnet*, le jésuite *Oldecorn* & tous les jésuites à qui Dieu a fait la grace d'être pendus ou écartelés : c'étaient tous de grands métaphysiciens, de grands filosofo-théologiens.

SECTION TROISIÉME.

Les gens non-pensans demandent souvent aux gens pensans à quoi a servi la philosophie. Les gens pensans leur répondront : A détruire en Angleterre la rage religieuse, qui fit périr le roi *Charles I* sur un échaffaut ; à mettre en Suède un archevêque dans l'impuissance de faire couler le sang de la noblesse une bulle du pape à la main ; à maintenir dans l'Allemagne la paix de la religion, en rendant toutes les disputes théologiques ridicules ; à éteindre enfin dans l'Espagne les abominables buchers de l'inquisition.

Welches, malheureux Welches ; elle empêche que des tems orageux ne produisent une seconde Fronde, & un second *Damiens*.

Prêtres de Rome, elle vous force à supprimer votre bulle *In Cœna Domini*, ce monument d'impudence & de folie.

Peuples, elle adoucit vos mœurs. Rois, elle vous instruit.

DE LA FIN DU MONDE.

La plûpart des philosophes Grecs crurent le monde éternel dans son principe, éternel dans sa durée. Mais pour cette petite partie du monde, ce globe de pierre, de boue, d'eau, de minéraux, & de vapeurs, que nous habitons, on ne savait qu'en penser; on le trouvait très destructible. On disait même qu'il avait été bouleversé plus d'une fois, & qu'il le serait encore. Chacun jugeait du monde entier par son pays, comme une commère juge de tous les hommes par son quartier.

Cette idée de la fin de notre petit monde & de son renouvellement, frappa surtout les peuples soumis à l'empire Romain, dans l'horreur des guerres civiles de *César* & de *Pompée*. *Virgile*, dans ses géorgiques, fait allusion à cette crainte généralement répandue dans le commun peuple.

Impiaque æternam timuerunt sæcula noctem.

L'univers étonné, que la terreur poursuit,
Tremble de retomber dans l'éternelle nuit.

Lucain s'exprime bien plus positivement, quand il dit :

Hos, Cæsar, populos si nunc non usserit ignis,
Uret cum terris, uret cum gurgite ponti.
Communis mundo superest rogus.

Qu'importe du bucher le triste & faux honneur ?
Le feu consumera le ciel, la terre, & l'onde.
Tout deviendra bucher; la cendre attend le monde.

Ovide ne dit-il pas après Lucrèce ?

Esse quoque in fatis reminiscitur adfore tempus,
Quo mare, quo tellus, correptaque regia cœli
Ardeat, & mundi moles operosa laboret.

Ainsi l'ont ordonné les destins implacables.
L'air, la terre, & les mers, & les palais des Dieux;
Tout sera consumé d'un déluge de feux.

Consultez *Cicéron* lui-même, le sage *Cicéron*. Il vous dit dans son livre de la *Nature des Dieux*, le meilleur livre peut-être de toute l'antiquité, si ce n'est celui des devoirs de l'homme, appellé *les Offices*; il dit : *Ex quo eventurum nostri putant id, de quo panetium addubitare dicebant, ut ad extremum omnis mundus ignesceret, cum, humore consumpto, neque terra ali posset, neque remeare aër, cujus ortus, aquâ omni exhaustâ, esse non posset;*

De naturâ Deorum, liv. II.

ita

ita relinqui nihil præter ignem, à quo rursum animante ac Deo *renovatio mundi fieret, atque idem ornatus oriretur.* ,, Suivant les ftoï-
,, ciens, le monde entier ne fera que du feu;
,, l'eau étant confumée, plus d'aliment pour
,, la terre; l'air ne poura plus fe former,
,, puifque c'eft de l'eau qu'il reçoit fon être:
,, ainfi le feu reftera feul. Ce feu, étant Dieu,
,, & ranimant tout, renouvellera le monde,
,, & lui rendra fa première beauté. "

Cette phyfique des ftoïciens eft, comme toutes les anciennes phyfiques, affez abfurde. Mais elle prouve que l'attente d'un embrafement général était univerfel.

Etonnez-vous encore davantage. Le grand *Newton* penfe comme *Cicéron*. Trompé par une fauffe expérience de *Boyle*, il croit que l'humidité du globe fe defféche à la longue, & qu'il faudra que Dieu lui prète une main réformatrice, *manum emendatricem*. Voilà donc les deux plus grands hommes de l'ancienne Rome, & de l'Angleterre moderne, qui penfent qu'un jour le feu l'emportera fur l'eau. *Queftion à la fin de fon Optique.*

Cette idée d'un monde, qui devait périr, & fe renouveller, était enracinée dans les cœurs des peuples de l'Afie mineure, de la Syrie, de l'Egypte, depuis les guerres civiles des fucceffeurs d'*Alexandre*. Celles des Romains augmentèrent la terreur des nations, qui en étaient les victimes. Elles attendaient

Sixième partie. H

la destruction de la terre ; & on espérait une nouvelle terre, dont on ne jouïrait pas. Les Juifs, enclavés dans la Syrie, & d'ailleurs répandus partout, furent saisis de la crainte commune.

Aussi il ne paraît pas que les Juifs fussent étonnés, quand JESUS leur disait, selon St. Matthieu, & St. Luc, *Le ciel & la terre passeront.* Il leur disait souvent : *Le régne de* DIEU *approche.* Il prêchait l'évangile du régne.

<small>Matth. ch. XXIV. Luc, ch. XXI.</small>

St. Pierre annonce que l'Evangile a été prêché aux morts, & que la fin du monde approche. *Nous attendons*, dit-il, *de nouveaux cieux, & une nouvelle terre.*

<small>I. Epitre de St. Pierre, ch. IV.</small>

St. Jean, dans sa première épitre, dit : *Il y a dès-à-présent plusieurs antechrists, ce qui nous fait connaître que la dernière heure approche.*

<small>Jean, ch. II. ℣. 18.</small>

St. Luc prédit dans un bien plus grand détail la fin du monde, & le jugement dernier. Voici ses paroles.

<small>Luc, ch. XXI.</small>

„ Il y aura des signes dans la lune & dans
„ les étoiles ; des bruits de la mer & des
„ flots ; les hommes, séchant de crainte, at-
„ tendront ce qui doit arriver à l'univers en-
„ tier. Les vertus des cieux seront ébran-
„ lées. Et alors ils verront le fils de l'hom-
„ me venant dans une nuée, avec grande
„ puissance, & grande majesté. En vérité,
„ je vous dis que la génération présente ne

„ paſſera point, que tout cela ne s'accom-
„ pliſſe. "
St. Paul s'explique auſſi fortement ſur la fin du monde dans ſon épitre à ceux de Theſſalonique. „ Nous qui vivons, & qui vous
„ parlons, nous ſerons emportés dans les
„ nuées, pour aller au devant du Seigneur
„ au milieu de l'air. "
Selon ces paroles expreſſes de JESUS, & de St. Paul, le monde entier devait finir ſous Tibère, ou au plus tard ſous Néron.

Ces prédictions allégoriques n'étaient pas ſans doute pour le tems où vivaient les évangéliſtes, & les apôtres. Elles étaient pour un tems à venir, que DIEU cache à tous les hommes.

Tu ne quæſieris (ſcire nefas) quem mihi, quem tibi
Finem di dederint, Leuconſe; neu Babylonios
Tentaris numeros, ut melius, quidquid erit, pati.

Il demeure toûjours certain que tous les peuples alors connus attendaient la fin du monde, une nouvelle terre, un nouveau ciel. Pendant plus de ſix ſiécles on a vu une multitude de donations aux moines commençant par ces mots, *Adventante mundi veſpero*, &c. *La fin du monde étant prochaine, moi, pour le remède de mon ame, & pour n'être point rangé parmi les boucs* &c., *je donne telles terres à tel couvent*. La crainte força les ſots à enrichir les habiles.

Les Egyptiens fixaient cette grande époque après trente-six mille cinq cent années révolues. On prétend qu'*Orphée* l'avait fixée à cent mille & vingt ans.

L'historien *Flavien Joseph* assure qu'*Adam* ayant prédit que le monde périrait deux fois, l'une par l'eau, & l'autre par le feu, les enfans de *Seth* voulurent avertir les hommes de ce désastre. Ils firent graver des observations astronomiques sur deux colonnes, l'une de briques pour résister au feu qui devait consumer le monde, & l'autre de pierres pour résister à l'eau, qui devait le noyer.

Joseph ajoute que la colonne de pierres se voyait encore, de son tems, dans la Syrie.

On peut conclure, de tout ce que nous avons dit, que nous savons fort peu de choses du passé, que nous savons assez mal le présent, rien du tout de l'avenir; & que nous devons nous en rapporter à DIEU, maître de ces trois tems, & de l'éternité.

FLATTERIE.

JE ne vois pas un monument de flatterie dans la haute antiquité, nulle flatterie dans *Hésiode* ni dans *Homère*. Leurs chants ne sont point adressés à un Grec élevé en quelque dignité, ou à madame sa femme, comme chaque chant des *Saisons* de Thompson est dédié à quelque riche, & comme tant d'épitres en vers oubliées, sont dédiées en Angleterre *à des hommes ou à des dames de considération*, avec un petit éloge & les armoiries du patron ou de la patrone à la tête de l'ouvrage.

Il n'y a point de flatterie dans *Démosthène*. Cette façon de demander harmonieusement l'aumône commence, si je ne me trompe, à *Pindare*. On ne peut tendre la main plus emphatiquement.

Chez les Romains, il me semble que la grande flatterie date depuis *Auguste*. *Jules-César* eut à peine le tems d'être flatté. Il ne nous reste aucune épitre dédicatoire à *Sylla*, à *Marius*, à *Carbon*, ni à leurs femmes, ni à leurs maîtresses. Je crois bien que l'on présenta de mauvais vers à *Lucullus* & à *Pompée*; mais DIEU merci nous ne les avons pas.

C'est un grand spectacle de voir *Cicéron*, l'égal de *César* en dignité, parler devant lui en avocat pour un roi de la Bithinie & de la petite Arménie, nommé *Déjotar*, accusé de lui avoir dressé des embuches, & même d'avoir voulu l'assassiner. *Cicéron* commence par avouer qu'il est interdit en sa présence. Il l'appelle le vainqueur du monde, *victorem orbis terrarum*. Il le flatte ; mais cette adulation ne va pas encor jufqu'à la baffeffe ; il lui refte quelque pudeur.

C'eft avec *Augufte* qu'il n'y a plus de mefure. Le fénat lui décerne l'apothéofe de fon vivant. Cette flatterie devient le tribut ordinaire payé aux empereurs fuivans ; ce n'eft plus qu'un ftile ordinaire. Perfonne ne peut plus être flatté quand ce que l'adulation a de plus outré eft devenu ce qu'il y a de plus commun.

Nous n'avons pas eu en Europe de grands monumens de flatterie jufqu'à *Louis XIV* ; fon père *Louis XIII* fut très peu fêté ; il n'eft queftion de lui que dans une ou deux odes de *Malherbe*. Il l'appelle à la vérité felon la coutume, *Roi le plus grand des rois*, comme les poetes efpagnols le difent au roi d'Efpagne, & les poetes anglais *Laureat* au roi d'Angleterre ; mais la meilleure part des loüanges eft toûjours pour le cardinal de *Richelieu*,

> Dont l'ame toute grande eft une ame hardie,
> Qui pratique fi bien l'art de nous fecourir,
> Que pourvu qu'il foit cru, nous n'avons maladie
> Qu'il ne fache guérir. *a*)

Pour *Louis XIV*, ce fut un déluge de flatteries. Il ne reffembloit pas à celui qu'on

---

a) Ode de *Malherbe*. Mais pourquoi *Richelieu* ne guériffait-il pas *Malherbe* de la maladie de faire des vers fi plats ?

prétend avoir été étouffé fous les feuilles de rofes qu'on lui jettait. Il ne s'en porta que mieux.

La flatterie quand elle a quelques prétextes plaufibles, peut n'être pas auffi pernicieufe qu'on le dit. Elle encourage quelquefois aux grandes chofes ; mais l'excès eft vicieux comme celui de la fatyre.

La Fontaine a dit, & prétend avoir dit après *Efope*

> On ne peut trop louer trois fortes de perfonnes,
> Les Dieux, fa maîtreffe & fon roi.
> Efope le difait : j'y foufcris quant à moi,
> Ce font maximes toûjours bonnes.

Efope n'a rien dit de cela, & on ne voit point qu'il ait flatté aucun roi, ni aucune femme. Il ne faut pas croire que les rois foient bien *flattés* de toutes les *flatteries* dont on les accable. La plûpart ne viennent pas jufqu'à eux.

Une fottife fort ordinaire eft celle des orateurs qui fe fatiguent à louer un prince qui n'en faura jamais rien. Le comble de l'opprobre eft qu'*Ovide* ait loué Augufte en datant de *Ponts*.

Le comble du ridicule pourait bien fe trouver dans les complimens que les prédicateurs adreffent aux rois quand ils ont le bonheur de jouer devant leurs majeftés. *Au révé-*

H iiij

rend, révérend père Gaillard prédicateur du roi : Ah ! révérend père, ne prêches-tu que pour le roi ? es-tu comme le finge de la foire qui ne fautait que pour lui ?

FLEUVES.

Ils ne vont pas à la mer avec autant de rapidité que les hommes vont à l'erreur. Il n'y a pas longtems qu'on a reconnu que tous les fleuves font produits par les neiges éternelles qui couvrent les cimes des hautes montagnes ; ces neiges par les pluies, ces pluies par les vapeurs de la terre & des mers ; & qu'ainfi tout eft lié dans la nature.

J'ai vu dans mon enfance foutenir des thefes où l'on prouvait que les fleuves & toutes les fontaines venaient de la mer. C'était le fentiment de toute l'antiquité. Ces fleuves paffaient dans de grandes cavernes, & de là fe diftribuaient dans toutes les parties du monde.

Lorfqu'*Arijlée* va pleurer la perte de fes abeilles chez *Cirene* fa mère, déeffe de la petite rivière Enipée en Theffalie, la rivière fe fépare d'abord & forme deux montagnes d'eau à droite & à gauche pour le recevoir selon l'ancien usage ; après quoi il voit ces belles & longues grottes par lesquelles passent tous les fleuves de la terre ; le Pô qui descend du mont Viso en Piémont & qui traverse l'Italie, le Teveron qui vient de l'Apennin, le Phase qui tombe du Caucase dans la mer Noire, &c.

Virgile adoptait là une étrange physique : elle ne devait au moins être permise qu'aux poetes.

Ces idées furent toûjours si accréditées, que le *Tasse*, quinze cent ans après, imita entiérement *Virgile* dans son quatorziéme chant, en imitant bien plus heureusement l'*Arioste*. Un vieux magicien chrétien mène sous terre les deux chevaliers qui doivent ramener *Renaud* d'entre les bras d'*Armide*, comme *Melisse* avait arraché *Roger* aux caresses d'*Alcine*. Ce bon vieillard fait descendre *Renaud* dans sa grotte d'où partent tous les fleuves qui arrosent notre terre. C'est dommage que les fleuves de l'Amérique ne s'y trouvent pas. Mais puisque le Nil, le Danube, la Seine, le Jourdain, le Volga ont leur source dans cette caverne, cela suffit. Ce qu'il y a de plus conforme encor à la physique des anciens, c'est que cette caverne est au centre de la terre.

Après avoir avoué que les rivières viennent des montagnes, & que les unes & les autres font des piéces effentielles à la grande machine, gardons-nous des fyftèmes qu'on fait journellement.

Quand *Maillet* imagina que la mer avait formé les montagnes, il devait dédier fon livre à *Cyrano de Bergerac*. Quand on a dit que les grandes chaînes de ces montagnes s'étendent d'orient en occident, & que la plus grande partie des fleuves court toujours auffi à l'occident, on a plus confulté l'efprit fyftématique que la nature.

A l'égard des montagnes, débarquez au cap de Bonne-Efpérance, vous trouvez une chaine de montagnes qui régne du midi au nord jufqu'au Monomotapa. Peu de gens fe font donnés le plaifir de voir ce pays, & de voyager fous la ligne en Afrique. Mais Calpé & Abila regardent directement le nord & le midi. De Gibraltar au fleuve de la Guadiana, en tirant droit au nord, ce font des montagnes contigues. La nouvelle Caftille & la vieille en font couvertes, toutes les directions font du fud au nord, comme celles des montagnes de toute l'Amérique. Pour les fleuves, ils coulent en tout fens, felon la difpofition des terrains.

Le Guadalquivir va droit au fud depuis Villa-nueva jufqu'à St. Lucar. La Guadiana de même depuis Badajos. Toutes les rivières dans le golphe de Venife, excepté le Pô, se jettent dans la mer vers le midi. C'est la direction du Rhône de Lyon à son embouchure. Celle de la Seine est au nord-nord-ouest. Le Rhin depuis Bâle court droit au septentrion. La Meuse de même depuis sa source jusqu'aux terres inondées. L'Escaut de même.

Pourquoi donc chercher à se tromper, pour avoir le plaisir de faire des systèmes, & de tromper quelques ignorans ? qu'en reviendra-t-il quand on aura fait accroire à quelques gens bientôt détrompés, que tous les fleuves & toutes les montagnes sont dirigés de l'orient à l'occident, ou de l'occident à l'orient ; que tous les monts sont couverts d'huîtres, (ce qui n'est assurément pas vrai) qu'on a trouvé des ancres de vaisseaux sur la cime des montagnes de la Suisse, que ces montagnes ont été formées par les courans de l'Océan ; que les pierres à chaux ne sont autre chose que des coquilles ? Quoi ! faut-il traiter aujourd'hui la physique comme les anciens traitaient l'histoire ?

Pour revenir aux fleuves, aux rivières, ce qu'il y a de mieux à faire, c'est de prévenir leurs inondations ; c'est de faire des rivières nouvelles, c'est-à-dire, des canaux, autant que l'entreprise est praticable. C'est un des plus grands services qu'on puisse rendre à une nation. Les canaux de l'Egypte étaient aussi nécessaires que les pyramides étaient inutiles.

Quant à la quantité d'eau que les lits des fleuves portent, & à tout ce qui regarde le calcul, lifez l'article *Fleuve* de Mr. *d'Alembert*. Il eft, comme tout ce qu'il a fait, clair, précis, vrai, écrit du ftile propre au fujet ; il n'emprunte point le ftile du *Télémaque* pour parler de phyfique.

FOI ou FOY.

Qu'eft-ce que la foi ? Eft-ce de croire ce qui paraît évident ? Non ; il m'eft évident qu'il y a un Etre néceffaire, éternel, fuprême, intelligent. Ce n'eft pas là de la foi, c'eft de la raifon. Je n'ai aucun mérite à penfer que cet Etre éternel, infini, que je connais comme la vertu, la bonté même, veut que je fois bon & vertueux. La foi confifte à croire non ce qui femble vrai, mais ce qui femble faux à notre entendement. Les Afiatiques ne peuvent croire que par la foi le voyage de *Mahomet* dans les fept planètes, les incarnations du Dieu *Fo*, de *Vitfnou*, de *Xaca*, de *Brama*, de *Sammonocodom*, &c. &c. &c. Ils foumettent leur entendement, ils tremblent d'examiner, ils ne veulent être ni empâlés, ni brûlés ; ils difent, je crois.

Nous sommes bien éloignés de faire ici la moindre allusion à la foi catholique. Non-seulement nous la vénérons, mais nous l'avons : nous ne parlons que de la foi mensongère des autres nations du monde, de cette foi qui n'est pas foi, & qui ne consiste qu'en paroles.

Il y a foi pour les choses étonnantes, & la foi pour les choses contradictoires & impossibles.

Vitsnou s'est incarné cinq cent fois, cela est fort étonnant ; mais enfin, cela n'est pas physiquement impossible. Car si *Vitsnou* a une ame, il peut avoir mis son ame dans cinq cent corps pour se réjouir. L'Indien, à la vérité, n'a pas une foi bien vive, il n'est pas intimement persuadé de ces métamorphoses. Mais enfin, il dira à son bonze, J'ai la foi ; vous voulez que *Vitsnou* ait passé par cinq cent incarnations, cela vous vaut cinq cent roupies de rente ; à la bonne heure ; vous irez crier contre moi, vous me dénoncerez, vous ruinerez mon commerce si je n'ai pas la foi. Eh bien, j'ai la foi, & voilà de plus dix roupies que je vous donne. L'Indien peut jurer à ce bonze qu'il croit, sans faire un faux serment ; car après tout il ne lui est pas démontré que *Vitsnou* n'est pas venu cinq cent fois dans les Indes.

Mais si le bonze exige de lui qu'il croye une chose contradictoire, impossible, que deux & deux font cinq, que le même corps peut être en mille endroits différens, qu'être & n'être pas c'est précisément la même chose, alors, si l'Indien dit qu'il a la foi, il a menti ; & s'il jure qu'il croit, il fait un parjure. Il dit donc au bonze, Mon révérend père, je ne peux vous assurer que je crois ces absurdités là, quand elles vous vaudraient dix mille roupies de rente au lieu de cinq cent.

Mon fils, répond le bonze, donnez vingt-roupies, & Dieu vous fera la grace de croire tout ce que vous ne croyez point.

Comment voulez-vous, répond l'Indien, que Dieu opère sur moi ce qu'il ne peut opérer sur lui-même ? Il est impossible que Dieu fasse ou croye les contradictoires. Je veux bien vous dire, pour vous faire plaisir, que je crois ce qui est obscur ; mais je ne peux vous dire que je crois l'impossible. Dieu veut que nous soyons vertueux, & non pas que nous soyons absurdes. Je vous ai donné dix roupies, en voilà encor vingt, croyez à trente roupies, soyez homme de bien si vous pouvez, & ne me rompez plus la tête.

Il n'en est pas ainsi des chrétiens ; la foi qu'ils ont pour des choses qu'ils n'entendent pas est fondée sur ce qu'ils entendent ; ils ont des motifs de crédibilité. Jesus-Christ a fait des miracles dans la Galilée, donc nous devons croire tout ce qu'il a dit. Pour favoir ce qu'il a dit, il faut confulter l'églife. L'églife a prononcé que les livres qui nous annoncent JESUS-CHRIST font autentiques. Il faut donc croire ces livres. Ces livres nous difent que qui n'écoute pas l'églife doit être regardé comme un publicain ou comme un payen; donc nous devons écouter l'églife; donc nous devons lui foumettre notre raifon, non par une crédulité enfantine ou aveugle, mais par une croyance docile que la raifon même autorife. Telle eft la foi chrétienne, & furtout la foi romaine, qui eft la foi par excellence.

FOLIE.

Qu'eft-ce que la folie? c'eft d'avoir des penfées incohérentes & la conduite de même. Le plus fage des hommes veut-il connaître la folie? qu'il réfléchiffe fur la marche de fes idées pendant fes rêves. S'il a une digeftion laborieufe dans la nuit, mille idées incohérentes l'agitent; il femble que la nature nous puniffe d'avoir pris trop d'alimens, ou d'en avoir fait un mauvais choix, en nous donnant des penfées; car on ne penfe guères en dormant que dans une mauvaise digestion. Les rêves inquiets font réellement une folie passagère.

La folie pendant la veille, est de même une maladie qui empêche un homme nécessairement de penser & d'agir comme les autres. Ne pouvant gérer son bien, on l'interdit ; ne pouvant avoir des idées convenables à la société, on l'en exclut ; s'il est dangereux, on l'enferme ; s'il est furieux, on le lie. Quelquefois on le guérit par les bains, par la saignée, par le régime.

Cet homme n'est point privé d'idées; il en a comme tous les autres hommes pendant la veille, & souvent quand il dort. On peut demander comment son ame spirituelle, immortelle, logée dans son cerveau, recevant toutes les idées par les sens très nettes & très distinctes, n'en porte cependant jamais un jugement sain ? Elle voit les objets comme l'ame d'*Aristote* & de *Platon*, de *Locke* & de *Newton* les voyaient ; elle entend les mêmes sons, elle a le même sens du toucher ; comment donc recevant les perceptions que les plus sages éprouvent, en fait-elle un assemblage extravagant sans pouvoir s'en dispenser ?

Si cette substance simple & éternelle a pour ses actions les mêmes instrumens qu'ont les ames des cerveaux les plus sages, elle doit raisonner comme eux. Qui peut l'en empêcher ? Je conçois bien à toute force que si mon fou voit du rouge, & les sages du bleu ; si quand les sages entendent de la musique, mon fou entend le braiement d'un âne ; si quand ils sont au sermon, mon fou croit être à la comédie ; si quand ils entendent oui, il entend non ; alors son ame doit penser au rebours des autres. Mais mon fou a les mêmes perceptions qu'eux ; il n'y a nulle raison apparente pour laquelle son ame ayant reçu par ses sens tous ses outils, ne peut en faire d'usage. Elle est pure, dit-on, elle n'est sujette par elle-même à aucune infirmité ; la voilà pourvue de tous les secours nécessaires : quelque chose qui se passe dans son corps, rien ne peut changer son essence : cependant on la mène dans son étui aux petites-maisons.

Cette réflexion peut faire soupçonner que la faculté de penser donnée de Dieu à l'homme, est sujette au dérangement comme les autres sens. Un fou est un malade dont le cerveau patit, comme le goutteux est un malade qui souffre aux pieds & aux mains ; il pensait par le cerveau, comme il marchait avec les pieds, sans rien connaître ni de son pouvoir incompréhensible de marcher, ni de son pouvoir non moins incompréhensible de penser. On a la goutte au cerveau comme aux pieds. Enfin après mille raisonnemens, il n'y a peut-être que la foi seule qui puisse

Sixiéme partie. I

nous convaincre qu'une substance simple & immatérielle puisse être malade.

Les doctes ou les docteurs diront au fou ; Mon ami, quoique tu ayes perdu le sens commun, ton ame est aussi spirituelle, aussi pure, aussi immortelle que la nôtre ; mais notre ame est bien logée, & la tienne l'est mal ; les fenêtres de la maison sont bouchées pour elle ; l'air lui manque, elle étouffe. Le fou, dans ses bons momens, leur répondrait, Mes amis, vous supposez à votre ordinaire ce qui est en question. Mes fenêtres sont aussi bien ouvertes que les vôtres, puisque je vois les mêmes objets, & que j'entends les mêmes paroles : il faut donc nécessairement que mon ame fasse un mauvais usage de ses sens, ou que mon ame ne soit elle-même qu'un sens vitié, une qualité dépravée. En un mot, ou mon ame est folle par elle-même, ou je n'ai point d'ame.

Un des docteurs pourra répondre : Mon confrère, DIEU a créé peut-être des ames folles, comme il a créé des ames sages. Le fou répliquera ; Si je croyais ce que vous me dites, je serais encor plus fou que je ne le suis. De grace, vous qui en savez tant, dites-moi pourquoi je suis fou ?

Si les docteurs ont encor un peu de sens, ils lui répondront, Je n'en sais rien. Ils ne comprendront pas pourquoi une cervelle a des idées incohérentes ; ils ne comprendront pas mieux pourquoi une autre cervelle a des idées régulieres & fuivies. Ils fe croiront fages, & ils feront auffi fous que lui.

Si le fou a un bon moment, il leur dira, Pauvres mortels qui ne pouvez ni connaître la caufe de mon mal ni le guérir, tremblez de devenir entiérement femblables à moi, & même de me furpaffer. Vous n'êtes pas de meilleure maifon que le roi de France *Charles VI*, le roi d'Angleterre *Henri VI*, & l'empereur *Venceslas*, qui perdirent la faculté de raifonner dans le même fiécle. Vous n'avez pas plus d'efprit que *Blaife Pafcal*, *Jacques Abadie* & *Jonathan Swift*, qui font tous trois morts fous. Du moins le dernier fonda pour nous un hôpital. Voulez-vous que j'aille vous y retenir une place ?

NB. Je fuis fâché pour *Hippocrate* qu'il ait prefcrit le fang d'ânon pour la folie, & encor plus fâché que le *Manuel des dames* dife qu'on guérit la folie en prenant la galle. Voilà de plaifantes recettes ; elles paraiffent inventées par les malades.

FONTE.

IL n'y a point d'ancienne fable, de vieille abfurdité que quelque imbécille ne renouvelle, & même avec une hauteur de maître, pour peu que ces rêveries antiques ayent été autorisées par quelque auteur ou classique ou théologien.

Lycophron (autant qu'il m'en souvient) rapporte qu'une horde de voleurs qui avait été justement condamnée en Ethiopie par le roi *Actisan* à perdre le nez & les oreilles, s'enfuit jusqu'aux cataractes du Nil, & de là pénétra jusqu'au désert de Sable, dans lequel elle bâtit enfin le temple de *Jupiter Ammon*.

Lycophron, & après lui *Théopompe*, raconte que ces brigands réduits à la plus extrême misère, n'ayant ni sandales, ni habits, ni meubles, ni pain, s'avisèrent d'élever une statue d'or à *Jupiter*. Cette statue fut commandée le soir, & faite pendant la nuit. Un membre de l'université qui est fort attaché à *Lycophron* & aux voleurs éthiopiens, prétend que rien n'était plus ordinaire dans la vénérable antiquité que de jetter en fonte une statue d'or en une nuit, & de la réduire ensuite en poudre impalpable en la jettant dans le feu.

Mais, où ces pauvres gens qui n'avaient pas de chausses avaient-ils trouvé tant d'or ? — Comment, monsieur, dit le savant, oubliez-vous qu'ils avaient volé de quoi acheter toute l'Afrique, & que les pendants d'oreille de leurs filles valaient seuls neuf millions cinq cent mille livres au cours de ce jour ?

D'accord ; mais il faut un peu de préparation pour fondre une ſtatue ; Mr. *Le Moine* a employé plus de deux ans à faire celle de *Louis XV.*

Oh ! notre *Jupiter Ammon* était haut de trois pieds tout au plus. Allez-vous-en chez un potier d'étain, ne vous fera-t-il pas ſix aſſiettes en un ſeul jour ?

Monſieur, une ſtatue de *Jupiter* eſt plus difficile à faire que des aſſiettes d'étain ; & je doute même beaucoup que vos voleurs euſſent de quoi fondre auſſi vite des aſſiettes ; quelqu'habiles larrons qu'ils ayent été. Il n'eſt pas vraiſemblable qu'ils euſſent avec eux l'attirail néceſſaire à un potier ; ils devaient commencer par avoir de la farine. Je reſpecte fort *Lycophron* ; mais ce profond Grec & ſes commentateurs encor plus creux que lui, connaiſſent ſi peu les arts, ils ſont ſi ſavans dans tout ce qui eſt inutile, ſi ignorans dans tout ce qui concerne les beſoins de la vie, les choſes d'uſage, les profeſſions, les métiers, les travaux journaliers, que nous prendrons cette occaſion de leur apprendre comment on jette en fonte une figure de métal. Ils ne trouveront cette opération ni dans *Lycophron*, ni dans *Manethon*, ni dans *Artapan*, ni même dans la Somme de *St. Thomas.*

1°. On fait un modèle en terre graſſe.

2°. On couvre ce modèle d'un moule en

plâtre, en ajuſtant les fragmens de plâtre les uns aux autres.

3o. Il faut enlever par parties, le moule de plâtre, de deſſus le modèle de terre.

4°. On rajuſte le moule de plâtre encor par parties, & on met ce moule à la place du modèle de terre.

5°. Ce moule de plâtre étant devenu une eſpèce de modèle, on jette en dedans de la cire fondue, reçue auſſi par parties; elle entre dans tous les creux de ce moule.

6°. On a grand ſoin que cette cire ſoit partout de l'épaiſſeur qu'on veut donner au métal dont la ſtatue ſera faite.

7°. On place ce moule ou modèle dans un creux qu'on appelle *foſſe*, laquelle doit être à-peu-près du double plus profonde que la figure que l'on doit jetter en fonte.

8°. Il faut poſer ce moule dans ce creux ſur une grille de fer, élevée de dix-huit pouces pour une figure de trois pieds, & établir cette grille ſur un maſſif.

9°. Aſſujettir fortement ſur cette grille des barres de fer droites ou penchées, ſelon que la figure l'exige; leſquelles barres de fer s'approchent de la cire d'environ ſix lignes.

10°. Entourer chaque barre de fer de fil d'archal, de forte que tout le vide foit rempli de ce fil de fer.

11°. Remplir de plâtre & de briques pilés tout le vide qui eſt entre les barres & la cire de la figure; comme auſſi le vide qui eſt entre cette grille & le maſſif de briques qui la foutient; & c'eſt ce qui s'appelle *le noyau*.

12°. Quand tout cela eſt bien réfroidi, l'artiſte enlève le moule de plâtre qui couvre la cire, laquelle cire reſte, eſt réparée à la main, & devient alors le modele de la figure; & ce modèle eſt foutenu par l'armature de fer & par le noyau dont on a parlé.

13°. Quand ces préparations font achevées, on en'oure ce modèle de cire de bâtons perpendiculaires de cire, dont les uns s'appellent des *jets*, & les autres des *évents*. Ces jets & ces évents deſcendent plus bas d'un pied que la figure, & s'élèvent auſſi plus qu'elles, de manière que les évents font plus hauts que les jets. Ces jets font entrecoupés par d'autres petits rouleaux de cire qu'on appelle *fourniſſeurs*, placés en diagonales de bas en haut entre les jets & le modèle auquel ils font attachés. Nous verrons au numero 17 de quel uſage font ces bâtons de cire.

14°. On paſſe fur le modèle, fur les évents & fur les jets quarante à cinquante couches d'une eau graffe qui eft fortie de la compoſition d'une terre rouge, & de fiente de cheval macerée pendant une année entière; & ces couches durcies forment une enveloppe d'un quart de pouce.

15°. Le modèle, les évents & les jets ainſi diſpoſés, on entoure le tout d'une enveloppe compoſée de cette terre, de ſable rouge, de bourre & de cette fiente de cheval qui a été bien macerée, le tout paîtri dans cette eau graffe. Cet enduit forme une pâte molle, mais ſolide & réſiſtante au feu.

16°. On bâtit tout au tour du modèle un mur de maçonnerie ou de brique, & entre le modèle & le mur on laiſſe en bas l'eſpace d'un cendrier d'une profondeur proportionnée à la figure.

17°. Ce cendrier eſt garni de barres de fer en grillage. Sur ce grillage on poſe de petites buches de bois que l'on allume, ce qui forme un feu tout autour du moule, & qui fait fondre ces bâtons de cire tout couverts de couches d'eau graffe, & de la pâte dont nous avons parlé numeros 14 & 15; alors la cire étant fondue il reſte les tuyaux de cette pate ſolide, dont les uns ſont les jets & les autres les évents & les fourniſſeurs. C'eſt par les jets & les fourniſſeurs que le métal fondu entrera, & c'eſt par les évents que l'air ſortant empêchera la matière enflammée de tout détruire.

18º. Après toutes ces dispositions, on fait fondre sur le bord de la fosse le métal dont on doit former la statue. Si c'est du bronze, on se sert du fourneau de briques doubles ; si c'est de l'or, on se sert de plusieurs creusets : lorsque la matière est liquefiée par l'action du feu, on la laisse couler par un canal dans la fosse préparée. Si malheureusement elle rencontre des bulles d'air, tout est détruit avec fracas, & il faut recommencer plusieurs fois.

19º. Ce fleuve de feu qui est descendu au creux de la fosse, remonte par les jets & par les fournisseurs, entre dans le moule & en remplit les creux. Ces jets, ces fournisseurs, & les évents ne sont plus que des tuyaux formés par ces quarante ou cinquante couches de l'eau grasse & de cette pâte dont on les a longtems enduits avec beaucoup d'art & de patience, & c'est par ces branches que le métal liquefié & ardent, vient se loger dans la statue.

20º. Quand le métal est bien réfroidi, on retire le tout. Ce n'est qu'une masse assez informe dont il faut enlever toutes les aspérités, & qu'on répare avec divers instrumens.

J'omets beaucoup d'autres préparations que Messieurs les encyclopédistes, & surtout Mr.

Diderot, ont expliquées bien mieux que je ne pourais faire, dans leur ouvrage qui doit éternifer tous les arts avec leur gloire. Mais pour avoir une idée nette des procédés de cet art, il faut voir opérer. Il en est ainsi dans tous les arts, depuis le bonnetier jusqu'au diamantaire. Jamais personne n'apprit dans un livre ni à faire des bas au metier, ni à brillanter des diamans, ni à faire des tapisseries de haute-lisse. Les arts & métiers ne s'apprennent que par l'exemple & le travail.

Ayant eu le dessein de faire élever une petite statue équestre du roi en bronze dans une ville qu'on bâtit à une extrémité du royaume, je demandai, il n'y a pas longtems, au Phidias de la France, a Mr. *Pigal*, combien il lui faudrait de tems pour faire seulement le cheval de trois pieds de haut ; il me répondit par écrit, *je demande six mois au moins*. J'ai sa déclaration datée du 3 Juin 1770.

Mr..... ancien professeur du collège Duplessis, qui en sait sans doute plus que Mr. *Pigal* sur l'art de jetter des figures en fonte, a écrit contre ces vérités dans un livre intitulé, *Lettres de quelques juifs Portugais & Allemands, avec des réflexions critiques, & un petit commentaire extrait d'un plus grand. A Paris chez Laurent Prault* 1769, *avec approbation & privilège du roi.*

Ces lettres ont été écrites sous le nom de Mrs. les juifs *Joseph Ben Jonathan*, *Aaron Mathataï*, & *David Winker*.

Ce professeur secrétaire des trois juifs, dit dans sa lettre seconde : „ Entrez seulement,
„ monsieur, chez le premier fondeur ; je
„ vous réponds, que si vous lui fournissez
„ les matières dont il pourait avoir besoin,
„ que vous le pressiez & que vous le payez
„ bien, il vous fera un pareil ouvrage en
„ moins d'une semaine. Nous n'avons pas
„ cherché longtems, & nous en avons trou-
„ vé deux qui ne demandaient que trois jours.
„ Il y a déja loin de trois jours à trois mois,
„ & nous ne doutons pas que si vous cher-
„ chez bien, vous pourez en trouver qui le
„ feront encore plus promptement.

Monsieur le professeur secrétaire des juifs n'a consulté apparemment que des fondeurs d'assiettes d'étain, ou d'autres petits ouvrages qui se jettent en sable. S'il s'était adressé à Mr. *Pigal* ou à Mr. *Le Moine*, il aurait un peu changé d'avis.

C'est avec la même connaissance des arts que ce monsieur prétend que de réduire l'or en poudre en le brûlant pour le rendre potable, & le faire avaler à toute une nation, est la chose du monde la plus aisée & la plus ordinaire en chimie. Voici comme il s'exprime :

„ Cette possibilité de rendre l'or potable a été répétée cent fois depuis *Sthal* & *Sénac*, dans les ouvrages & dans les leçons de vos plus célèbres chimistes, d'un *Baron*, d'un *Macquer* &c.; tous sont d'accord sur ce point. Nous n'avons actuellement sous les yeux que la nouvelle édition de la chimie de *Le Fèvre*. Il l'enseigne comme tous les autres ; & il ajoute que rien n'est plus certain, & qu'on ne peut plus avoir là dessus le moindre doute.

„ Qu'en pensez-vous, monsieur ? le témoignage de ces habiles gens ne vaut-il pas bien celui de vos critiques. Et de quoi s'avisent aussi ces inciconcis ? ils ne savent pas de chimie, & ils se mêlent d'en parler ; ils auraient pu s'épargner ce ridicule.

„ Mais vous, monsieur, quand vous transcriviez cette futile objection, ignoriez-vous que le dernier chimiste serait en état de la réfuter ? La chimie n'est pas votre fort, on le voit bien : aussi la bile de *Rouelle* s'échauffe, ses yeux s'allument, & son dépit éclate lorsqu'il lit par hazard ce que vous en dites en quelques endroits de vos ouvrages. Faites des vers, monsieur, & laissez-là l'art des *Pott* & des *Margraff*.

„ Voila donc la principale objection de vos écrivains ; celle qu'ils avançaient avec le plus de confiance, pleinement détruite. "

Je ne fais si Mr. le fecrétaire de la fynagogue fe connait en vers, mais affurément il ne fe connait pas en or. J'ignore si Mr. *Rouelle* fe met en colère quand on n'eft pas de fon opinion, mais je ne me mettrai pas en colère contre Mr. le fecrétaire ; je lui dirai avec ma tolérance ordinaire, dont je ferai toûjours profeffion, que je ne le prierai jamais de me fervir de fecrétaire, attendu qu'il fait parler fes maîtres, Mrs. *Jofeph*, *Mathatai*, & *David Winker*, en francs ignorans. (Voyez l'article *Juif.*)

Il s'agiffait de favoir fi on peut, fans miracle, fondre une figure d'or en une feule nuit, & réduire cette figure en poudre le lendemain, en la jettant dans le feu. Or, monfieur le fecrétaire, il faut que vous fachiez, vous & maître *Aliboron* votre digne panégyrifte, qu'il eft impoffible de pulvérifer l'or en le jettant au feu ; l'extrême violence du feu le liquefie, mais ne le calcine point.

C'eft de quoi il eft queftion, monfieur le fecrétaire ; j'ai fouvent réduit de l'or en pâte avec du mercure, je l'ai diffous avec de l'eau régale, mais je ne l'ai jamais calciné en le brûlant. Si on vous a dit que Mr. *Rouelle* calcine de l'or au feu ; on s'eft moqué de vous, ou bien on vous a dit une fottife que vous ne deviez pas répéter, non plus que toutes celles que vous tranfcrivez fur l'or potable.

L'or potable est une charlatanerie ; c'est une friponnerie d'imposteur qui trompe le peuple : il y en a de plusieurs espèces. Ceux qui vendent leur or potable à des imbécilles, ne font pas entrer deux grains d'or dans leur liqueur ; ou s'ils en mettent un peu, ils l'ont dissous dans de l'eau régale, & ils vous jurent que c'est de l'or potable sans acide ; ils dépouillent l'or autant qu'ils le peuvent de son eau régale ; ils la chargent d'huile de romarin. Ces préparations sont très dangereuses, ce sont de véritables poisons ; & ceux qui en vendent méritent d'être réprimés.

Voilà, monsieur, ce que c'est que votre or potable, dont vous parlez un peu au hazard, ainsi que de tout le reste.

Cet article est un peu vif, mais il est vrai & utile. Il faut confondre quelquefois l'ignorance orgueilleuse de ces gens, qui croient pouvoir parler de tous les arts, parce qu'ils ont lu quelques lignes de *St. Augustin*.

FORCE EN PHYSIQUE.

Qu'est-ce que force ? où réside-t-elle ? d'où vient-elle ? périt-elle ? subsiste-t-elle toûjours la même ?

On s'eſt complu à nommer *force* cette peſanteur qu'exerce un corps ſur un autre. Voilà une boule de deux cent livres ; elle eſt ſur ce plancher ; elle le preſſe, dit-on, avec une force de deux cent livres. Et vous appellez cela une *force morte*. Or, ces mots de *force* & de *morte* ne ſont-ils pas contradictoires ? ne vaudrait-il pas autant dire mort vivant, oui & non ?

Cette boule pèſe ; d'où vient cette peſanteur ? & cette peſanteur eſt-elle une force ? Si cette boule n'était arrêtée par rien, elle ſe rendrait directement au centre de la terre. D'où lui vient cette incompréhenſible propriété ?

Elle eſt ſoutenue par mon plancher ; & vous donnez à mon plancher libéralement la force d'inertie. Inertie ſignifie *inactivité*, *impuiſſance*. Or, n'eſt-il pas ſingulier qu'on donne à l'impuiſſance le nom de *force* ?

Quelle eſt la force vive qui agit dans votre bras & dans votre jambe ? quelle en eſt la ſource ? comment peut-on ſuppoſer que cette force ſubſiſte quand vous êtes mort ? va-t-elle ſe loger ailleurs comme un homme change de maiſon quand la ſienne eſt détruite.

Comment a-t-on pu dire qu'il y a toûjours égalité de forces dans la nature ? il faudrait donc qu'il y eût toûjours égal nombre d'hommes ou d'êtres actifs équivalens.

Pourquoi un corps en mouvement communique-t-il sa force à un corps qu'il rencontre ?

Ni la géométrie, ni la mécanique, ni la métaphysique ne répondent à ces questions. Veut-on remonter au premier principe de la force des corps & du mouvement, il faudra remonter encor à un principe supérieur. Pourquoi y a-t-il quelque chose ?

FORCE MÉCANIQUE.

On présente tous les jours des projets pour augmenter la force des machines qui sont en usage, pour augmenter la portée des boulets de canon avec moins de poudre, pour élever des fardeaux sans peine, pour dessécher des marais en épargnant le tems & l'argent, pour remonter promptement des rivières sans chevaux ; pour élever facilement beaucoup d'eau & pour augmenter l'activité des pompes.

Tous ces feseurs de projets sont trompés eux-mêmes les premiers, comme *Lass* le fut par son système.

Un bon matématicien, pour prévenir ces continuels abus, a donné la règle suivante ;

Il faut dans toute machine considérer quatre quantités. 1°. La puissance du premier moteur, soit homme, soit cheval, soit l'eau, ou le vent, ou le feu.

2°. L

2º. La vîtesse de ce premier moteur dans un tems donné.

3º. La pesanteur ou résistance de la matière qu'on veut faire mouvoir.

4º. La vîtesse de cette matière en mouvement dans le même tems donné.

De ces quatre quantités le produit des deux premières est toûjours égal à celui des deux dernières, ces produits ne sont que les quantités du mouvement.

Trois de ces quantités étant connues, on trouve toûjours la quatriéme.

Un machiniste, il y a quelques années, présenta à l'hôtel-de-ville de Paris, le modèle en petit d'une pompe par laquelle il assurait qu'il éléverait à cent trente pieds de hauteur, cent mille muids d'eau par jour. Un muid d'eau pèse cinq cent soixante livres, ce sont cinquante-six millions de livres qu'il faut élever en vingt-quatre heures, & six cent quarante-huit livres par chaque seconde.

Le chemin & la vîtesse sont de cent trente pieds par seconde.

La quatriéme quantité est le chemin, ou la vîtesse du premier moteur.

Que ce moteur soit un cheval, il fait trois pieds par seconde, tout au plus.

Multipliez ce poids de six cent quarante-huit livres par cent trente pieds d'élévation, auquel on doit le porter ; vous aurez quatre-

Sixiéme partie. K

vingt quatre mille deux cent quarante, lesquels divifés par la viteffe qui eft trois, vous donnent vingt-huit mille quatre-vingt.

Il faut donc que le moteur ait une force de vingt-huit mille quatre-vingt pour élever l'eau dans une feconde.

La force des hommes n'eft eftimée que vingt-cinq livres, & celle des chevaux de cent foixante & quinze.

Or comme il faut élever à chaque feconde une force de 28080, il réfulte delà que pour exécuter la machine propofée à l'hôtel-de-ville de Paris, on avait befoin de onze cent vingt-trois hommes ou de cent foixante chevaux, encor aurait-il falu fuppofer que la machine fût fans frottement. Plus la machine eft grande, plus les frottemens font confidérables, ils vont fouvent à un tiers de la force mouvante ou environ ; ainfi il aurait falu deux cent treize chevaux, ou quatorze cent quatre-vingt dix-fept hommes.

Ce n'eft pas tout ; ni les hommes, ni les chevaux ne peuvent travailler vingt-quatre heures fans manger & fans dormir. Il eût donc falu doubler au moins le nombre des hommes, ce qui aurait exigé 2994 hommes, ou 426 chevaux.

Ce n'eft pas tout encor ; ces hommes & ces chevaux en douze heures doivent en prendre quatre pour manger & fe repofer. Ajoutez donc un tiers, il aurait falu à l'inventeur de cette belle machine l'équivalent de 568 chevaux, ou 3992 hommes.

Le célèbre maréchal de *Saxe* tomba dans le même mécompte, quand il conftruifit une galère qui devait remonter la rivière de Seine en vingt-quatre heures, par le moyen de deux chevaux qui devaient faire mouvoir des rames.

Vous trouvez dans l'hiftoire ancienne de *Rollin*, remplie d'ailleurs d'une morale judicieufe, les paroles fuivantes :

„ *Archimède* fe met en devoir de fatisfaire
„ la jufte & raifonnable curiofité de fon
„ parent & de fon ami *Hicron* roi de Syra-
„ cufe. Il choifit une des galères qui étaient
„ dans le port, la fait tirer à terre avec beau-
„ coup de travail & à force d'hommes, y
„ fait mettre fa charge ordinaire, & par
„ deffus fa charge autant d'hommes qu'elle
„ en peut tenir. Enfuite fe mettant à quel-
„ que diftance, affis à fon aife, fans travail,
„ fans le moindre effort, en remuant feu-
„ lement de la main le bout d'une machine
„ à plufieurs cordes & poulies qu'il avait
„ préparée, il ramena la galère à lui par terre
„ auffi doucement, & auffi uniment que fi
„ elle n'avait fait que fendre les flots. "

Que l'on confidère après ce récit, qu'une galère remplie d'hommes, chargée de fes mats, de fes rames, & de fon poids ordinaire, devait peser au moins quatre cent mille livres ; qu'il falait une force supérieure pour la tenir en équilibre & la faire mouvoir ; que cette force devait être au moins de quatre cent vingt mille livres, que les frottemens pouvaient être la moitié de la puissance employée pour soulever un pareil poids, que par conséquent la machine devait avoir environ six cent vingt mille livres de force. Or on ne fait guères jouer une telle machine en un tour de main, *sans le moindre effort*.

C'est de *Plutarque* que l'estimable auteur de l'histoire ancienne a tiré ce conte. Mais quand *Plutarque* a dit une chose absurde, tout ancien qu'il est, un moderne ne doit pas la répéter.

FRANC, ou FRANQ ; FRANCE, FRANÇOIS, FRANÇAIS.

L'Italie a toûjours conservé son nom, malgré le prétendu établissement d'*Enée* qui aurait dû y laisser quelques traces de la langue, des caractères & des usages de Phrygie, s'il était jamais venu avec *Acathe*, *Cloante* & tant d'autres dans le canton de Rome alors presque désert. Les Goths, les Lombards, les Francs, les Allemands ou Germains qui envahirent l'Italie tour-à-tour, lui laiſſèrent au moins ſon nom.

Les Tyriens, les Africains, les Romains, les Vandales, les Viſigoths; les Sarrazins ont été les maîtres de l'Eſpagne les uns après les autres; le nom d'*Eſpagne* eſt demeuré. La Germanie a toûjours conſervé le ſien; elle y a joint ſeulement celui d'Allemagne qu'elle n'a reçu d'aucun vainqueur.

Les Gaulois ſont preſque les ſeuls peuples d'Occident qui ayent perdu leur nom. Ce nom était celui de *Walch* ou *Wuelch*; les Romains ſubſtituaient toûjours un *G* au *W* qui eſt barbare; de Welche ils firent *Galli*, *Gallia*. On diſtingua la Gaule celtique, la belgique, l'aquitanique, qui parlaient chacune un jargon différent. Voyez *Langue*.

Qui étaient & d'où venaient ces Franqs, leſquels en très petit nombre & en très peu de tems s'emparèrent de toutes les Gaules que *Céſar* n'avait pu entiérement ſoumettre qu'en dix années? Je viens de lire un auteur qui commence par ces mots: *Les Francs dont nous deſcendons*. Eh mon ami, qui vous a dit que vous deſcendez en droite ligne d'un Franc? *Hildvic* ou *Clodvic* que nous nommons *Clovis*, n'avait probablement pas plus de vingt mille hommes mal vêtus & mal armés quand il ſubjugua environ huit ou dix millions de Welches ou Gaulois tenus en ſervitude par trois ou quatre légions romaines. Nous n'avons pas une seule maison en France qui puisse fournir, je ne dis pas la moindre preuve, mais la moindre vraisemblance qu'elle ait un Franc pour son origine.

Quand des pirates des bords de la mer Baltique vinrent au nombre de sept ou huit mille tout au plus, se faire donner la Normandie en fief & la Bretagne en arrière-fief, laissèrent-ils des archives par lesquelles on puisse faire voir qu'ils sont les pères de tous les Normands d'aujourd'hui ?

Il y a bien longtems que l'on a cru que les Franqs venaient des Troyens. *Ammien Marcellin* qui vivait au quatriéme siécle, dit: *Selon plusieurs anciens écrivains, des troupes de Troyens fugitifs s'établirent sur les bords du Rhin alors déserts.* Passe encor pour *Enée*; il pouvait aisément chercher un asyle au bout de la Méditerranée ; mais *Francus* fils d'*Hector* avait trop de chemin à faire pour aller vers Dusseldorp, Vorms, Ditz, Aldved, Solm, Errenbeistein, &c.

Liv. XII.

Fredegaire ne doute pas que les Franqs ne se fussent d'abord retirés en Macédoine, & qu'ils n'ayent porté les armes sous *Aléxandre* après avoir combattu sous *Priam*. Le moine *Otfrid* en fait son compliment à l'empereur *Loüis le Germanique*.

Le géographe de Ravenne, moins fabuleux, assigne la première habitation de la horde des Franqs parmi les Cimbres, au delà de l'Elbe, vers la mer Baltique. Ces Franqs pouraient bien être quelques restes de ces barbares Cimbres défaits par *Marius* : & le savant *Leibnitz* est de cette opinion.

Ce qui est bien certain, c'est que du tems de *Constantin* il y avait au delà du Rhin des hordes de Franqs ou Sicambres qui exerçaient le brigandage. Ils se rassemblaient sous des capitaines de bandits, des chefs que les historiens ont eu le ridicule d'appeller *Rois*; Constantin les poursuivit lui-même dans leurs repaires, en fit pendre plusieurs, en livra d'autres aux bêtes dans l'amphithéatre de Trèves pour son divertissement; deux de leurs prétendus rois nommés *Ascaric* & *Ragaïse* périrent par ce supplice; c'est sur quoi les panégyristes de *Constantin* s'extasient; & sur quoi il n'y avait pas tant à se récrier.

La prétendue loi salique, écrite, dit-on, par ces barbares, est une des absurdes chimères dont on nous ait jamais bercés. Il serait bien étrange que les Franqs eussent écrit dans leurs marais un code considérable, & que les Français n'eussent eu aucune coutume écrite qu'à la fin du règne de *Charles VII*. Il vaudrait autant dire que les Algonquins & les Chicachas avaient une loi par écrit. Les hommes ne sont jamais gouvernés par des loix autentiques consignées dans les monumens publics, que quand ils ont été rassemblés dans des villes, qu'ils ont eu une police réglée, des archives & tout ce qui caractérise une nation civilisée. Dès que vous trouvez un code dans une nation qui était barbare du tems de ce code, qui ne vivait que de rapine & de brigandage, qui n'avait pas une ville fermée ; soyez très sûrs que ce code est supposé & qu'il a été fait dans des tems très postérieurs. Tous les sophismes, toutes les suppositions n'ébranleront jamais cette vérité dans l'esprit des sages.

Ce qu'il y a de plus ridicule, c'est qu'on nous donne cette loi salique en latin, comme si des sauvages errans au delà du Rhin, avaient appris la langue latine. On la suppose d'abord rédigée par *Clovis*, & on le fait parler ainsi :

Lorsque la nation illustre des Francs était encor réputée barbare, les premiers de cette nation dictèrent la loi salique. On choisit parmi eux quatre des principaux, Visogast, Bodogast, Sologast & Vindogast, &c.

Il est bon d'observer que c'est ici la fable de *La Fontaine* :

> Notre magot prit pour ce coup
> Le nom d'un port pour un nom d'homme.

Ces noms sont ceux de quelques cantons Franqs dans le pays de Vorms. Quelle que soit l'époque où les coutumes nommées *loi salique* ayent été rédigées sur une ancienne tradition, il est bien certain que les Franqs n'étaient pas de grands législateurs.

Que voulait dire originairement le mot *Franq* ? Une preuve qu'on n'en sait rien du tout, c'est que cent auteurs ont voulu le deviner. Que voulait dire Hun, Alain, Goth, Welche, Picard ? Et qu'importe ?

Les armées de *Clovis* étaient-elles toutes composées de Franqs ? il n'y a pas d'apparence. *Childeric* le Franq avait fait des courses jusqu'à Tournay. On dit *Clovis* fils de *Childeric* & de la reine *Bazine* femme du roi *Bazin*. Or *Bazin* & *Bazine* ne sont pas assurément des noms allemands, & on n'a jamais vu la moindre preuve que *Clovis* fût leur fils. Tous les cantons Germains élisaient leurs chefs; & le canton des Franqs avait sans doute élu *Clodvic* ou *Clovis*, quel que fût son père. Il fit son expédition dans les Gaules, comme tous les autres barbares avaient entrepris les leurs dans l'empire Romain.

Croira-t-on de bonne foi que l'Hérule *Odo* surnommé *Acer* par les Romains, & connu parmi nous sous le nom d'*Odoacre*, n'ait eu que des Hérules à sa suite, & que *Genseric* n'ait conduit en Afrique que des Vandales ? Tous les misérables sans profession & sans talent qui n'ont rien à perdre, & qui espèrent gagner beaucoup, ne se joignent-ils pas toûjours au premier capitaine de voleurs qui lève l'étendart de la destruction ?

Dès que *Clovis* eut le moindre succès, ses troupes furent grossies sans doute de tous les Belges qui voulurent avoir part au butin ; & cette armée ne s'en appella pas moins *l'armée des Francs*. L'expédition était très aisée. Déja les Visigoths avaient envahi un tiers des Gaules, & les Burgundiens un autre tiers. Le reste ne tint pas devant *Clovis*. Les Franqs partagèrent les terres des vaincus, & les Welches les labourèrent.

Alors le mot *Franq* signifia un *possesseur libre*, tandis que les autres étaient esclaves. Delà vinrent les mots de *franchise* & d'*affranchir* ; Je vous fais franq, je vous rends homme libre. Delà *francalenus*, tenant librement ; *franq aleu*, *franq dad*, *franq chamen*, & tant d'autres termes moitié latins, moitié barbares, qui composerent si longtems le malheureux patois dont on se servit en France.

Delà un franq en argent ou en or, pour exprimer la monnoie du roi des Franqs, ce qui n'arriva que longtems après, mais qui rappellait l'origine de la monarchie. Nous disons encor *vingt francs*, *vingt livres*, & cela ne signifie rien par soi-même ; cela ne donne aucune idée ni du poids, ni du titre de l'argent, ce n'est qu'une expression vague par laquelle les ignorans ont presque toûjours été trompés, ne fachant en effet combien ils recevaient, ni combien ils payaient réellement.

Charlemagne ne fe regardait pas comme un Franq, il était né en Auftrafie, & parlait la langue allemande. Son origine venait d'*Arnoul* évêque de Metz, précepteur de *Dagobert*. Or, un homme choifi pour précepteur, n'était pas probablement un Franq. Ils fefaient tous gloire de la plus profonde ignorance, & ne connaiffaient que le métier des armes. Mais ce qui donne le plus de poids à l'opinion que *Charlemagne* regardait les Franqs comme étrangers à lui, c'eft l'article IV d'un de fes capitulaires fur fes métairies : *Si les Franqs*, dit-il, *commettent quelques délits dans nos poffeffions, qu'ils foient jugés fuivant leurs loix.*

La race Carlovingienne paffa toûjours pour allemande ; le pape *Adrien IV*, dans fa lettre aux archevêques de Mayence, de Cologne & de Trèves, s'exprime en ces termes remarquables : *L'empire fut transféré des Grecs aux Allemands. Leur roi ne fut empereur qu'après avoir été couronné par le pape... Tout ce que l'empereur poffède, il le tient de nous. Et comme Zacharie donna l'empire Grec aux Allemands, nous pouvons donner celui des Allemands aux Grecs.*

Cependant la France ayant été partagée en orientale & en occidentale, & l'orientale étant l'Auſtraſie, ce nom de *France* prévalut au point que, même du tems des empereurs Saxons, la cour de Conſtantinople les appellait toûjours *prétendus empereurs Franqs*, comme il ſe voit dans les lettres de l'évêque *Luitprand* envoyé de Rome à Conſtantinople.

De la nation Françaiſe.

Lorſque les Francs s'établirent dans le pays des premiers Welchs, que les Romains appellaient *Gallia*, la nation ſe trouva compoſée des anciens Celtes ou Gaulois ſubjugués par *Céſar*, des familles Romaines qui s'y étaient établies, des Germains qui y avaient déja fait des émigrations, & enfin des Francs qui ſe rendirent maîtres du pays ſous leur chef *Clovis*. Tant que la monarchie qui réunit la Gaule & la Germanie ſubſiſta, tous les peuples depuis la ſource du Veſer juſqu'aux mers des Gaules, portèrent le nom de *Francs*. Mais lorſqu'en 843, au congrès de Verdun, ſous *Charles le chauve*, la Germanie & la Gaule furent ſéparées, le nom de *Francs* reſta aux peuples de la France occidentale, qui retint ſeule le nom de *France*.

On ne connut guères le nom de *Français* que vers le dixiéme ſiécle. Le fond de la nation eſt de familles Gauloiſes, & les traces du caractère des anciens Gaulois ont toûjours ſubſiſté.

En effet, chaque peuple a son caractère comme chaque homme ; & ce caractère général est formé de toutes les ressemblances que la nature & l'habitude ont mises entre les habitans d'un même pays, au milieu des variétés qui les distinguent. Ainsi le caractère, le génie, l'esprit français, résultent de ce que les différentes provinces de ce royaume ont entre elles de semblable. Les peuples de la Guienne & ceux de la Normandie diffèrent beaucoup : cependant on reconnaît en eux le génie français, qui forme une nation de ces différentes provinces, & qui les distingue au premier coup d'œil, des Italiens & des Allemands. Le climat & le sol impriment évidemment aux hommes, comme aux animaux & aux plantes, des marques qui ne changent point. Celles qui dépendent du gouvernement, de la religion, de l'éducation, s'altèrent. C'est là le nœud qui explique comment les peuples ont perdu une partie de leur ancien caractère & ont conservé l'autre. Un peuple qui a conquis autrefois la moitié de la terre, n'est plus reconnaissable aujourd'hui sous un gouvernement sacerdotal : mais le fond de son ancienne grandeur d'ame subsiste encore, quoique caché sous la faiblesse.

Le gouvernement barbare des Turcs a énervé de même les Egyptiens & les Grecs, sans avoir pu détruire le fond du caractère & la trempe de l'esprit de ces peuples.

Le fond du Français est tel aujourd'hui, que *César* a peint le Gaulois, prompt à se résoudre, ardent à combattre, impétueux dans l'attaque, se rebutant aisément. *César*, *Agatias*, & d'autres, disent que de tous les barbares, le Gaulois était le plus poli. Il est encore, dans le tems le plus civilisé, le modèle de la politesse de ses voisins.

Les habitans des côtes de la France furent toûjours propres à la marine: les peuples de la Guienne composèrent toûjours la meilleure infanterie: ceux qui habitent les campagnes de Blois & de Tours ne sont pas, dit le *Tasse*,

. . . Gente robusta, e faticosa.
La terra molle, e lieta, e dilettosa
Simili a se gli abitator, produce.

Mais comment concilier le caractère des Parisiens de nos jours, avec celui que l'empereur *Julien*, le premier des princes & des hommes après *Marc-Aurèle*, donne aux Parisiens de son tems? *J'aime ce peuple*, dit-il dans son Misopogon, *parce qu'il est sérieux & sévère comme moi*. Ce sérieux qui semble banni aujourd'hui d'une ville immense, devenue le centre des plaisirs, devait régner dans une ville alors petite, dénuée d'amusemens: l'esprit des Parisiens a changé en cela, malgré le climat.

L'affluence du peuple, l'opulence, l'oisiveté, qui ne peut s'occuper que des plaisirs & des arts, & non du gouvernement, ont donné un nouveau tour d'esprit à un peuple entier.

Comment expliquer encore par quels degrés ce peuple a passé des fureurs qui le caractérisèrent du tems du roi *Jean*, de *Charles VI*, de *Charles IX*, de *Henri III*, & de *Henri IV* même, à cette douce facilité de mœurs que l'Europe chérit en lui ? C'est que les orages du gouvernement & ceux de la religion poussèrent la vivacité des esprits aux emportemens de la faction & du fanatisme ; & que cette même vivacité, qui subsistera toûjours, n'a aujourd'hui pour objet que les agrémens de la société. Le Parisien est impétueux dans ses plaisirs, comme il le fut autrefois dans ses fureurs. Le fond du caractère, qu'il tient du climat, est toûjours le même. S'il cultive aujourd'hui tous les arts dont il fut privé si longtems, ce n'est pas qu'il ait un autre esprit, puisqu'il n'a point d'autres organes ; mais c'est qu'il a eu plus de secours ; & ces secours il ne se les est pas donnés lui-même, comme les Grecs & les Florentins, chez qui les arts sont nés comme des fruits naturels de leur terroir : le Français les a reçus d'ailleurs ; mais il a cultivé heureusement ces plantes étrangères ; & ayant tout adopté chez lui, il a presque tout perfectionné.

Le gouvernement des Français fut d'abord celui de tous les peuples du nord : tout se réglait dans les assemblées générales de la nation : les rois étaient les chefs de ces assemblées ; & ce fut presque la seule administration des Français dans les deux premières races, jusqu'à *Charles le simple*.

Lorsque la monarchie fut démembrée dans la décadence de la race Carlovingienne, lorsque le royaume d'Arles s'éleva, & que les provinces furent occupées par des vassaux peu dépendans de la couronne, le nom de *Français* fut plus restreint ; sous *Hugues-Capet*, *Robert*, *Henri* & *Philippe*, on n'appella *Français* que les peuples en deçà de la Loire. On vit alors une grande diversité dans les mœurs, comme dans les loix des provinces demeurées à la couronne de France. Les seigneurs particuliers qui s'étaient rendus les maîtres de ces provinces, introduisirent de nouvelles coutumes dans leurs nouveaux états. Un Breton, un habitant de Flandres, ont aujourd'hui quelque conformité, malgré la différence de leur caractère, qu'ils tiennent du sol & du climat : mais alors ils n'avaient entr'eux presque rien de semblable.

Ce n'est guères que depuis *François I*, que l'on vit quelque uniformité dans les

mœurs

mœurs & dans les usages. La cour ne commença que dans ce tems à servir de modèle aux provinces réunies; mais en général, l'impétuosité dans la guerre, & le peu de discipline, furent toûjours le caractère dominant de la nation.

La galanterie & la politesse commencèrent à distinguer les Français sous *François I*. Les mœurs devinrent atroces depuis la mort de *François II*. Cependant au milieu de ces horreurs, il y avait toûjours à la cour une politesse que les Allemands & les Anglais s'efforçaient d'imiter. On était déja jaloux des Français dans le reste de l'Europe, en cherchant à leur ressembler. Un personnage d'une comédie de *Shakespear* dit, qu'*à toute force on peut être poli, sans avoir été à la cour de France*.

Quoique la nation ait été taxée de légéreté par *César* & par tous les peuples voisins, cependant ce royaume si longtems démembré, & si souvent prêt à succomber, s'est réuni & soutenu principalement par la sagesse des négociations, l'adresse & la patience, mais surtout par les divisions de l'Allemagne, & de l'Angleterre. La Bretagne n'a été réunie au royaume, que par un mariage; la Bourgogne, par droit de mouvance, & par l'habileté de *Louis XI*; le Dauphiné, par une donation qui fut le fruit de la politique; le comté

Sixiéme partie. L

de Toulouse, par un accord soutenu d'une armée ; la Provence, par de l'argent. Un traité de paix a donné l'Alsace ; un autre traité a donné la Lorraine. Les Anglais ont été chassés de France autrefois, malgré les victoires les plus signalées ; parce que les rois de France ont su temporiser & profiter de toutes les occasions favorables. Tout cela prouve que si la jeunesse Française est légère, les hommes d'un âge mur qui la gouvernent, ont toûjours été très sages. Encore aujourd'hui la magistrature, en général, a des mœurs sévères, comme du tems d'*Aurélien*. Si les premiers succès en Italie du tems de *Charles VIII*, furent dûs à l'impétuosité guerrière de la nation, les disgraces qui les suivirent vinrent de l'aveuglement d'une cour qui n'était composée que de jeunes gens. *François I* ne fut malheureux que dans sa jeunesse, lorsque tout était gouverné par des favoris de son âge ; & il rendit son royaume florissant dans un âge plus avancé.

Les Français se servirent toûjours des mêmes armes que leurs voisins ; & eurent à peu près la même discipline dans la guerre. Ils ont été les premiers qui ont quitté l'usage de la lance & des piques. La bataille d'Yvri commença à décrier l'usage des lances, qui fut bientôt aboli ; & sous *Louis XIV*, les piques ont été oubliées. Ils portèrent des tuniques & des robes jufqu'au feiziéme fiécle. Ils quittèrent fous *Louis le jeune* l'ufage de laiffer croitre la barbe, & le reprirent fous *François I*; & on ne commença à fe rafer entiérement que fous *Louis XIV*. Les habillemens changèrent toûjours, & les Français au bout de chaque fiécle, pouvaient prendre les portraits de leurs ayeux pour des portraits d'étrangers.

LANGUE FRANÇAISE.

Il ne nous refte aucun monument de la langue des anciens Welches, qui fefaient, dit-on, une partie des peuples Celtes, ou Keltes, efpèce de fauvages, dont on ne connait que le nom, & qu'on a voulu en vain illuftrer par des fables. Tout ce qu'on fait, eft que les peuples, que les Romains appellaient *Galli*, dont nous avons pris le nom de Gaulois, s'appellaient *Welches*; c'eft le nom qu'on donne encore aux Français dans la baffe Allemagne, comme on appellait cette Allemagne, *Teutch*.

La province de Galles, dont les peuples font une colonie de Gaulois, n'a d'autre nom que celui de *Welch*.

Un refte de l'ancien patois s'eft encore confervé chez quelques ruftres dans cette province de Galles, dans la baffe Bretagne, dans quelques villages de France.

Quoique notre langue foit une corruption de la latine, mêlée de quelques expreffions grecques, italiennes, efpagnoles, cependant nous avons retenu plufieurs mots, dont l'origine paraît être celtique. Voici un petit catalogue de ceux qui font encore d'ufage, & que le tems n'a prefque point altérés.

A.

Abattre, acheter, achever, affoller, aller, aleu, franc-aleu.

B.

Bagage, bagarre, bagué, bailler, balaïer, ballot, ban, arrière-ban, banc, bannal, barre, barreau, barrière, bataille, bateau, battre, bec, bègue, béguin, béquée, béqueter, berge, berne, bivouac, blêche, bled, bleffer, bloc, blocaille, blond, bois, botte, bouche, boucher, bouchon, boucle, brigand, brin, brize de vent, broche, brouiller, brouffailles, bru, mal rendu par belle-fille.

C.

Cabas, caille, calme, calotte, chance, chat, claque, cliquetis, clou, coeffe, coi, coq, couard, couette, cracher, craquer, cric, croc, croquer.

D.

Da, cheval, nom qui s'eft confervé parmi les enfans; dada, d'abord, dague, danfe, devis, devife, devifer, digue, dogue, drap, drogue, drole.

E.

Echalas, effroi, embarras, épave, eſt, ainſi que oueſt, nord, & ſud.

F.

Fiffre, flairer, fléche, fou, fracas, frapper, fraſque, fripon, frire, froc.

G.

Gabelle, gaillard, gain, galland, galle, garant, garre, garder, gauche, gobelet, gobet, gogue, gourde, gouffe, gras, grelot, gris, gronder, gros, guerre, guetter.

H.

Hagard, halle, halte, hanap, hanneton, haquenée, haraffer, hardes, harnois, havre, hazard, heaume, heurter, hors, hucher, huer.

L.

Ladre, laid, laquais, leude, homme de pied; logis, lopin, lors, lorſque, lot, lourd.

M.

Magazin, maille, maraut, marche, maréchal, marmot, marque, mâtin, mazette, mener, meurtre, morgue, mous, moufle, mouton.

N.

Nargue, narguer, niais.

O.

Osche, ou hoche, petite entaillure que les boulangers font encore à de petites baguettes pour marquer le nombre des pains qu'ils fournissent, ancienne manière de tout compter chez les Welches. C'est ce qu'on appelle encore *taille*. Oui, ouf.

P.

Palefroi, pantois, parc, piaffe, piailler, picorer.

R.

Race, racler, radotter, rançon, rat, ratisser, regarder, renifler, requinquer, rêver, rinser, risque, rosse, ruer.

S.

Saisir, saison, salaire, salle, savate, soin, sot, ce nom ne convenait-il pas un peu à ceux qui l'ont dérivé de l'hébreu ? comme si les Welches avaient autrefois étudié à Jérusalem. Soupe.

T.

Talut, tanné, couleur ; tantôt, tappe, tic, trace, trappe, trapu, traquer, qu'on n'a pas manqué de faire venir de l'hébreu, tant les

Juifs, & nous, étions voisins autrefois. Tringle, troc, trognon, trompe, trop, trou, troupe, trousse, trouve.

V.

Vacarme, valet, vassal.

Voyez à l'article *Grec* les mots qui peuvent être dérivés originairement de la langue grecque.

De tous les mots ci-dessus, & de tous ceux qu'on y peut joindre, il en est qui probablement ne sont pas de l'ancienne langue gauloise, mais de la teutonne. Si on peut prouver l'origine de la moitié, c'est beaucoup.

Mais quand nous aurons bien constaté leur généalogie, quel fruit en pourons-nous tirer ? Il n'est pas question de savoir ce que notre langue fut, mais ce qu'elle est. Il importe peu de connaitre quelques restes de ces ruïnes barbares, quelques mots d'un jargon, qui ressemblait, dit l'empereur *Julien*, au heurlement des bêtes. Songeons à conserver dans sa pureté la belle langue qu'on parlait dans le grand siécle de *Louïs XIV*.

Ne commence-t-on pas à la corrompre ? N'est-ce pas corrompre une langue, que de donner, aux termes employés par les bons auteurs, une signification nouvelle ? Qu'arriverait-il, si vous changiez ainsi le sens de tous les mots ? On ne vous entendrait, ni vous, ni les bons écrivains du grand siécle.

Il est sans doute très indifférent en soi, qu'une syllabe signifie une chose, ou une autre. J'avouerai même que, si on assemblait une société d'hommes, qui eussent l'esprit & l'oreille justes, & s'il s'agissait de réformer la langue, qui fut si barbare jusqu'à la naissance de l'académie, on adoucirait la rudesse de plusieurs expressions, on donnerait de l'embonpoint à la sécheresse de quelques autres, & de l'harmonie à des sons rebutans. *Oncle*, *ongle*, *radoub*, *perdre*, *borgne*, plusieurs mots terminés durement, auraient pû être adoucis. *Epieu*, *lieu*, *dieu*, *moyeu*, *feu*, *bleu*, *peuple*, *nuque*, *plaque*, *porche*, auraient pû être plus harmonieux. Quelle différence du mot *Theos* au mot Dieu! de *populos* à peuples! de *locus* à lieu!

Quand nous commençames à parler la langue des Romains nos vainqueurs, nous la corrompîmes. D'*Augustus* nous fîmes Août, Aoust; de *pavo*, paon; de *Cadomum*, Caen; de *Junius*, Juin; d'*unctus*, oint; de *purpura*, pourpre; de *pretium*, prix. C'est une propriété des barbares d'abréger tous les mots. Ainsi les Allemands & les Anglais, firent d'*ecclesia*, kirk, church; de *foras*, furth; de *condemnare*, damn. Tous les nombres romains devinrent des monosyllabes dans presque tous les patois de l'Europe. Et notre mot, vingt, pour *viginti*, n'atteste-t-il pas encore la vieille rusticité de nos pères ? La plûpart des lettres que nous avons retranchées, & que nous prononcions durement, font nos anciens habits de sauvages. Chaque peuple en a des magazins.

Le plus insupportable reste de la barbarie welche & gauloise, est dans nos terminaisons en *oin* ; coin, soin, oint, grouin, foin, point, loin, marsouin, tintouin, pourpoint. Il faut qu'un langage ait d'ailleurs de grands charmes, pour faire pardonner ces sons, qui tiennent moins de l'homme que de la plus dégoûtante espèce des animaux.

Mais enfin, chaque langue a des mots desagréables, que les hommes éloquens savent placer heureusement, & dont ils ornent la rusticité. C'est un très grand art ; c'est celui de nos bons auteurs. Il faut donc s'en tenir de l'usage qu'ils ont fait de la langue reçue.

Il n'est rien de choquant dans la prononciation d'*oin*, quand ces terminaisons sont accompagnées de syllabes sonores. Au contraire, il y a beaucoup d'harmonie dans ces deux phrases : *Les tendres soins que j'ai pris de votre enfance ; Je suis loin d'être insensible à tant de vertus & de charmes.*

Mais il faut se garder de dire, comme dans la tragédie de *Nicomède* :

Non ; mais il m'a surtout laissé ferme en ce point,

D'estimer beaucoup Rome, & ne la craindre point.

Le sens est beau. Il falait l'exprimer en vers plus mélodieux. Les deux rimes de *point* choquent l'oreille. Personne n'est révolté de ces deux vers dans l'*Andromaque* :

> On le verrait encor nous partager ses soins ;
> Il m'aimerait peut-être ; il le feindrait du moins.
> Adieu, tu peux partir ; je demeure en Epire.
> Je renonce à la Grèce, à Sparte, à son empire,
> A toute ma famille, &c.

Voyez comme les derniers vers soutiennent les premiers, comme ils répandent sur eux la beauté de leur harmonie !

On peut reprocher à la langue française un trop grand nombre de mots simples, auxquels manque le composé ; & de termes composés, qui n'ont point le simple primitif. Nous avons des *architraves*, & point de *traves* : un homme est *implacable*, & n'est point *placable* : il y a des gens très *inaimables*, & cependant *inaimable* ne s'est pas encore dit.

C'est par la même bizarrerie que le mot de *garçon* est très usité, & que celui de *garce* est devenu une injure grossière. *Vénus* est un mot charmant ; *vénérien* donne une idée affreuse.

Le latin eut quelques singularités pareilles. Les Latins disaient *possibile*, & ne disaient pas *impossibile*. Ils avaient le verbe *providere*, & non le substantif *providentia*. Cicéron fut le premier qui l'employa comme un mot technique.

Il me semble que, lorsqu'on a eu dans un siécle un nombre suffisant de bons écrivains, devenus classiques, il n'est plus guères permis d'employer d'autres expressions que les leurs, & qu'il faut leur donner le même sens, ou bien dans peu de tems le siécle présent n'entendrait plus le siécle passé.

Vous ne trouverez dans aucun auteur du siécle de *Louis XIV*, que Rigaut ait peint les portraits *au parfait*, que Benserade ait *persiflé* la cour, que le surintendant Fouquet ait eu *un goût décidé* pour les beaux arts, &c.

Le ministère prenait alors des engagemens, & non pas des *erremens*. On tenait, on remplissait, on accomplissait ses promesses; on ne les *réalisait* pas. On citait les anciens; on ne *fesait pas des citations*. Les choses avaient du rapport les unes aux autres, des ressemblances, des analogies, des conformités; on les rapprochait, on en tirait des inductions, des conséquences : aujourd'hui on imprime qu'un article d'une déclaration du roi *a trait* à un arrêt de la cour des aides. Si on avait demandé à *Patru*, à *Pélisson*, à *Boileau*, à *Racine*, ce que c'est qu'*avoir trait*, ils n'auraient su que répondre. On recueillait ses moissons; aujourd'hui on les *récolte*. On était exact, sévère, rigoureux, minutieux même;

à présent on s'avise d'être *strict*. Un avis était semblable à un autre ; il n'en était pas différent ; il lui était conforme ; il était fondé sur les mêmes raisons ; deux personnes étaient du même sentiment, avaient la même opinion &c. : cela s'entendait. Je lis dans vingt mémoires nouveaux que les états ont eu un avis *parallèle* à celui du parlement ; que le parlement de Rouen n'a pas une opinion *parallèle* à celui de Paris, comme si *parallèle* pouvait signifier conforme, comme si deux choses parallèles ne pouvaient pas avoir mille différences.

Aucun auteur du bon siécle n'usa du mot de *fixer*, que pour signifier arrêter, rendre stable, invariable.

> Et fixant de ses vœux l'inconstance fatale,
> Phèdre depuis longtems ne craint plus de rivale.
> C'est à ce jour heureux qu'il fixa son retour.
> Egayer la chagrine, & fixer la volage.

Quelques Gascons hazardèrent de dire : *J'ai fixé cette dame*, pour, je l'ai regardée fixement, j'ai fixé mes yeux sur elle. De là est venu la mode de dire : *fixer une personne.* Alors vous ne savez point si on entend par ce mot ; j'ai rendu cette personne moins incertaine, moins volage : ou si on entend, je l'ai observée, j'ai fixé mes regards sur elle. Voilà un nouveau sens attaché à un mot reçu, & une nouvelle source d'équivoques.

Presque jamais les *Pélissons*, les *Bossuets*,

les *Fléchiers*, les *Maffillons*, les *Fénélons*, les *Racines*, les *Quinaults*, les *Boileaux*; *Molière* même, & *La Fontaine*, qui tout deux ont commis beaucoup de fautes contre la langue, ne se sont servis du terme *vis-à-vis*, que pour exprimer une position de lieu. On disait : l'aile droite de l'armée de Scipion vis-à-vis l'aile gauche d'Annibal. Quand *Ptolomée* fut vis-à-vis de César, il trembla.

Vis-à-vis est l'abrégé de visage à visage; & c'est une expression qui ne s'employa jamais dans la poésie noble, ni dans le discours oratoire.

Aujourd'hui l'on commence à dire, *Coupable vis-à-vis de vous*, *bienfesant vis-à-vis de nous*, *difficile vis-à-vis de nous*, *mécontent vis-à-vis de nous*, au lieu de, coupable, bienfesant envers nous, difficile avec nous, mécontent de nous.

J'ai lu dans un écrit public : *Le roi mal satisfait vis-à-vis de son parlement*. C'est un amas de barbarismes. On ne peut être mal satisfait. *Mal* est le contraire de *satis*, qui signifie assez. On est peu content, mécontent ; on se croit mal servi, mal obéi. On n'est ni satisfait, ni mal satisfait, ni content, ni mécontent, ni bien, ni mal obéi vis-à-vis quelqu'un, mais de quelqu'un. *Mal satisfait* est de l'ancien stile des bureaux. Des écrivains peu corrects se sont permis cette faute.

Presque tous les écrits nouveaux sont infectés de l'emploi vicieux de ce mot *vis-à-vis*. On a négligé ces expressions si faciles, si heureuses, si bien mises à leur place par les bons écrivains; *envers*, *pour*, *avec*, *à l'égard*, *en faveur de*.

Vous me dites qu'un homme est bien disposé *vis-à-vis* de moi, qu'il a un ressentiment *vis-à-vis* de moi, que le roi veut se conduire en père *vis-à-vis* de la nation. Dites que cet homme est bien disposé pour moi, à mon égard, en ma faveur; qu'il a du ressentiment contre moi, que le roi veut se conduire en père du peuple, qu'il veut agir en père avec la nation, envers la nation : ou bien vous parlerez fort mal.

Quelques auteurs, qui ont parlé allobroge en français, ont dit *élogier* au lieu de louer, ou faire un éloge; *par contre*, au lieu d'au contraire; *éduquer*, pour élever, ou donner de l'éducation; *égaliser* les fortunes, pour égaler.

Ce qui peut le plus contribuer à gâter la langue, à la replonger dans la barbarie, c'est d'employer dans le barreau, dans les conseils d'état, des expressions gothiques, dont on se servait dans le quatorziéme siécle: *Nous aurions reconnu; nous aurions observé; nous aurions statué; il nous aurait paru aucunement utile*.

Eh! mes pauvres législateurs, qui vous empêche de dire, *nous avons reconnu, nous avons statué, il nous a paru utile?*

Le sénat Romain dès le tems des Scipions parlait purement, & on aurait sislé un sénateur qui aurait prononcé un solécisme. Un parlement croit se donner du relief en disant au roi qu'il ne peut *obtempérer*. Les femmes ne peuvent entendre ce mot qui n'est pas français. Il y avait vingt manières de s'exprimer intelligiblement.

C'est un défaut trop commun d'employer des termes étrangers pour exprimer ce qu'ils ne signifient pas. Ainsi de *célata* qui signifie un casque en italien, on fit le mot *salade* dans les guerres d'Italie ; de *bowling green*, gazon où l'on joue à la boule, on a fait boulaingrin ; *rost beef*, bœuf rôti, a produit chez nos maîtres d'hôtel du bel air des bœufs rôtis d'agneau, des bœufs rôtis de perdreaux. De l'habit de cheval *riding-coat* on a fait redingote ; & du sallon du Sr. De Vaux à Londres, nommé *Vaux-hall*, on a fait un *facs-hall* à Paris. Si on continue, la langue française si polie, redeviendra barbare. Notre théatre l'est déja par des imitations abominables ; notre langage le sera de même. Les solécismes, les barbarismes, le stile boursouflé, guindé, inintelligible, ont inondé la scène depuis *Racine*, qui semblait les avoir bannis pour jamais par la pureté de sa diction toûjours élégante. On ne peut dissimuler qu'excepté quelques morceaux d'*Electre*, & surtout de *Radamiste*, tout le reste des ouvrages de l'auteur est quelquefois un amas de solécismes & de barbarismes jetté au hazard en vers qui révoltent l'oreille.

Il parut, il y a quelques années, un dictionnaire néologique, dans lequel on montrait ces fautes dans tout leur ridicule. Mais malheureusement cet ouvrage plus satyrique que judicieux, était fait par un homme un peu grossier, qui n'avait ni assez de justesse dans l'esprit, ni assez d'équité pour ne pas mêler indifféremment les bonnes & les mauvaises critiques.

Il parodie quelquefois très grossiérement les morceaux les plus fins & les plus délicats des éloges des académiciens prononcés par *Fontenelle*; ouvrage qui en tout sens fait honneur à la France. Il condamne dans Crébillon, *fais-toi d'autres vertus* &c.; *l'auteur*, dit-il, veut dire, *pratique d'autre vertus*. Si l'auteur qu'il reprend s'était servi de ce mot *pratique*, il aurait été fort plat. Il est beau de dire, je me fais des vertus conformes à ma situation. Cicéron a dit, *facere de necessitate virtutem*, d'où nous est venu le proverbe, *faire de nécessité vertu*. Racine a dit dans *Britannicus*,

Qui dans l'obscurité nourrissant sa douleur,
S'est fait une vertu conforme à son malheur.

Ainsi *Crébillon* avait imité *Racine*; & il ne falait pas blâmer dans l'un ce qu'on admire dans l'autre.

Mais

Mais il est vrai qu'il eût falu manquer absolument de goût & de jugement, pour ne pas reprendre les vers suivans qui péchent tous, ou contre la langue, ou contre l'élégance, ou contre le sens commun.

Mon fils, je t'aime encor tout ce qu'on peut aimer.
. . . . . .

Tant le sort entre nous a jetté de mystère.
Les Dieux ont leur justice, & le trône a ses mœurs.
. . . . . .

Agénor inconnu ne compte point d'ayeux,
Pour me justifier d'un amour odieux.
. . . . . .

Ma raison s'arme en vain de quelques étincelles.
. . . . . .

Ah! que les malheureux éprouvent de tourmens!
. . . . . .

    Un captif tel que moi
Honorerait ses fers même sans qu'il fût roi.
. . . . . .

Un guerrier généreux que la vertu couronne,
Vaut bien un roi formé par le secours des loix.
Le premier qui fut roi n'eut pour lui que sa voix.
. . . . . .

Je ne suis point ta mère; & je n'en sens du moins
Les entrailles, l'amour, le remords, ni les soins.
. . . . . .

Sixiéme partie.   M

Je crois que tu n'es point coupable;
Mais si tu l'es tu n'es qu'un homme détestable.
. . . . . .
Mais vous me payerez ses funestes appas.
C'est vous qui leur gagnez sur moi la préférence.
. . . . . .
Seigneur, enfin la paix si longtems attendue,
M'est redonnée ici par le même héros
Dont la seule valeur nous causa tant de maux.
. . . . . .
Autour d'un vase affreux dont il était rempli,
Du sang de Nonnius avec soin recueilli,
Au fond de ton palais j'ai rassemblé leur troupe.

Ces phrases obscures, ces termes impropres, ces fautes de syntaxe, ce langage inintelligible, ces pensées si fausses & si mal exprimées; tant d'autres tirades où l'on ne parle que des Dieux & des enfers, parce qu'on ne sait pas faire parler les hommes; un stile boursouflé & plat, à la fois hérissé d'épithètes inutiles, de maximes monstrueuses exprimées en vers dignes d'elles, *a*) c'est là ce qui a

a) Voici quelques-unes de ces maximes détestables qu'on ne doit jamais étaler sur le théâtre.

Mais, Seigneur, sans compter ce qu'on appelle crime,
Quoi! toûjours des sermens esclaves malheureux,
Notre honneur dépendra d'un vain respect pour eux.
Pour moi que touche peu cet honneur chimérique,
J'appelle à ma raison d'un joug si tyrannique.
Me venger & régner, voilà mes souverains;

LANGUE FRANÇAISE.

succédé au stile de *Racine*. Et pour achever la décadence de la langue & du goût, ces piéces visigothes & vandales, ont été suivies de piéces plus barbares encore.

La prose n'est pas moins tombée. On voit dans des livres sérieux & faits pour instruire, une affectation qui indigne tout lecteur sensé.

Il faut mettre sur le compte de l'amour-propre ce qu'on met sur le compte des vertus.

L'esprit se joue à pure perte dans ces questions où l'on a fait les frais de penser.

Les éclipses étaient en droit d'effrayer les hommes.

Epicure avait un extérieur à l'unisson de son ame.

L'empereur *Claudius* renvia sur *Auguste*.

La religion était en collusion avec la nature.

Cléopatre était une beauté privilégiée.

L'air de gaîté brillait sur les enseignes de l'armée.

Le triumvir *Lépide* se rendit nul.

Tout le reste pour moi n'a que des titres vains.
De froids remords voudraient en vain y mettre obstacle,
Je ne consulte plus que ce superbe oracle.

(*Tragédie de* XERXES.)

Quelles plates & extravagantes atrocités! *appeller à sa raison d'un joug ; mes souverains sont me venger & régner ; de froids remords qui veulent mettre obstacle à ce superbe oracle !* quelle foule de barbarismes & d'idées barbares!

Un conful fe fit clef de meute dans la république.

Mécénas était d'autant plus éveillé qu'il affichait le fommeil.

Julie affectée de pitié élève à fon amant fes tendres fupplications.

Elle cultiva l'efpérance.

Son ame épuifée fe fond comme l'eau.

Sa philofophie n'eft point parlière.

Son amant ne veut pas mefurer fes maximes à la toife, & prendre une ame aux livrées de la maifon.

Tels font les excès d'extravagance où font tombés des demi beaux-efprits qui ont eu la manie de fe fingularifer.

On ne trouve pas dans *Rollin* une feule phrafe qui tienne de ce jargon ridicule, & c'eft en quoi il eft très eftimable, puifqu'il a réfifté au torrent du mauvais goût.

Le défaut contraire à l'affectation eft le ftile négligé, lâche & rempant; l'emploi fréquent des expreffions populaires & proverbiales.

Le général pourfuivit fa pointe.

Les ennemis furent battus à plate couture.

Ils s'enfuirent à vauderoute.

Il fe prêta à des propofitions de paix après avoir chanté victoire.

Les légions vinrent au devant de *Drufus* par manière d'acquit.

Un soldat romain se donnant à dix as par jour corps & ame.

La différence *qu'il y avait entre eux était*, au lieu de dire dans un stile plus concis, *la différence entre eux était*. Le plaisir *qu'il y a à cacher ses démarches à son rival*, au lieu de dire *le plaisir de cacher ses démarches à son rival*.

Lors de la bataille de Fontenoi, au lieu de dire *dans le tems de la bataille*, *l'époque de la bataille, tandis, lorsque l'on donnait la bataille*.

Par une négligence encor plus impardonnable, & faute de chercher le mot propre, quelques écrivains ont imprimé, *Il l'envoya faire faire la revue des troupes*. Il était si aisé de dire, *Il l'envoya passer les troupes en revue ; il lui ordonna d'aller faire la revue*.

Il s'est glissé dans la langue un autre vice, c'est d'employer des expressions poetiques dans ce qui doit être écrit du stile le plus simple. Des auteurs de journaux & même de quelques gazettes, parlent des *forfaits* d'un coupeur de bourse condamné à être fouetté *dans ces lieux*. Des janissaires ont *mordu la poussière*. Les troupes n'ont pu résister à *l'inclémence des airs*. On annonce une histoire d'une petite ville de province, avec les preuves, & une table des matières, en fesant l'éloge de la *magie* du stile de l'auteur. Un apoticaire donne avis au public qu'il débite une drogue nouvelle à trois livres la bouteille ; *il dit qu'il a interrogé la nature & qu'il l'a forcée d'obéir à ses loix.*

Un avocat, à propos d'un mur mitoyen, dit que le droit de sa partie *est éclairé du flambeau des préfomptions.*

Un hiſtorien, en parlant de l'auteur d'une ſédition, vous dit qu'*il alluma le flambeau de la diſcorde.* S'il décrit un petit combat, il dit, *que ces vaillans chevaliers deſcendaient dans le tombeau, en y précipitant leurs ennemis victorieux.*

Ces puérilités ampoulées, ne devaient pas reparaître après le plaidoyer de maître *Petit-Jean* dans les *Plaideurs*. Mais enfin, il y aura toûjours un petit nombre d'eſprits bienfaits qui conſervera les bienſéances du ſtile, & le bon goût, ainſi que la pureté de la langue. Le reſte ſera oublié.

FRANÇOIS RABELAIS.

LA *Vie* de *Rabelais* imprimée au devant de ſon *Gargantua*, eſt auſſi fauſſe & auſſi abſurde que l'hiſtoire de *Gargantua* même. On y trouve que le cardinal du *Belley* l'ayant mené à Rome, & ce cardinal ayant baiſé le pied droit du pape, & enſuite la bouche, *Rabelais* dit, qu'il lui voulait baiſer le derrière, & qu'il falait que le St. Père commençât par le laver. Il y a des choſes que le reſpect du lieu, de la bienféance & de la perfonne rend impoffibles. Cette hiftoriette ne peut avoir été imaginée que par des gens de la lie du peuple dans un cabaret.

Sa prétendue requête au pape eft du même genre : on fuppofe qu'il pria le pape de l'excommunier, afin qu'il ne fût pas brûlé ; parce que, difait-il, fon hôteffe ayant voulu faire brûler un fagot & n'en pouvant venir à bout, avait dit que ce fagot était excommunié de la gueule du pape.

L'avanture qu'on lui fuppofe à Lyon eft auffi fauffe & auffi peu vraifemblable : on prétend que n'ayant ni de quoi payer fon auberge, ni de quoi faire le voyage de Paris, il fit écrire par le fils de l'hôteffe ces étiquettes fur des petits fachets : *Poifon pour faire mourir le roi, poifon pour faire mourir la reine*, &c. Il ufa, dit-on, de ce ftratagême pour être conduit & nourri jufqu'à Paris, fans qu'il lui en coûtât rien, & pour faire rire le roi. On ajoute que c'était en 1536, dans le tems même que le roi, & toute la France pleuraient le dauphin *François* qu'on avait cru empoifonné, & lorfqu'on venait d'écarteler *Montécuculi* foupçonné de cet empoifonnement. Les auteurs de cette plate hiftoriette n'ont pas fait réflexion que fur une demi-preuve auffi terrible, on aurait jetté *Rabelais* dans un cachot, qu'il aurait été chargé de fers, qu'il aurait fubi probablement la queftion ordinaire & extraordinaire, & que dans des circonftances auffi funeftes, & dans une accufation auffi grave, une mauvaife plaifanterie n'aurait pas fervi à fa juftification. Prefque toutes les vies des hommes célèbres ont été défigurées par des contes, qui ne méritent pas plus de croyance.

„Son livre à la vérité eft un ramas des plus impertinentes & des plus groffières ordures qu'un moine yvre puiffe vomir; mais auffi il faut avouer que c'eft une fatyre fanglante du pape, de l'églife, & de tous les événemens de fon tems. Il voulut fe mettre à couvert fous le mafque de la folie; il le fait affez entendre lui-même dans fon prologue. *Pofez le cas*, dit-il, *qu'au fens littéral vous trouvez matières affez joyeufes & bien correfpondantes au nom; toutefois pas demeurer là ne faut, comme au chant des firènes, ains à plus haut fens interpréter ce que par avanture cuidiez dit en gayeté de cœur. Veites-vous onques chien, rencontrant quelque os médullaire? c'eft comme dit Platon* lib. II. de Rep. *la bête du monde plus philofophe. Si vous l'avez, vous avez pu noter de quelle dévotion il le guette, de quel foing il le garde, de quelle ferveur il le tient, de quelle prudence il l'entamme, de quelle affection il le brife, & de quelle diligence il le fugce. Qui l'induict à ce faire ? quel est l'espoir de son étude ? quel bien prétend-il ? rien plus qu'ung peu de moüelle.*

Mais qu'arriva-t-il ? très peu de lecteurs ressemblèrent au chien qui succe la moelle. On ne s'attacha qu'aux os, c'est-à-dire, aux bouffonneries absurdes, aux obscénités affreuses dont le livre est plein. Si malheureusement pour *Rabelais* on avait trop pénétré le sens du livre, si on l'avait jugé sérieusement, il est à croire qu'il lui en aurait coûté la vie, comme à tous ceux, qui dans ce tems-là écrivaient contre l'église romaine.

Il est clair que *Gargantua* est *François I*, *Louis XII* est *Grand-gousier*, quoiqu'il ne fût pas le père de *François* ; & *Henri II* est *Pantagruel* : l'éducation de *Gargantua*, & le chapitre des *torches-cu*, font une satyre de l'éducation qu'on donnait alors aux princes : les couleurs blanc & bleu désignent évidemment la livrée des rois de France.

La guerre pour une charrette de fouaffes, est la guerre entre *Charles V* & *François I*, qui commença pour une querelle très légère entre la maison de *Bouillon-la-Marck* & celle de *Chimay* ; & cela est si vrai, que *Rabelais* appelle *Marcknet* le conducteur des fouaffes par qui commença la noise.

Les moines de ce tems-là font peints très naïvement sous le nom de frère *Jean des Entomures*. Il n'est pas possible de méconnaître *Charles-Quint* dans le portrait de *Picrocole*.

A l'égard de l'église, il ne l'épargne pas. Dès le premier livre au chapitre XXXIX, voici comme il s'exprime : „ Que Dieu est
„ bon qui nous donne ce bon piot ! j'advoue
„ Dieu que si j'eusse été au tems de Jesus-
„ Christ, j'eusse bien engardé que les Juifs
„ l'eussent prins au jardin d'Olivet. Ensem-
„ ble le diable me faille si j'eusse failli à cou-
„ per les jarrets à messieurs les apôtres qui
„ fuirent tant lâchement après qu'ils eurent
„ bien soupé, & laissèrent leur bon maître
„ au besoing. Je hais plus que poison un
„ homme qui fuit quand il faut jouer des
„ couteaux. Hon, que je ne suis roi de
„ France pour quatre-vingt ou cent ans !
„ par-Dieu, je vous accoutrerais en chiens
„ courtaults les fuyards de Pavie. "

On ne peut se méprendre à la généalogie de *Gargantua*, c'est une parodie très scandaleuse de la généalogie la plus respectable. *De ceux-là*, dit-il, *sont venus les géans, & par eux Pantagruël ; le premier fut Calbrot, qui engendra Sarabroth*,

Qui engendra Faribroth.

Qui engendra Hurtaly, qui fut beau mangeur de soupe, & qui régna du tems du déluge.

Qui engendra Happe-mouche, qui le premier inventa de fumer les langues de bœuf ;

Qui engendra Fout-ânon,

Qui engendra Vit-de-grain,
Qui engendra Grand-goufier,
Qui engendra Gargantua,
Qui engendra le noble Pantagruël mon maître.

On ne s'eſt jamais tant moqué de tous nos livres de théologie que dans le catalogue des livres que trouva *Pantagruël* dans la bibliothèque de St. Victor, c'eſt *biga ſalutis, braguetta juris, pantoufla decretorum*, la Couille-barine des preux, le Décret de l'univerſité de Paris ſur la gorge des filles; l'Apparition de *Gertrude* à une nonain en mal d'enfant, le Moutardier de pénitence, *Tartareus de modo cacandi*, l'Invention de Ste. Croix par les clercs de fineſſe, le Couillage des promoteurs, la Cornemuſe des prélats, la Profiterole des indulgences, *Utrum chimera in vacuo bombinans poſſit comedere ſecundas intentiones; quæſtio debatuta per decem hebdomadas in concilio Conſtantienſi;* les Brimborions des céléſtins, la Ratoire des théologiens, *Chacouillonis de magiſtro*, les Aiſes de la vie monachale, la Patenôtre du ſinge, les Gréſillons de dévotion, le Vicdaſe des abbés, &c.

Lorſque *Panurge* demande conſeil à frère *Jean des Entomures* pour ſavoir s'il ſe mariera & s'il ſera cocu, frère *Jean* récite ſes litanies. Ce ne ſont pas les litanies de la Vierge, ce font les litanies du c. c. mignon, co. moi-gnon, c. patté, co. laitté, &c. Cette plate prophanation n'eût pas été pardonnable à un laïque : mais dans un prêtre !

Après cela *Panurge* va consulter le théologal *Hipotadée*, qui lui dit qu'il sera cocu s'il plait à DIEU. *Pantagruel* va dans l'isle des Lanternois ; ces Lanternois font les ergoteurs théologiques qui commencèrent sous le règne de *Henri II* ces horribles disputes dont naquirent tant de guerres civiles.

L'isle de Tohu-Bohu, c'est-à-dire de la confusion, est l'Angleterre, qui changea quatre fois de religion depuis *Henri VIII*.

On voit assez que l'isle de Papefiguière désigne les hérétiques. On connait les papimanes ; ils donnent le nom de *Dieu* au pape. On demande à *Panurge* s'il est assez heureux pour avoir vu le St. Pere ; *Panurge* répond qu'il en a vu trois, & qu'il n'y a guères profité. La loi de *Moïse* est comparée à celle de *Cibèle*, de *Diane*, de *Numa* ; les décrétales sont appellées *décrotoires*. Panurge assure que s'étant torché le cul avec un feuillet des décrétales appellées *Clémentines*, il en eut des hémorroïdes longues d'un demi-pied.

On se moque des basses messes qu'on appelle *messes sèches*, & Panurge dit qu'il en voudrait une mouillée, pourvu que ce fût de bon vin. La confeſſion y eſt tournée en ridicule. *Pantagruel* va conſulter l'oracle de la Dive bouteille pour ſavoir s'il faut communier ſous les deux eſpèces & boire de bon vin après avoir mangé le pain ſacré. Epiſtémon s'écrie en chemin, *Vivat, fifat, pipat, bibat, c'eſt le ſecret de l'Apocalypſe*. Frère Jean des Entomures demande une charretée de filles pour ſe reconforter en cas qu'on lui refuſe la communion ſous les deux eſpèces. On rencontre des gaſtrolacs, c'eſt-à-dire, des poſſedés. *Gaſter* invente le moyen de n'être pas bleſſé par le canon ; c'eſt une raillerie contre tous les miracles.

Avant de trouver l'iſle où eſt l'oracle de la Dive bouteille, ils abordent à l'iſle Sonnante, où ſont cagots, clergots, monagots, prétregots, abbégots, évégots, cardingots, & enfin le papegot qui eſt unique dans ſon eſpèce. Les cagots avaient conchié toute l'iſle Sonnante. Les capucingots étaient les animaux les plus puans & les plus maniaques de toute l'iſle.

La fable de l'âne & du cheval, la défenſe faite aux ânes de baudouiner dans l'écurie, & la liberté que ſe donnent les ânes de baudouiner pendant le tems de la foire, ſont des emblêmes aſſez intelligibles du célibat des prêtres, & des débauches qu'on leur imputait alors.

Les voyageurs *sont admis devant le papegot*. Panurge veut jetter *une pierre à un évégo* qui ronflait à la grand'messe, *Maître Editue* (c'est-à-dire maître sacristain) l'en empêche en lui disant, *Homme de bien, frappe, feris, tuë & meurtris tous rois, princes du monde en trahison, par venin ou autrement quand tu voudras, deniche des cieux les anges, de tout auras pardon du papegot : ces sacrés oiseaux ne touches.*

De l'isle Sonnante on va au royaume de Quintessence, ou Enteléchie; or Enteléchie c'est l'ame. Ce personnage inconnu, & dont on parle depuis qu'il y a des hommes, n'y est pas moins tourné en ridicule que le pape; mais les doutes sur l'existence de l'ame sont beaucoup plus enveloppés que les railleries sur la cour de Rome.

Les ordres mendians habitent l'isle des frères Fredons. Ils paraissent d'abord en procession. L'un d'eux ne répond qu'en monosyllabes à toutes les questions que *Panurge* fait sur leurs garces. Combien sont-elles ? *Vingt.* Combien en voudriez-vous ? *Cent.*

Le remuement des ...... quel est-il? *dru.*
Que disent-elles en ....? *mot.*
Vos .... quels sont-ils ? *grands.*
Quantesfois par jour? *Six.* Et de nuit? *Dix.*

Enfin l'on arrive à l'oracle de la Dive bouteille. La coutume alors dans l'églife était de préfenter de l'eau aux communians laïques pour faire paffer l'hoftie ; & c'eft encor l'ufage en Allemagne. Les réformateurs voulaient abfolument du vin pour figurer le fang de JESUS-CHRIST. L'églife romaine foutenait que le fang était dans le pain auffi-bien que les os & la chair. Cependant les prêtres catholiques buvaient du vin & ne voulaient pas que les féculiers en buffent. Il y avait dans l'ifle de l'oracle de la Dive bouteille une belle fontaine d'eau claire. Le grand-pontife *Bacbuc* en donna à boire aux pélerins en leur difant ces mots : „ Jadis ung capitaine juif,
„ docte & chevaleureux, conduifant fon peu-
„ ple par les déferts en extrème famine, im-
„ pétra des cieux la manne, laquelle leur
„ était de goût tel par imagination que pa-
„ ravant leur étaient réellement les viandes.
„ Ici de même beuvans de cette liqueur mi-
„ rifique fentirez goût de tel vin comme l'au-
„ rez imaginé. Or *imaginez*, & *beuvez*: ce
„ que nous feimes : puis s'écria *Panurge*,
„ difant ; Par-Dieu, c'eft ici vin de Baune,
„ meilleur que onques jamais je beus, ou je
„ me donne à nonante & feize diables. "

Le fameux doyen d'Irlande *Swift* a copié ce trait dans fon *Conte du tonneau*, ainfi que plufieurs autres : Mylord *Pierre* donne à *Martin* & à *Jean* fes frères un morceau de pain sec pour leur dîner, & veut leur faire ac croire que ce pain contient de bon bœuf, des perdrix, des chapons, avec d'excellent vin de Bourgogne.

Vous remarquerez que *Rabelais* dédia la partie de fon livre, qui contient cette fanglante fatyre de l'églife romaine, au cardinal *Odet de Châtillon*, qui n'avait pas encore levé le mafque, & ne s'était pas déclaré pour la religion proteftante. Son livre fut imprimé avec privilège ; & le privilège pour cette fatyre de la religion catholique fut accordé en faveur des ordures, dont on fefait en ce tems-là beaucoup plus de cas que des papegots, & des cardingots. Jamais ce livre n'a été défendu en France ; parce que tout y eft entaffé fous un tas d'extravagances qui n'ont jamais laiffé le loifir de démeler le véritable but de l'auteur.

On a peine à croire que le bouffon qui riait fi hautement de l'ancien & du nouveau Teftament était curé. Comment mourut-il ? en difant, *Je vais chercher un grand peut être.*

L'illuftre Mr. *LE DUCHAT* a chargé de notes pédantefques cet étrange ouvrage dont il s'eft fait quarante éditions. Obfervez que *Rabelais* vécut & mourut chéri, fêté, honoré ; & qu'on fit mourir dans les plus affreux fupplices, ceux qui préchaient la morale la plus pure.

SECTION SECONDE.

Des prédécesseurs de Rabelais *en Allemagne, & en Italie, & d'abord du livre intitulé* Litteræ virorum obscurorum.

On demande si avant *Rabelais* on avait écrit avec autant de licence. Nous répondons que probablement son modèle a été le recueil des lettres des *gens obscurs*, qui parut en Allemagne au commencement du seiziéme siécle : ce recueil est en latin ; mais il est écrit avec autant de naïveté, & de hardiesse que *Rabelais*. Voici une ancienne traduction d'un passage de la vingt-huitiéme lettre.

„ Il y a concordance entre les sacrés ca-
„ hiers, & les fables poëtiques, comme le
„ pourrez notter, du serpent *Python*, oc-
„ cis par *Apollon* comme le dit le psalmiste.
„ *Ce dragon qu'avez formé pour vous en gauf-*
„ *fer.* Saturne vieux père des Dieux qui
„ mange ses enfans est en Ezéchiel, lequel
„ dit, *Vos pères mangeront leurs enfans.* Diane
„ se pourmenant avec force vierges est la
„ bienheureuse vierge *Marie*, selon le psal-
„ miste, lequel dit, *Vierges viendront après*
„ *elle.* Calisto déflorée par Jupiter & retour-
„ nant au ciel est en Matthieu chap. XII. *Je*
„ *reviendrai dans la maison dont je suis sortie.*
„ Aglaure transmuée en pierre se trouve en

Sixiéme partie.		N

„ Job chap. XLII. Son *cœur s'endurcira comme
„ pierre*. Europe engroſſée par Jupiter eſt en
„ Salomon ; *Ecoute, fille, voi, & incline ton
„ oreille, car le roi t'a concupiſcée*. Ezéchiel
„ a prophétiſé d'Actéon qui vit la nudité de
„ Diane ; *Tu étais nuë, j'ai paſſé par-là,
„ & je t'ai vuë*. Les poetes ont écrit que
„ Bacchus eſt né deux fois, ce qui ſignifie
„ le Christ né *avant les ſiécles & dans le
„ ſiécle*. Sémélé qui nourrit Bacchus eſt le
„ prototype de la bienheureuſe vierge ; car
„ il eſt dit en Exode, *Prends cet enfant,
„ nourri-le-moi, & tu auras ſalaire*. "

Ces impiétés ſont encor moins voilées que celles de *Rabelais*.

C'eſt beaucoup que dans ce tems-là on commençât en Allemagne à ſe moquer de la magie. On trouve dans la lettre à maître *Acacius Lampirius* une raillerie aſſez forte ſur la conjuration qu'on employait pour ſe faire aimer des filles. Le ſecret conſiſtait à prendre un cheveu de la fille : on le plaçait d'abord dans ſon haut-de-chauſſe : on faiſait une confeſſion générale, & l'on feſait dire trois meſſes, pendant leſquelles on mettait le cheveu autour de ſon cou : on allumait un cierge béni au dernier évangile, & on prononçait cette formule : *O cierge ! je te conjure par la vertu du* Dieu *tout-puiſſant, par les neuf chœurs des anges, par la vertu goſdriene amène-moi icelle fille en chair & en os, afin que je la faboule à mon plaifir &c.*

Le latin macaronique dans lequel ces lettres font écrites, porte avec lui un ridicule qu'il est impoffible de rendre en français; il y a furtout une lettre de *Pierre de la Charité*, meffager de grammaire à Ortoouin, dont on ne peut traduire en français les équivoques latines: il s'agit de favoir fi le pape peut rendre phyfiquement légitime un enfant bâtard. Il y en a une autre de *Jean de Schwinfordt* maître-ès-arts, où l'on foutient que Jesus-Christ a été moine, *St. Pierre* prieur du couvent, *Judas Ifcariote* maître d'hôtel, & l'apôtre *Philippe* portier.

Jean Schelontzique raconte dans la lettre qui est fous fon nom, qu'il avait trouvé à Florence *Jacques Hoeftrat* (grande ruë), ci-devant inquifiteur: Je lui fis la révérence, dit-il, en lui ôtant mon chapeau, & je lui dis, Père, êtes-vous révérend, ou n'êtes-vous pas révérend? il me répondit: *Je fuis celui qui fuis*; je lui dis alors, Vous êtes maître *Jacques* de *Grande ruë*; Sacré char d'*Elie*, dis-je, comment diable êtes-vous à pied? c'est un fcandale; *celui qui eft* ne doit pas fe promener avec fes pieds en fange & en merde. Il me répondit, *ils font venus en chariots & fur chevaux, mais nous venons au nom du Seigneur.* Je lui dis, par le Seigneur il est grande pluie, & grand froid : il leva les mains au ciel en disant, *Rosée du ciel, tombez d'en-haut, & que les nuées du ciel pleuvent le juste.*

Il faut avouer que voilà précisément le stile de *Rabelais*. Et je ne doute pas qu'il n'ait eu sous les yeux ces lettres des *gens obscurs* lorsqu'il écrivait son *Gargantua*, & son *Pantagruël*.

Le conte de la femme qui ayant ouï dire que tous les bâtards étaient de grands-hommes, alla vîte sonner à la porte des cordeliers pour se faire faire un bâtard, est absolument dans le goût de notre maître *François*.

Les mêmes obscénités, & les mêmes scandales fourmillent dans ces deux singuliers livres.

Des anciennes facéties italiennes qui précédèrent Rabelais.

L'Italie dès le quatorziéme siécle avait produit plus d'un exemple de cette licence. Voyez seulement dans *Bocace* la confession de *Ser Ciapelleto* à l'article de la mort. Son confesseur l'interroge ; il lui demande s'il n'est jamais tombé dans le péché d'orgueil ; Ah ! mon père, dit le coquin, j'ai bien peur de m'être damné par un petit mouvement de complaisance en moi-même, en réfléchissant que j'ai gardé ma virginité toute ma vie.

Avez-vous été gourmand ? hélas oui , mon père, car outre les autres jours de jeûne ordonnés, j'ai toûjours jeûné au pain & à l'eau trois fois par femaine ; mais j'ai mangé mon pain quelquefois avec tant d'appétit & de délice, que ma gourmandife a fans doute déplu à Dieu. Et l'avarice, mon fils ? Hélas ! mon père, je fuis coupable du péché d'avarice, pour avoir quelquefois fait le commerce afin de donner tout mon gain aux pauvres. Vous êtes-vous mis quelquefois en colère ? Oh tant ! quand je voyais le fervice divin fi négligé & les pécheurs ne pas obferver les commandemens de Dieu, comme je me mettais en colère !

Enfuite *Ser Ciapelleto* s'accufe d'avoir fait balayer fa chambre un jour de dimanche ; le confeffeur le raffure & lui dit que Dieu lui pardonnera ; le pénitent fond en larmes, & lui dit que Dieu ne lui pardonnera jamais ; qu'il fe fouvient qu'à l'âge de deux ans il s'était dépité contre fa mère, que c'était un crime irrémiffible ; ma pauvre mère, dit-il, qui m'a porté neuf mois dans fon ventre le jour & la nuit, & qui me portait dans fes bras quand j'étais petit ! Non, Dieu ne me pardonnera jamais d'avoir été un fi méchant enfant !

Enfin, cette confeffion étant devenue publique, on fait un faint de *Ciapelleto*, qui avait été le plus grand fripon de fon tems.

Le chanoine *Luigi Pulci* est beaucoup plus licentieux dans son poëme du *Morgante*. Il commence ce poeme par oser tourner en ridicule les premiers versets de l'Evangile de *St. Jean*.

> *In principio era il Verbo appresso a Dio,*
> *Ed era Iddio il Verbo, e el Verbo lui,*
> *Questo era il principio al parer mio &c.*

J'ignore après tout, si c'est par naïveté, ou par impiété que le *Pulci* ayant mis l'Evangile à la tête de son poëme le finit par le *Salve Regina* ; mais soit puérilité, soit audace, cette liberté ne serait pas soufferte aujourd'hui. On condamnerait plus encore la réponse de *Morgante* à *Margutte* : ce *Margutte* demande à *Morgante* s'il est chrétien ou musulman.

> *E se gli crede in Cristo ó in Maometto.*
> *Respose allor Margutte, per dir tel tosto,*
> *Io non credo più al nero che al azurro ;*
> *Ma nel Cappone o lesso o voglia arrosto.*
>
> . . . . . .
>
> *Ma sopra tutto nel bon vino ho fede.*
>
> . . . .
>
> *Or queste son' tre virtu cardinale !*
> *La gola, il dado, e'l culo come io t'ho detto.*

Une chose bien étrange, c'est que presque tous les écrivains Italiens du quatorziéme, quinziéme & feiziéme fiécles ont très peu refpecté cette même religion dont leur patrie était le centre : plus ils voyaient de près les auguftes cérémonies de ce culte, & les premiers pontifes ; plus ils s'abandonnaient à une licence que la cour de Rome femblait alors autorifer par fon exemple. On pouvait leur appliquer ces vers du *Paftor fido*.

Il longo converfar genera noia,
E la noia il faftidio, e l'odio al fine.

Les libertés qu'ont prifes *Machiavel*, l'*Ariofte*, l'*Aretin*, l'archevêque de Bénévent *La Cafa*, le cardinal *Bembo*, *Pomponace*, *Cardan*, & tant d'autres favans, font affez connues. Les papes n'y fefaient nulle attention ; & pourvu qu'on achetât des indulgences & qu'on ne fe mêlât point du gouvernement, il était permis de tout dire. Les Italiens alors reffemblaient aux anciens Romains qui fe moquaient impunément de leurs Dieux ; mais qui ne troublèrent jamais le culte reçu. Nous citons tous ces fcandales en les déteftant ; & nous efpérons faire paffer dans l'efprit du lecteur judicieux les fentimens qui nous animent.

FRANÇOIS XAVIER.

IL ne ferait pas mal, de favoir quelque chofe de vrai concernant le célèbre *François Xavero*, que nous nommons *Xavier*, furnommé l'apôtre des Indes. Bien des gens s'imaginent encore qu'il établit le chriftianifme fur toute la côte méridionale de l'Inde, dans une vingtaine d'ifles, & furtout au Japon. Il n'y a pas trente ans qu'à peine était-il permis d'en douter dans l'Europe.

Les jéfuites n'ont fait nulle difficulté de le comparer à *St. Paul*. Ses voyages & fes miracles avaient été écrits en partie par *Turcelin* & *Orlandin*, par *Lucéna*, par *Bartoli*, tous jéfuites; mais très peu connus en France: moins on était informé des détails, plus fa réputation était grande.

Lorfque le jéfuite *Bouhours* compofa fon hiftoire, *Bouhours* paffait pour un très bel efprit, il vivait dans la meilleure compagnie de Paris; (je ne parle pas de la compagnie de Jefus,) mais de celle des gens du monde les plus diftingués par leur efprit & par leur favoir. Perfonne n'eut un ftile plus pur & plus éloigné de l'affectation: il fut même propofé dans l'académie françaife de paffer par deffus les règles de fon inftitution pour recevoir le père *Bouhours* dans son corps. *a*)

Il avait encore un plus grand avantage, celui du crédit de son ordre, qui alors par un prestige presque inconcevable gouvernait tous les princes catholiques.

La saine critique, il est vrai, commençait à s'établir ; mais ses progrès étaient lents : on se piquait alors en général de bien écrire plutôt que d'écrire des choses véritables.

Bouhours fit les vies de *St. Ignace*, & de *St. François Xavier*, sans presque s'attirer de reproches : à peine releva-t-on sa comparaison de *St. Ignace* avec *César*, & de *Xavier* avec *Alexandre* : ce trait passa pour une fleur de rhétorique.

J'ai vu au collège des jésuites de la rue St. Jacques un tableau de douze pieds de long sur douze de hauteur, qui représentait *Ignace & Xavier* montant au ciel chacun dans un char magnifique, attelé de quatre chevaux blancs ; le Père éternel en haut décoré d'une belle barbe blanche, qui lui pendait jusqu'à la ceinture : Jésus-Christ & la vierge *Marie* à ses côtés, le St. Esprit au dessous d'eux en forme de pigeon, & des anges joignant les mains & baissant la tête pour recevoir père *Ignace* & père *Xavier*.

a) Sa réputation de bon écrivain était si bien établie, que la Bruière dit dans ses caractères, *Capys croit ecrire comme Bouhours ou Rabutin.*

Si quelqu'un se fût moqué publiquement de ce tableau, le révérend père *La Chaise*, confesseur du roi, n'aurait pas manqué de faire donner une lettre de cachet au ricaneur sacrilège.

Il faut avouer que *François Xavier* est comparable à *Alexandre* en ce qu'ils allèrent tout deux aux Indes, comme *Ignace* ressemble à *César* pour avoir été en Gaule; mais *Xavier* vainqueur du démon, alla bien plus loin que le vainqueur de *Darius*. C'est un plaisir de le voir passer en qualité de convertisseur volontaire d'Espagne en France, de France à Rome, de Rome à Lisbonne, de Lisbonne au Mozambique après avoir fait le tour de l'Afrique; il reste longtems au Mozambique, où il reçoit de DIEU le don de prophétie: ensuite il passe à Mélinde, & dispute

Tom. I
pag 86.
sur l'Alcoran avec les mahométans, qui entendent sans doute sa langue, aussi bien qu'il entend la leur; il trouve même des Caciques, quoiqu'il n'y en ait qu'en Amérique. Le vaisseau portugais arrive à l'isle Zocotora, qui est sans contredit celle des Amazones; il y convertit tous les insulaires, il y bâtit une église: de là il arrive à Goa, il y voit une

Pag. 92.
colonne sur laquelle *St. Thomas* avait gravé qu'un jour *St. Xavier* viendrait rétablir la religion chrétienne qui avait fleuri autrefois dans l'Inde. *Xavier* lut parfaitement les anciens caractères soit hébreux, soit indiens

dans lesquels cette prophétie était écrite. Il prend aussi-tôt une clochette, assemble tous les petits garçons autour de lui, leur explique le *Credo* & les batise. Son grand plaisir surtout était de marier les Indiens avec leurs maîtresses.

Tom. I. Pag. 102.

On le voit courir de Goa au cap Comorin, à la côte de la Pêcherie, au royaume de Travancor ; dès qu'il est arrivé dans un pays, son plus grand soin est de le quitter : il s'embarque sur le premier vaisseau portugais qu'il trouve, vers quelque endroit que ce vaisseau dirige sa route il n'importe à *Xavier* : pourvu qu'il voyage il est content : on le reçoit par charité, il retourne deux ou trois fois à Goa, à Cochin, à Cori, à Negapatan, à Méliapour. Un vaisseau part pour Malaca, voilà *Xavier* qui court à Malaca avec le désespoir dans le cœur de n'avoir pu voir Siam, Pégu & le Tonquin.

Vous le voyez dans l'isle de Sumatra, à Borneo, à Macassar, dans les isles Moluques, & surtout à Ternate & à Amboyne. Le roi de Ternate avait dans son immense serrail cent femmes en qualité d'épouses, & sept ou huit cent concubines. La première chose que fait *Xavier* est de les chasser toutes. Vous remarquerez d'ailleurs que l'isle de Ternate n'a que deux lieues de diamètre.

De là trouvant un autre vaisseau portugais qui part pour l'isle de Ceylan, il retourne à

Ceylan, il fait plufieurs tours de Ceylan à Goa & à Cochin. Les Portugais trafiquaient déja au Japon. Un vaiffeau part pour ce pays. *Xavier* ne manque pas de s'y embarquer, il parcourt toutes les ifles du Japon.

Enfin, dit le jéfuite *Bouhours*, fi on mettait bout à bout toutes les courfes de *Xavier*, il y aurait de quoi faire plufieurs fois le tour de la terre.

Obfervez qu'il était parti pour fes voyages en 1542, & qu'il mourut en 1552. S'il eut le tems d'apprendre toutes les langues des nations qu'il parcourut, c'eft un beau miracle. S'il avait le don des langues, c'eft un plus grand miracle encore. Mais malheureufement dans plufieurs de fes lettres il dit qu'il eft obligé de fe fervir d'interprète, & dans d'autres il avoue qu'il a une difficulté extrême à apprendre la langue japonaife qu'il ne faurait prononcer.

Le jéfuite *Bouhours*, en rapportant quelques-unes de fes lettres, ne fait aucun doute que St. François Xavier *n'eût le don des langues*; mais il avoue *qu'il ne l'avait pas toûjours. Il l'avait*, dit-il, *dans plufieurs occafions; car fans jamais avoir appris la langue chinoife, il prêchait tous les matins en chinois dans Amanguchi*, (qui eft la capitale d'une province du Japon.)

Il faut bien qu'il fût parfaitement toutes les langues de l'orient ; puis qu'il fefait des

Tom. II. pag. 59.

chanſons dans ces langues, & qu'il mit en chanſon le *Pater*, l'*Ave Maria* & le *Credo* pour l'inſtruction des petits garçons, & des petites filles. [Tom. II, pag. 317.]

Ce qu'il y a de plus beau, c'eſt que cet homme qui avait beſoin de truchement, parlait toutes les langues à la fois comme les apôtres : & lorſqu'il parlait portugais, langue dans laquelle *Bouhours* avoue que le ſaint s'expliquait fort mal, les Indiens, les Chinois, les Japonois, les habitans de Ceylan, de Sumatra, l'entendaient parfaitement. [Pag. 56.]

Un jour, ſurtout, qu'il parlait ſur l'immortalité de l'ame, le mouvement des planètes, les éclipſes de ſoleil & de lune, l'arc-en-ciel, le péché & la grace, le paradis & l'enfer, il ſe fit entendre à vingt perſonnes de nations différentes.

On demande comment un tel homme put faire tant de converſions au Japon ? Il faut répondre ſimplement qu'il n'en fit point ; mais que d'autres jéſuites qui reſtèrent longtems dans le pays à la faveur des traités entre les rois de Portugal & les empereurs du Japon, convertirent tant de monde, qu'enfin il y eut une guerre civile, qui coûta la vie (à ce que l'on prétend) à près de quatre cent mille hommes. C'eſt là le prodige le plus connu que les miſſionnaires ayent opéré au Japon.

206 FRANÇOIS XAVIER.

Mais ceux de *François Xavier* ne laiſſent pas d'avoir leur mérite.

Nous comptons dans la foule de ſes miracles huit enfans reſſuſcités.

Tom. II. pag. 313. *Le plus grand miracle de Xavier*, dit le jéſuite Bouhours, *n'était pas d'avoir reſſuſcité tant de morts ; mais de n'être pas mort lui-même de fatigue.*

Mais le plus plaiſant de ſes miracles eſt, qu'ayant laiſſé tomber ſon crucifix dans la mer près l'iſle de Baranura, ou que je croirais plutôt l'iſle de Barataria, un cancre vint le lui rapporter entre ſes pattes au bout de vingt-quatre heures.

Pag. 237.

Le plus brillant de tous, & après lequel il ne faut jamais parler d'aucun autre, c'eſt que dans une tempête qui dura trois jours, il fut conſtamment à la fois dans deux vaiſſeaux a cent cinquante lieues l'un de l'autre, & ſervit à l'un des deux de pilote ; & ce miracle fut avéré par tous les paſſagers qui ne pouvaient être ni trompés, ni trompeurs.

Pag. 157.

C'eſt là pourtant ce qu'on a écrit ſérieuſement & avec ſuccès dans le ſiécle de *Louis XIV*, dans le ſiécle des *Lettres provinciales*, des tragédies de *Racine*, du dictionnaire de *Bayle*, & de tant d'autres ſavans ouvrages.

Ce ſerait une eſpece de miracle qu'un homme d'eſprit tel que *Bouhours* eût fait imprimer tant d'extravagances, si on ne savait à quel excès l'esprit de corps, & surtout l'esprit monacal emportent les hommes : nous avons plus de deux cent volumes entiérement dans ce goût compilés par des moines ; mais ce qu'il y a de pis, c'est que les ennemis des moines en font autant de leur côté.

Il serait très difficile de juger entre les miracles de St François Xavier, Don Quichotte, le Roman comique, & les convulsionnaires de St. Médard.

Après avoir parlé de *François Xavier*, il serait inutile de discuter l'histoire des autres *François* : si vous voulez vous instruire à fonds, lisez les *Conformités* de St. François d'Assise.

Depuis la belle histoire de *St. François Xavier*, par le jésuite *Bouhours*, nous avons eu l'histoire de *St. François Régis*, par le jésuite *d'Aubenton*, confesseur de *Philippe V* roi d'Espagne ; mais c'est de la piquette après de l'eau-de-vie ; il n'y a pas seulement un mort ressuscité dans l'histoire du bienheureux *Régis*. (Voyez *St. Ignace*.)

FRAUDE.

S'il faut user de fraudes pieuses avec le peuple ?

On a déja imprimé plusieurs fois cet article, mais il est ici beaucoup plus correct.

LE faquir *Bambabef* rencontra un jour un des disciples de *Confutzée*, que nous nommons *Confucius*, & ce disciple s'appellait *Ouang*; & *Bambabef* soutenait que le peuple a besoin d'être trompé, & *Ouang* prétendait qu'il ne faut jamais tromper personne; & voici le précis de leur dispute.

BAMBABEF.

Il faut imiter l'Etre suprême, qui ne nous montre pas les choses telles qu'elles sont; il nous fait voir le soleil sous un diamètre de deux ou trois pieds, quoique cet astre soit un million de fois plus gros que la terre; il nous fait voir la lune & les étoiles attachées sur un même fonds bleu, tandis qu'elles sont à des distances différentes. Il veut qu'une tour quarrée nous paraisse ronde de loin; il veut que le feu nous paraisse chaud, quoiqu'il ne soit ni chaud ni froid; enfin il nous environne d'erreurs convenables à notre nature.

OUANG.

OUANG.

Ce que vous nommez erreur n'en eſt point une. Le ſoleil tel qu'il eſt placé à des millions de millions de lis *a*) au delà de notre globe, n'eſt pas celui que nous voyons. Nous n'appercevons réellement, & nous ne pouvons appercevoir que le ſoleil qui ſe peint dans notre rétine, ſous un angle déterminé. Nos yeux ne nous ont point été donnés pour connaître les groſſeurs & les diſtances, il faut d'autres ſecours & d'autres opérations pour les connaître.

Bambabef parut fort étonné de ce propos. *Ouang* qui était très patient lui expliqua la théorie de l'optique ; & *Bambabef* qui avait de la conception, ſe rendit aux démonſtrations du diſciple de *Confutzée*; puis il reprit la diſpute en ces termes.

BAMBABEF.

Si DIEU ne nous trompe pas par le miniſtère de nos ſens, comme je le croyais, avouez au moins que les médecins trompent toûjours les enfans pour leur bien ; ils leur diſent qu'ils leur donnent du ſucre, & en effet ils leur donnent de la rhubarbe. Je peux donc moi, faquir, tromper le peuple qui eſt auſſi ignorant que les enfans.

a) Un li eſt de 124 pas.

Sixième partie.   O

OUANG.

J'ai deux fils, je ne les ai jamais trompés; je leur ai dit quand ils ont été malades, voilà une médecine très amère, il faut avoir le courage de la prendre; elle vous nuirait si elle était douce; je n'ai jamais souffert que leurs gouvernantes & leurs précepteurs leur fissent peur des esprits, des revenans, des lutins, des sorciers; par-là j'en ai fait de jeunes citoyens courageux & sages.

BAMBABEF.

Le peuple n'est pas né si heureusement que votre famille.

OUANG.

Tous les hommes se ressemblent à-peu-près; ils sont nés avec les mêmes dispositions. Il ne faut pas corrompre la nature des hommes.

BAMBABEF.

Nous leur enseignons des erreurs, je l'avoue, mais c'est pour leur bien. Nous leur faisons accroire que s'ils n'achètent pas de nos clous bénis, s'ils n'expient pas leurs péchés en nous donnant de l'argent, ils deviendront dans une autre vie, chevaux de poste, chiens, ou lézards. Cela les intimide, & ils deviennent gens bien.

Ouang.

Ne voyez-vous pas que vous pervertissez ces pauvres gens ? Il y en a parmi eux bien plus qu'on ne pense, qui raisonnent, qui se moquent de vos miracles, de vos superstitions, qui voyent fort bien qu'ils ne seront changés ni en lézards ni en chevaux de poste. Qu'arrive-t-il ? Ils ont assez de bon sens pour voir que vous leur dites des choses impertinentes, & ils n'en ont pas assez pour s'élever vers une religion pure, & dégagée de superstition, telle que la nôtre. Leurs passions leur font croire qu'il n'y a point de religion, parce que la seule qu'on leur enseigne est ridicule ; vous devenez coupables de tous les vices dans lesquels ils se plongent.

Bambabef.

Point du tout, car nous ne leur enseignons qu'une bonne morale.

Ouang.

Vous vous feriez lapider par le peuple, si vous enseigniez une morale impure. Les hommes sont faits de façon, qu'ils veulent bien commettre le mal, mais ils ne veulent pas qu'on le leur prêche. Il faudrait seulement ne point mêler une morale sage avec des fables absurdes, parce que vous affaiblissez par vos impostures, dont vous pourriez vous paſſer, cette morale que vous êtes forcés d'enſeigner.

BAMBABEF.

Quoi ! vous croyez qu'on peut enſeigner la vérité au peuple ſans la ſoutenir par des fables?

OUANG.

Je le crois fermement. Nos lettrés ſont de la même pâte que nos tailleurs, nos tiſſerands, & nos laboureurs. Ils adorent un DIEU créateur, rémunérateur, & vengeur. Ils ne ſouillent leur culte, ni par des ſyſtèmes abſurdes, ni par des cérémonies extravagantes, & il y a bien moins de crimes parmi les lettrés que parmi le peuple. Pourquoi ne pas daigner inſtruire nos ouvriers comme nous inſtruiſons nos lettrés ?

BAMBABEF.

Vous feriez une grande ſottiſe ; c'eſt comme ſi vous vouliez qu'ils euſſent la même politeſſe, qu'ils fuſſent juriſconſultes ; cela n'eſt ni poſſible ni convenable. Il faut du pain blanc pour les maîtres, & du pain bis pour les domeſtiques.

OUANG.

J'avoue que tous les hommes ne doivent pas avoir la même ſcience ; mais il y a des choſes néceſſaires à tous. Il eſt néceſſaire que chacun soit juste ; & la plus sûre manière d'inspirer la justice à tous les hommes, c'est de leur inspirer la religion sans superstition.

BAMBABEF.

C'est un beau projet ; mais il est impraticable. Pensez-vous qu'il suffise aux hommes de croire un DIEU qui punit & qui récompense ? Vous m'avez dit qu'il arrive souvent que les plus déliés d'entre le peuple se révoltent contre mes fables ; ils se révolteront de même contre votre vérité ; ils diront : Qui m'assurera que DIEU punit & récompense ? où en est la preuve ? Quelle mission avez-vous ? Quel miracle avez-vous fait pour que je vous croye ? Ils se moqueront de vous bien plus que de moi.

OUANG.

Voilà où est votre erreur. Vous vous imaginez qu'on secouera le joug d'une idée honnête, vraisemblable, utile à tout le monde, d'une idée dont la raison humaine est d'accord, parce qu'on rejette des choses malhonnêtes, absurdes, inutiles, dangereuses, qui font frémir le bon sens ?

Le peuple est très disposé à croire ses magistrats : quand ses magistrats ne leur proposent qu'une créance raisonnable, ils l'embrassent volontiers. On n'a point besoin de prodiges pour croire un Dieu juste, qui lit dans le cœur de l'homme ; cette idée est trop naturelle, trop nécessaire pour être combattue. Il n'est pas nécessaire de dire précisément comment Dieu punira & récompensera ; il suffit qu'on croye à sa justice. Je vous assure que j'ai vu des villes entières qui n'avaient presque point d'autres dogmes, & que ce sont celles où j'ai vu le plus de vertu.

BAMBABEF.

Prenez garde ; vous trouverez dans ces villes des philosophes qui vous nieront & les peines & les récompenses.

OUANG.

Vous m'avouerez que ces philosophes nieront bien plus fortement vos inventions ; ainsi vous ne gagnez rien par-là. Quand il y aurait des philosophes qui ne conviendraient pas de mes principes, ils n'en seraient pas moins gens de bien ; ils n'en cultiveraient pas moins la vertu, qui doit être embrassée par amour, & non par crainte. Mais, de plus, je vous soutiens qu'aucun philosophe ne serait jamais assuré que la providence ne réserve pas des peines aux méchans & des récompenses aux bons. Car s'ils me demandent qui m'a dit que Dieu punit ? je leur demanderai qui leur a dit que Dieu ne punit pas ? Enfin, je vous soutiens que les philosophes m'aideront, loin de me contredire. Voulez-vous être philosophe ?

BAMBABEF.

Volontiers ; mais ne le dites pas aux faquirs. Songeons furtout qu'un philosophe doit annoncer un DIEU s'il veut être utile à la société humaine.

GÉNÉRATION.

JE dirai comment s'opère la génération quand on m'aura enseigné comment DIEU s'y est pris pour la création.

Mais toute l'antiquité, me dites-vous, tous les philosophes, tous les cosmogonites sans exception, ont ignoré la création proprement dite. Faire quelque chose de rien a paru une contradiction à tous les penseurs anciens. L'axiome, *rien ne vient de rien*, a été le fondement de toute philosophie. Et nous demandons au contraire comment quelque chose peut en produire une autre ?

Je vous réponds qu'il m'est aussi impossible de voir clairement comment un être vient d'un autre être, que de comprendre comment il est arrivé du néant.

Je vois bien qu'une plante, un animal engendre son semblable; mais telle est notre destinée que nous savons parfaitement comment on tue un homme, & que nous ignorons comment on le fait naître.

Nul animal, nul végétal ne peut se former sans germe, autrement une carpe pourait naître sur un if, & un lapin au fond d'une rivière, sauf à y périr.

Vous voyez un gland, vous le jettez en terre; il devient chêne. Mais savez-vous ce qu'il faudrait pour que vous sussiez comment ce germe se développe & se change en chêne ? il faudrait que vous fussiez Dieu.

Vous cherchez le mystère de la génération de l'homme; dites-moi d'abord seulement le mystère qui lui donne des cheveux & des ongles; dites-moi comment il remue le petit doigt quand il le veut ?

Vous reprochez à mon système que c'est celui d'un grand ignorant. J'en conviens. Mais je vous répondrai ce que dit l'évêque d'Aire *Montmorin* à quelques-uns de ses confrères. Il avait eu deux enfans de son mariage avant d'entrer dans les ordres, il les présenta, & on rit. *Messieurs*, dit-il, *la différence entre nous, c'est que j'avoue les miens*.

Si vous voulez quelque chose de plus sur la génération & sur les germes, lisez, ou relisez ce que j'ai lu autrefois dans une de ces petites brochures qui se perdent quand elles ne sont pas enchâssées dans des volumes d'une taille un peu plus fournie.

ENTRETIEN D'UN JEUNE MARIÉ FORT NAIF, ET D'UN PHILOSOPHE.

LE JEUNE MARIÉ.

Monsieur, dites-moi, je vous prie, si ma femme me donnera un garçon ou une fille?

LE PHILOSOPHE.

Monsieur, les sages-femmes & les femmes de chambre disent quelquefois qu'elles le savent; mais les philosophes avouent qu'ils n'en savent rien.

LE JEUNE MARIÉ.

Je crois que ma femme n'est grosse que depuis huit jours; dites-moi du moins si mon enfant a déja une ame?

LE PHILOSOPHE.

Ce n'est pas là l'affaire des géomètres; adressez-vous au théologien du coin.

LE JEUNE MARIÉ.

Refuserez-vous de me dire en quel endroit il est placé?

LE PHILOSOPHE.

Dans une petite poche qui s'élargit tous les

jours, & qui eft jufte entre l'inteftin rectum & la veffie.

LE JEUNE MARIÉ.

O Dieu paternel ! l'ame de mon fils entre de l'urine & quelque chofe de pis ! quelle auberge pour l'être penfant, & cela pendant neuf mois !

LE PHILOSOPHE.

Oui, mon cher voifin ; l'ame d'un pape n'a point eu d'autre berceau ; & cependant on fe donne des airs & on fait le fier.

LE JEUNE MARIÉ.

Je fens bien qu'il n'y a point d'animal qui doive être moins fier que l'homme. Mais comme je vous ai déja dit que j'étais très curieux, je voudrais favoir comment dans cette poche un peu de liqueur devient une groffe maffe de chair fi bien organifée. En un mot, vous qui êtes fi favant, ne pouriez-vous point me dire comment les enfans fe font ?

LE PHILOSOPHE.

Non, mon ami ; mais fi vous voulez je vous dirai ce que les médecins ont imaginé, c'eft-à-dire, comment les enfans ne fe font point.

Premiérement *Hippocrate* écrit que les deux véhicules fluides de l'homme & de la femme, s'élancent & s'unissent ensemble, & que dans le moment l'enfant est conçu par cette union.

Le révérend père *Sanchez*, le docteur de l'Espagne, est entiérement de l'avis d'*Hippocrate*; & il en a même fait un fort plaisant article de théologie, que tous les Espagnols ont cru fermement, jusqu'à ce que tous les jésuites ayent été renvoyés du pays.

LE JEUNE MARIÉ.

Je suis assez content d'*Hippocrate* & de *Sanchez*. Ma femme a rempli, ou je suis bien trompé, toutes les conditions imposées par ces grands-hommes, pour former un enfant, & pour lui donner une ame.

LE PHILOSOPHE.

Malheureusement il y a beaucoup de femmes qui ne répandent aucune liqueur, mais qui ne reçoivent qu'avec aversion les embrassemens de leurs maris, & qui cependant en ont des enfans. Cela seul décide contre *Hippocrate* & *Sanchez*.

De plus, il y a très grande apparence que la nature agit toûjours dans les mêmes cas suivant les mêmes principes : or, il y a beaucoup d'espèces d'animaux qui engendrent sans copulation, comme les poissons écaillés, les huîtres, les pucerons. Il a donc falu que les physiciens cherchassent une mécanique de génération qui convînt à tous les animaux.

Le célèbre *Harvey*, qui le premier démontra la circulation, & qui était digne de découvrir le secret de la nature, crut l'avoir trouvé dans les poules : elles pondent des œufs ; il jugea que les femmes pondaient aussi. Les mauvais plaisans dirent que c'est pour cela que les bourgeois, & même quelques gens de cour, appellent leur femme ou leur maîtresse *ma poule*, & qu'on dit que toutes les femmes sont coquettes parce qu'elles voudraient que leurs coqs les trouvassent belles. Malgré ces railleries *Harvey* ne changea point d'avis, & il fut établi dans toute l'Europe que nous venons d'un œuf.

LE JEUNE MARIÉ.

Mais, monsieur, vous m'avez dit que la nature est toûjours semblable à elle-même, qu'elle agit toûjours par le même principe dans le même cas ; les femmes, les jumens, les ânesses, les anguilles ne pondent point. Vous vous moquez de moi.

LE PHILOSOPHE.

Elles ne pondent point en dehors, mais elles pondent en dedans ; elles ont des ovaires comme tous les oiseaux ; les jumens, les anguilles en ont aussi. Un œuf se détache de l'ovaire, il est couvé dans la matrice. Voyez tous les poissons écaillés, les grenouilles, ils jettent des œufs que le mâle féconde. Les baleines & les autres animaux marins de cette espèce, font éclore leurs œufs dans leur matrice. Les mites, les teignes, les plus vils insectes sont visiblement formés d'un œuf. Tout vient d'un œuf : & notre globe est un grand œuf qui contient tous les autres.

LE JEUNE MARIÉ.

Mais vraiment ce système porte tous les caractères de la vérité; il est simple, il est uniforme, il est démontré aux yeux dans plus de la moitié des animaux; j'en suis fort content, je n'en veux point d'autre; les œufs de ma femme me sont fort chers.

LE PHILOSOPHE.

On s'est lassé à la longue de ce système; on a fait les enfans d'une autre façon.

LE JEUNE MARIÉ.

Et pourquoi, puisque celle-là est si naturelle ?

LE PHILOSOPHE.

C'est qu'on a prétendu que nos femmes n'ont point d'ovaire, mais seulement de petites glandes.

LE JEUNE MARIÉ.

Je soupçonne que des gens qui avaient un autre système à débiter, ont voulu décréditer les œufs.

LE PHILOSOPHE.

Cela pourait bien être. Deux Hollandais s'avisèrent d'examiner la liqueur séminale au microscope, celle de l'homme, celle de plusieurs animaux; & ils crurent y appercevoir des animaux déja tout formés, qui couraient avec une vitesse inconcevable. Ils en virent même dans le fluide séminal du coq. Alors on jugea que les mâles fesaient tout & les femelles rien ; elles ne servirent plus qu'à porter le trésor que le mâle leur avait confié.

LE JEUNE MARIÉ.

Voilà qui est bien étrange. J'ai quelques doutes sur tous ces petits animaux qui frétillent si prodigieusement dans une liqueur pour être ensuite immobiles dans les œufs des oiseaux, & pour être non moins immobiles pendant neuf mois (à quelques culebutes près) dans le ventre de la femme ; cela ne me parait pas conséquent. Ce n'est pas (autant que j'en puis juger) la marche de la nature. Comment sont faits, s'il vous plait, ces petits hommes qui sont si bons nageurs dans la liqueur dont vous me parlez ?

LE PHILOSOPHE.

Comme des vermisseaux. Il y avait surtout un médecin nommé *Andri* qui voyait des vers partout, & qui voulait absolument détruire le système d'*Harvey*. Il aurait s'il l'avait pu, anéanti la circulation du sang, parce qu'un autre l'avait découverte. Enfin, deux Hollandais & Mr. *Andri*, à force de tomber dans le péché d'*Onam*, & de voir les choses au microscope, réduisirent l'homme à être chenille. Nous sommes d'abord un ver comme elle ; delà dans notre enveloppe nous devenons comme elle pendant neuf mois une vraie crisalide, que les paysans appellent *fève*. Ensuite, si la chenille devient papillon, nous devenons hommes ; voilà nos métamorphoses.

LE JEUNE MARIÉ.

Eh bien ! s'en est-on tenu là ? n'y a-t-il point eu depuis de nouvelle mode ?

LE PHILOSOPHE.

On s'est dégoûté d'être chenille. Un philosophe extrêmement plaisant a découvert dans une Vénus physique que l'attraction fesait les enfans : & voici comment la chose s'opère. Le germe étant tombé dans la matrice, l'œil droit attire l'œil gauche, qui arrive pour s'unir à lui en qualité d'œil ; mais il en est empêché par le nez qu'il rencontre en chemin, & qui l'oblige de se placer à gauche. Il en est de même des bras, des cuisses & des jambes qui tiennent aux cuisses. Il est difficile d'expliquer dans cette hypothèse la situation des mammelles & des fesses. Ce grand philosophe n'admet aucun dessein de l'Etre créateur dans la formation des animaux. Il est bien loin de croire que le cœur soit fait pour recevoir le sang & pour le chasser, l'estomac pour digérer, les yeux pour voir, les oreilles pour entendre ; cela lui paraît trop vulgaire, tout se fait par attraction.

LE JEUNE MARIÉ.

Voilà un maître fou. Je me flatte que personne n'a pu adopter une idée aussi extravagante.

LE PHILOSOPHE.

On en rit beaucoup ; mais ce qu'il y eut de triste, c'est que cet insensé ressemblait aux théologiens, qui persécutent autant qu'ils le peuvent ceux qu'ils font rire.

D'autres philosophes ont imaginé d'autres manières qui n'ont pas fait une plus grande fortune ; ce n'est plus le bras qui va chercher le bras ; ce n'est plus la cuisse qui court après la cuisse ; ce sont de petites molécules, de petites particules de bras & de cuisse qui se placent les unes sur les autres. On sera peut-être enfin obligé d'en revenir aux œufs, après avoir perdu bien du tems.

LE JEUNE MARIÉ.

J'en suis ravi : mais quel a été le résultat de toutes ces disputes ?

LE PHI-

GÉNÉRATION.

LE PHILOSOPHE.

Le doute. Si la question avait été débattue entre des théologaux, il y aurait eu des excommunications & du sang répandu; mais entre des physiciens la paix est bientôt faite; chacun a couché avec sa femme sans penser le moins du monde à son ovaire, ni à ses trompes de fallope. Les femmes sont devenues grosses ou enceintes, sans demander seulement comment ce mystère s'opère. C'est ainsi que vous semez du bled, & que vous ignorez comment le bled germe en terre.

LE JEUNE MARIÉ.

Oh! je le sais bien; on me l'a dit il y a longtems; c'est par pourriture. Cependant il me prend quelquefois des envies de rire de tout ce qu'on m'a dit.

LE PHILOSOPHE.

C'est une fort bonne envie. Je vous conseille de douter de tout, excepté que les triangles d'un triangle sont égaux à deux droits, & que les triangles qui ont même base & même hauteur sont égaux entre eux, ou autres propositions pareilles, comme par exemple que deux & deux font quatre.

LE JEUNE MARIÉ.

Oui, je crois qu'il est fort sage de douter; mais je sens que je suis curieux. Je voudrais,

Sixième partie. P

quand ma volonté remue mon bras ou ma jambe, découvrir le reſſort par lequel ma volonté les remue; car ſûrement il y en a une. Je ſuis quelquefois tout étonné de pouvoir lever & baiſſer mes yeux, & de ne pouvoir dreſſer mes oreilles. Je penſe, & je voudrais connaitre un peu.... là.. toucher au doigt ma penſée. Cela doit être fort curieux. Je cherche ſi je penſe par moi-même, ſi Dieu me donne mes idées, ſi mon ame eſt venue dans mon corps à ſix ſemaines ou à un jour, comment elle s'eſt logée dans mon cerveau; ſi je penſe beaucoup quand je dors profondément, & quand je ſuis en létargie. Je me creuſe la cervelle pour ſavoir comment un corps en pouſſe un autre. Mes ſenſations ne m'étonnent pas moins; j'y trouve du divin, & ſurtout dans le plaiſir. J'ai fait quelquefois mes efforts pour imaginer un nouveau ſens, & je n'ai jamais pu y parvenir. Les géomètres ſavent toutes ces choſes; ayez la bonté de m'inſtruire.

LE PHILOSOPHE.

Hélas! Nous ſommes auſſi ignorans que vous; adreſſez-vous à la Sorbonne.

ÉTATS GÉNÉRAUX.

IL y en a toûjours eu dans l'Europe, & probablement dans toute la terre, tant il est naturel d'assembler la famille, pour connaitre ses intérèts & pourvoir à ses besoins. Les Tartares avaient leur *Cour-ilté*. Les Germains, selon *Tacite*, s'assemblaient pour délibérer. Les Saxons & les peuples du nord eurent leur *Wittenagemot*. Tout fut états généraux dans les républiques grecques & romaines.

Nous n'en voyons point chez les Egyptiens, chez les Perses, chez les Chinois, parce que nous n'avons que des fragmens fort imparfaits de leurs histoires ; nous ne les connaissons guères que depuis le tems où leurs rois furent absolus, ou du moins depuis le tems où ils n'avaient que les prêtres pour contrepoids de leur autorité.

Quand les comices furent abolis à Rome, les gardes prétoriennes prirent leur place ; des soldats insolens, avides, barbares & lâches furent la république. *Septime Severe* les vainquit & les cassa.

Les états généraux de l'empire Ottoman sont les janissaires & les spahis ; dans Alger & dans Tunis c'est la milice.

Le plus grand, & le plus singulier exemple de ces états généraux est la diète de Ratisbonne qui dure depuis cent ans, où siégent continuellement les représentans de l'empire, les ministres des électeurs, des princes, des comtes, des prélats & des villes impériales, lesquelles sont au nombre de trente-sept.

Les seconds états généraux de l'Europe sont ceux de la Grande-Bretagne. Ils ne sont pas toûjours assemblés comme la diète de Ratisbonne, mais ils sont devenus si nécessaires que le roi les convoque tous les ans.

La chambre des communes répond précisément aux députés des villes reçus dans la diète de l'empire ; mais elle est en beaucoup plus grand nombre, & jouit d'un pouvoir bien supérieur. C'est proprement la nation. Les pairs & les évèques ne sont en parlement que pour eux, & la chambre des communes y est pour tout le pays. Ce parlement d'Angleterre n'est autre chose qu'une imitation perfectionnée de quelques états généraux de France.

En 1355, sous le roi *Jean*, les trois états furent assemblés à Paris pour secourir le roi *Jean* contre les Anglais. Ils lui accordèrent une somme considérable, à cinq livres cinq sous le marc, de peur que le roi n'en changeât la valeur numéraire. Ils réglèrent l'impôt nécessaire pour recueillir cet argent ; &

ils établirent neuf commiſſaires pour préſider à la recette. Le roi promit pour lui & pour ſes ſucceſſeurs de ne faire dans l'avenir aucun changement dans la monnoie.

Qu'eſt-ce que promettre pour ſoi & pour ſes héritiers ? ou c'eſt ne rien promettre, ou c'eſt dire, ni moi, ni mes héritiers n'avons le droit d'altérer la monnoie, nous ſommes dans l'impuiſſance de faire le mal.

Avec cet argent qui fut bientôt levé, on forma aiſément une armée, qui n'empêcha pas le roi *Jean* d'être fait priſonnier à la bataille de Poitiers.

On devait rendre compte aux états au bout de l'année de l'emploi de la ſomme accordée. C'eſt ainſi qu'on en uſe aujourd'hui en Angleterre avec la chambre des communes. La nation Angloiſe a conſervé tout ce que la nation Françaiſe a perdu.

Les états généraux de Suède ont une coutume plus honorable encor à l'humanité, & qui ne ſe trouve chez aucun peuple. Ils admettent dans leurs aſſemblées deux cent payſans qui font un corps ſéparé des trois autres, & qui ſoutiennent la liberté de ceux qui travaillent à nourrir les hommes.

Les états généraux de Dannemarck prirent une réſolution toute contraire en 1660 ; ils ſe dépouillèrent de tous leurs droits en faveur du roi. Ils lui donnèrent un pouvoir abſolu & illimité. Mais ce qui eſt plus étrange, c'est qu'ils ne s'en font point repentis juſ-qu'à préſent.

Les états généraux en France n'ont point été aſſemblés depuis 1613, & les *Cortez* d'Eſpagne ont duré cent ans après. On les aſſembla encor en 1712 pour confirmer la renonciation de *Philippe V* à la couronne de France. Ces états généraux n'ont point été convoqués depuis ce tems.

GENÈSE.

L'Ecrivain ſacré s'étant conformé aux idées reçues, & n'ayant pas dû s'en écarter, puiſque ſans cette condeſcendance il n'aurait pas été entendu, il ne nous reſte que quelques remarques à faire ſur la phyſique de ces tems reculés ; car pour la théologie nous la reſpectons ; nous y croyons & nous n'y touchons jamais.

Au commencement DIEU *créa le ciel & la terre.*

C'eſt ainſi qu'on a traduit ; mais la traduction n'eſt pas exacte. Il n'y a pas d'homme un peu inſtruit qui ne ſache que le texte porte, *Au commencement les Dieux firent*, ou *les Dieux fit*, *le ciel & la terre*. Cette leçon d'ailleurs eſt conforme à l'ancienne idée des Phéniciens, qui avaient imaginé que Dieu employa des Dieux inférieurs pour débrouiller le cahos, le Chaut Ereb. Les Phéniciens étaient depuis longtems un peuple puissant qui avait sa théogonie avant que les Hébreux se fussent emparés de quelques cantons vers son pays. Il est bien naturel de penser que quand les Hébreux eurent enfin un petit établissement vers la Phénicie, ils commencèrent à apprendre la langue. Alors, leurs écrivains purent emprunter l'ancienne physique de leurs maîtres ; c'est la marche de l'esprit humain.

Dans le tems où l'on place *Moïse*, les philosophes Phéniciens en savaient-ils assez pour regarder la terre comme un point, en comparaison de la multitude infinie de globes que Dieu a placés dans l'immensité de l'espace qu'on nomme *le Ciel* ? Cette idée si ancienne & si fausse, que le ciel fut fait pour la terre, a presque toûjours prévalu chez le peuple ignorant. C'est à peu-près comme si on disait que Dieu créa toutes les montagnes & un grain de sable, & qu'on s'imaginât que ces montagnes ont été faites pour ce grain de sable. Il n'est guères possible que les Phéniciens si bons navigateurs n'eussent pas quelques bons astronomes : mais les vieux préjugés prévalaient, & ces vieux préjugés durent être ménagés par l'auteur de la Genèse qui écrivait pour enseigner les voies de DIEU & non la physique.

La terre était tohu bohu & vuide ; les ténèbres étaient sur la face de l'abîme, & l'esprit de DIEU était porté sur les eaux.

Tohu bohu signifie précisément cahos, désordre ; c'est un de ces mots imitatifs qu'on trouve dans toutes les langues, comme sans dessus dessous, tintamarre, trictrac, tonnerre, bombe. La terre n'était point encore formée telle qu'elle est ; la matière existait, mais la puissance divine ne l'avait point encor arrangée. L'esprit de DIEU signifie à la lettre le *soufle*, le *vent* qui agitait les eaux. Cette idée est exprimée dans les fragmens de l'auteur Phénicien *Sanchoniaton*. Les Phéniciens croyaient comme tous les autres peuples la matiere éternelle. Il n'y a pas un seul auteur dans l'antiquité qui ait jamais dit qu'on eût tiré quelque chose du néant. On ne trouve même dans toute la Bible aucun passage où il soit dit que la matière ait été faite de rien. Non que la création de rien ne soit très vraie ; mais cette vérité n'était pas connue des Juifs charnels.

Les hommes furent toûjours partagés sur la question de l'éternité du monde, mais jamais sur l'éternité de la matière.

Ex nihilo nihil, in nihilum nil posse reverti.

Voilà l'opinion de toute l'antiquité.

Dieu *dit, Que la lumière soit faite, & la lumière fut faite ; & il vit que la lumière était bonne ; & il divisa la lumière des ténèbres, & il appella la lumière* jour, *& les ténèbres* nuit ; *& le soir & le matin furent un jour. Et* Dieu *dit aussi, Que le firmament soit fait au milieu des eaux, & qu'il sépare les eaux des eaux ;* & Dieu *fit le firmament ; & il divisa les eaux au dessus du firmament des eaux au dessous du firmament, &* Dieu *appella le firmament* Ciel *; & le soir & le matin fit le second jour &c., & il vit que cela était bon.*

Commençons par examiner si l'évêque d'A‑vranche *Huet*, *Le Clerc*, &c. n'ont pas évidemment raison contre ceux qui prétendent trouver ici un tour d'éloquence.

Cette éloquence n'est affectée dans aucune histoire écrite par les Juifs. Le stile est ici de la plus grande simplicité, comme dans le reste de l'ouvrage. Si un orateur, pour faire connaître la puissance de Dieu, employait seulement cette expression, *Il dit, Que la lumière soit, & la lumière fut*, ce serait alors du sublime. Tel est ce passage d'un pseaume, *Dixit, & facta sunt*. C'est un trait qui étant unique en cet endroit, & placé pour faire une grande image, frappe l'esprit & l'enlève. Mais ici, c'est le narré le plus simple. L'auteur Juif ne parle pas de la lumière autrement que des autres objets de la création ; il dit également à chaque article, *&* Dieu *vit que* *cela était bon.* Tout est sublime dans la création sans doute ; mais celle de la lumière ne l'est pas plus que celle de l'herbe des champs ; le sublime est ce qui s'élève au dessus du reste, & le même tour règne partout dans ce chapitre.

C'était encor une opinion fort ancienne, que la lumière ne venait pas du soleil. On la voyait répandue dans l'air avant le lever & après le coucher de cet astre ; on s'imaginait que le soleil ne servait qu'à la pousser plus fortement : aussi l'auteur de la Genèse se conforme-t-il à cette erreur populaire, & même il ne fait créer le soleil & la lune que quatre jours après la lumière. Il était impossible qu'il y eût un matin & un soir avant qu'il existât un soleil. L'auteur inspiré daignait descendre aux préjugés vagues & grossiers de la nation. DIEU ne prétendait pas enseigner la philosophie aux Juifs. Il pouvait élever leur esprit jusqu'à la vérité, mais il aimait mieux descendre jusqu'à eux. On ne peut trop répéter cette solution.

La séparation de la lumière & des ténèbres n'est pas d'une autre physique ; il semble que la nuit & le jour fussent mêlés ensemble comme des grains d'espèces différentes que l'on sépare les uns des autres. On sait assez que les ténèbres ne sont autre chose que la privation de la lumière, & qu'il n'y a de lumière en effet qu'autant que nos yeux reçoivent cette fenfation ; mais on était alors bien loin de connaître ces vérités.

L'idée d'un firmament eft encor de la plus haute antiquité. On s'imaginait que les cieux étaient très folides, parce qu'on y voyait toûjours les mêmes phénomènes. Les cieux roulaient fur nos têtes ; ils étaient donc d'une matière fort dure. Le moyen de fupputer combien les exhalaifons de la terre & des mers pouvaient fournir d'eau aux nuages ? Il n'y avait point de *Halley* qui pût faire ce calcul. On fe figurait donc des réfervoirs d'eau dans le ciel. Ces réfervoirs ne pouvaient être portés que fur une bonne voûte ; on voyait à travers cette voûte, elle était donc de cryftal. Pour que les eaux fupérieures tombaffent de cette voûte fur la terre, il était nécessaire qu'il y eût des portes, des éclufes, des cataractes qui s'ouvriffent & fe fermaffent. Telle était l'aftronomie d'alors ; & puifqu'on écrivait pour des Juifs, il falait bien adopter leurs idées empruntées des autres peuples.

DIEU *fit deux grands luminaires, l'un pour préfider au jour, l'autre à la nuit ; il fit auffi les étoiles.*

C'eft toûjours, il eft vrai, la même ignorance de la nature. Les Juifs ne favaient pas que la lune n'éclaire que par une lumière réfléchie. L'auteur parle ici des étoiles comme de points lumineux tels qu'on les voit, quoi, qu'elles foient autant de foleils dont chacun a des mondes roulans autour de lui. L'Efprit faint fe proportionnait donc à l'efprit du tems. S'il avait dit que le foleil eft un million de fois plus gros que la terre, & la lune cinquante fois plus petite, on ne l'aurait pas compris. Ils nous paraiffent deux aftres prefque également grands.

Dieu dit auffi, Faifons l'homme à notre image, & qu'il préfide aux poiffons, &c.

Qu'entendaient les Juifs par Faifons l'homme à notre image ? ce que toute l'antiquité entendait.

Finxit in effigiem moderantum cuncta Deorum.

On ne fait des images que des corps. Nulle nation n'imagina un Dieu fans corps, & il eft impoffible de fe le repréfenter autrement. On peut bien dire, Dieu n'eft rien de ce que nous connaiffons; mais on ne peut avoir aucune idée de ce qu'il eft. Les Juifs crurent Dieu conftamment corporel, comme tous les autres peuples. Tous les premiers pères de l'églife crurent auffi Dieu corporel, jufqu'à ce qu'ils euffent embraffé les idées de *Platon*, ou plutôt, jufqu'à ce que les lumières du chriftianifme fuffent plus pures.

Il les créa mâle & femelle.

Si Dieu, ou les Dieux fécondaires, créèrent l'homme mâle & femelle à leur reffemblance, il semble en ce cas que les Juifs croyaient Dieu, & les Dieux mâles & femelles. On a recherché si l'auteur veut dire que l'homme avait d'abord les deux sexes, ou s'il entend que Dieu fit *Adam* & *Eve* le même jour : le sens le plus naturel est que Dieu forma *Adam* & *Eve* en même tems ; mais ce sens contredirait absolument la formation de la femme faite d'une côte de l'homme longtems après les sept jours.

Et il se reposa le septième jour.

Les Phéniciens, les Caldéens, les Indiens, disaient que Dieu avait fait le monde en six tems, que l'ancien *Zoroastre* appelle les six *gahambars* si célèbres chez les Perses.

Il est incontestable que tous ces peuples avaient une théologie avant que les Juifs habitassent les déserts d'Oreb & de Sinaï, avant qu'ils pussent avoir des écrivains. Plusieurs savans ont cru vraisemblable que l'allégorie des six jours est imitée de celle des six tems. Dieu peut avoir permis que de grands peuples eussent cette idée, avant qu'il l'eût inspirée au peuple Juif. Il avait bien permis que les autres peuples inventassent les arts avant que les Juifs en eussent aucun.

Du lieu de volupté sortait un fleuve qui arrosait le jardin, & de là se partageait en quatre fleuves ; l'un s'appelle Phison, qui tourne dans le pays d'Evilath où vient l'or... Le second s'appelle Gehon qui entoure l'Ethiopie.... Le troisieme est le Tigre, & le quatriéme l'Euphrate.

Suivant cette version, le paradis terrestre aurait contenu près du tiers de l'Asie & de l'Afrique. L'Euphrate & le Tigre ont leur source à plus de soixante grandes lieuës l'un de l'autre, dans des montagnes horribles qui ne ressemblent guères à un jardin. Le fleuve qui borde l'Ethiopie, & qui ne peut être que le Nil, commence à plus de mille lieuës des sources du Tigre & de l'Euphrate ; & si le Phison est le Phase, il est assez étonnant de mettre au même endroit la source d'un fleuve de Scythie & celle d'un fleuve d'Afrique. Il a donc falu chercher une autre explication & d'autres fleuves. Chaque commentateur a fait son paradis terrestre.

On a dit que le jardin d'Eden ressemble à ces jardins d'Eden à Saana dans l'Arabie heureuse, fameuse dans toute l'antiquité ; que les Hébreux, peuple très récent, pouvaient être une horde Arabe, & se faire honneur de ce qu'il y avait de plus beau dans le meilleur canton de l'Arabie ; qu'ils ont toûjours employé pour eux les anciennes traditions des grandes nations au milieu desquelles ils étaient enclavés. Mais ils n'en étaient pas moins conduits par le Seigneur.

GENÈSE. 239

Le Seigneur prit donc l'homme, & le mit dans le jardin de volupté, afin qu'il le cultivât.

C'est fort bien fait de *cultiver son jardin*, mais il est difficile qu'*Adam* cultivât un jardin de mille lieues de long ; apparemment qu'on lui donna des aides. Il faut donc encor une fois que les commentateurs exercent ici leur talent de deviner. Aussi a-t-on donné à ces quatre fleuves trente positions différentes.

Ne mangez point du fruit de la science du bien & du mal.

Il est difficile de concevoir qu'il y ait eu un arbre qui enseignât le bien & le mal, comme il y a des poiriers & des abricotiers. D'ailleurs, on a demandé pourquoi DIEU ne veut pas que l'homme connaisse le bien & le mal ? Le contraire ne parait-il pas (si on ose le dire) beaucoup plus digne de DIEU, & beaucoup plus nécessaire à l'homme ? Il semble à notre pauvre raison que DIEU devait ordonner de manger beaucoup de ce fruit ; mais on doit soumettre sa raison, & conclure seulement qu'il faut obéir à DIEU.

Dès que vous en aurez mangé vous mourrez.

Cependant *Adam* en mangea & n'en mourut point. Au contraire, on le fait vivre encor neuf cent trente ans. Plusieurs pères ont regardé tout cela comme une allégorie. En effet, on pourait dire que les autres animaux ne favent pas qu'ils mourront, mais que l'homme le fait par fa raifon. Cette raifon eft l'arbre de la fcience qui lui fait prévoir fa fin. Cette explication ferait peut-être la plus raifonnable ; mais nous n'ofons prononcer.

Le Seigneur dit auſſi, Il n'eſt pas bon que l'homme ſoit ſeul, faiſons-lui une aide ſemblable à lui.

On s'attend que le Seigneur va lui donner une femme : mais auparavant il lui amène tous les animaux. Peut être y a-t-il ici quelque tranfpofition de copifte.

Et le nom qu'Adam donna à chacun des animaux eſt ſon véritable nom.

Ce qu'on peut entendre par le véritable nom d'un animal ferait un nom qui défignerait toutes les propriétés de fon efpèce, ou du moins les principales ; mais il n'en eft ainfi dans aucune langue. Il y a dans chacune quelques mots imitatifs, comme *coq* & *coucou* en celte, qui défignent un peu le cri du coq & du coucou. *Loupous* en latin, &c. Mais ces mots imitatifs font en très petit nombre. De plus, fi *Adam* eût ainfi connu toutes les propriétés des animaux, ou il avait déja mangé du fruit de la fcience, ou Dieu femblait n'avoir pas befoin de lui interdire ce fruit.

GENÈSE.

fruit. Il en favait déja plus que la fociété royale de Londre, & l'académie des fciences.

Obfervez que c'eft ici la première fois qu'*Adam* eft nommé dans la Genèfe. Le premier homme, chez les anciens bracmanes, prodigieufement antérieurs aux Juifs, s'appellait *Adimo*, l'enfant de la terre, & fa femme *Procriti*, la vie ; c'eft ce que dit le *Védam* dans la feconde formation du monde. *Adam* & *Eve* fignifiaient ces mêmes chofes dans la langue phénicienne. Nouvelle preuve que l'efprit faint fe conformait aux idées reçues.

Lors qu'Adam était endormi, Dieu *prit une de fes côtes, & mit de la chair à la place; & de la côte qu'il avait tirée d'Adam il bâtit une femme, & il amena la femme à Adam.*

Le Seigneur (un chapitre auparavant) avait déja créé le mâle & la femelle ; pourquoi donc ôter une côte à l'homme pour en faire une femme qui exiftait déja ? On répond que l'auteur annonce dans un endroit ce qu'il explique dans l'autre. On répond encor que cette allégorie foumet la femme à fon mari, & exprime leur union intime.

Or le ferpent était le plus rufé de tous les animaux de la terre, &c.: il dit à la femme, &c.

Il n'eft fait dans tout cet article aucune mention du diable, tout y eft phyfique. Le

Sixiéme partie. Q

serpent était regardé, non-seulement comme le plus rusé des animaux par toutes les nations orientales, mais encor comme immortel. Les Caldéens avaient une fable d'une querelle entre DIEU & le serpent; & cette fable avait été conservée par *Phérécide.* Origène la cite dans son livre 6. contre Celse. On portait un serpent dans les fêtes de Bacchus. Les Egyptiens attachaient une espèce de divinité au serpent, au rapport d'Eusèbe dans sa *préparation évangélique* livre premier chap. X. Dans l'Arabie & dans les Indes, à la Chine même, le serpent était regardé comme le symbole de la vie; & de là vint que les empereurs de la Chine, antérieurs à *Moïse*, porterent toûjours l'image d'un serpent sur leur poitrine.

Eve n'est point étonnée que le serpent lui parle. Les animaux ont parlé dans toutes les anciennes histoires, & c'est pourquoi lorsque *Pilpay* & *Lokman* firent parler les animaux, personne n'en fut surpris.

Toute cette avanture parait si physique & si dépouillée de toute allégorie, qu'on y rend raison pourquoi le serpent rempe depuis ce tems-là sur son ventre, pourquoi nous cherchons toûjours à l'écraser, & pourquoi il cherche toûjours à nous mordre (du moins à ce qu'on croit); précisément comme on rendait raison dans les anciennes métamorphoses pourquoi le corbeau qui était blanc autrefois est noir aujourd'hui, pourquoi le hibou ne sort de son trou que de nuit, pourquoi le loup aime le carnage, &c. Mais les pères ont cru que c'est une allégorie aussi manifeste que respectable. Le plus sûr est de les croire.

Je multiplierai vos misères & vos grossesses, vous enfanterez dans la douleur, vous serez sous la puissance de l'homme, & il vous dominera.

On demande pourquoi la multiplication des grossesses est une punition ? C'était au contraire, dit-on, une très grande bénédiction, & surtout chez les Juifs. Les douleurs de l'enfantement ne sont considérables que dans les femmes délicates ; celles qui sont accoutumées au travail accouchent très aisément, surtout dans les climats chauds. Il y a quelquefois des bêtes qui souffrent beaucoup dans leur gésine ; il y en a même qui en meurent. Et quant à la supériorité de l'homme sur la femme, c'est une chose entièrement naturelle, c'est l'effet de la force du corps & même de celle de l'esprit. Les hommes en général ont des organes plus capables d'une attention suivie que les femmes, & sont plus propres aux travaux de la tête & du bras. Mais quand une femme a le poignet & l'esprit plus fort que son mari, elle en est partout la maîtresse ; c'est alors le mari qui est soumis à la femme. Cela est vrai ; mais il se peut très bien qu'avant le péché il n'y eût ni sujétion, ni douleur.

Le Seigneur leur fit des tuniques de peau.

Ce paſſage prouve bien que les Juifs croyaient un DIEU corporel. Un rabin nommé *Elieſer* a écrit que DIEU couvrit *Adam* & *Eve* de la peau même du ſerpent qui les avait tentés; & *Origène* prétend que cette tunique de peau était une nouvelle chair, un nouveau corps, que DIEU fit à l'homme. Il vaut mieux s'en tenir au texte avec reſpect.

Et le Seigneur dit, Voilà Adam qui eſt devenu comme l'un de nous.

Il ſemblerait que les Juifs admirent d'abord pluſieurs Dieux. Il eſt plus difficile de ſavoir ce qu'ils entendent par ce mot Dieux, *Eloïm*. Quelques commentateurs ont prétendu que ce mot, *l'un de nous*, ſignifie la Trinité; mais il n'eſt pas aſſurément queſtion de la Trinité dans la Bible. La Trinité n'eſt pas un compoſé de pluſieurs Dieux, c'eſt le même Dieu triple, & jamais les Juifs n'entendirent parler d'un Dieu en trois perſonnes. Par ces mots, *ſemblable à nous*, il eſt vraiſemblable que les Juifs entendaient les anges *Eloïm*. C'eſt ce qui fit penſer à pluſieurs doctes téméraires que ce livre ne fut écrit que quand ils adoptèrent la créance de ces Dieux inférieurs. Mais c'eſt une opinion condamnée.

Le Seigneur le mit hors du jardin de volupté, afin qu'il cultivât la terre.

Mais le Seigneur, difent quelques-uns, l'avait mis dans le jardin de volupté *afin qu'il cultivât ce jardin.* Si Adam de jardinier devint laboureur, ils difent qu'en cela fon état n'empira pas beaucoup. Un bon laboureur vaut bien un bon jardinier. Ce commentaire eft trop peu férieux; DIEU punit la défobéiffance par le banniffement d'un lieu natal.

Toute cette hiftoire en général fe rapporte, felon des commentateurs trop hardis, à l'idée qu'eurent tous les hommes, & qu'ils ont encore, que les premiers tems valaient mieux que les nouveaux. On a toûjours plaint le préfent, & vanté le paffé. Les hommes furchargés de travaux ont placé le bonheur dans l'oifiveté, ne fongeant pas que le pire des états eft celui d'un homme qui n'a rien à faire. On fe vit fouvent malheureux, & on fe forgea l'idee d'un tems où tout le monde avait été heureux. C'eft à-peu-près comme fi on difait, il fut un tems où il ne périffait aucun arbre, où nulle bête n'était ni malade, ni faible, ni dévorée par une autre, où jamais les araignées ne prenaient de mouches. Delà l'idée du fiécle d'or, de l'œuf percé par *Arimane*, du ferpent qui déroba à l'âne la recette de la vie heureufe & immortelle que l'homme avait mis fur fon bât, delà ce combat de *Typhon* contre *Osiris*, d'*Ophionée* contre les Dieux, & cette fameuse boëte de *Pandore*, & tous ces vieux contes dont quelques-uns sont ingénieux, & dont aucun n'est instructif. Mais nous devons croire que les fables des autres peuples sont des imitations de l'histoire hébraïque; puisque nous avons l'ancienne histoire des Hébreux, & que les premiers livres des autres nations sont presque tous perdus. De plus les témoignages en faveur de la Genèse sont irréfragables.

Et il mit devant le jardin de volupté un chérubin avec un glaive tournoyant & enflammé pour garder l'entrée de l'arbre de vie.

Le mot *kerub* signifie *bœuf*. Un bœuf armé d'un sabre enflammé fait, dit-on, une étrange figure à une porte; mais les Juifs représentèrent depuis des anges en forme de bœufs & d'éperviers, quoiqu'il leur fût défendu de faire aucune figure : ils prirent visiblement ces bœufs & ces éperviers, des Egyptiens, dont ils imitèrent tant de choses. Les Egyptiens vénérèrent d'abord le bœuf comme le symbole de l'agriculture, & l'épervier comme celui des vents, mais ils ne firent jamais un portier d'un bœuf. C'est probablement une allégorie; & les Juifs entendaient par *kerub*, la nature. C'était un symbole composé d'une tête de bœuf, d'une tête d'homme, d'un corps d'homme, & d'ailes d'épervier.

Les Dieux Eloïm voyant que les filles des hommes étaient belles, prirent pour épouses celles qu'ils choisirent.

Cette imagination fut encor celle de tous les peuples ; il n'y a aucune nation, excepté la Chine, où quelque Dieu ne soit venu faire des enfans à des filles. Ces Dieux corporels descendaient souvent sur la terre pour visiter leurs domaines ; ils voyaient nos filles, ils prenaient pour eux les plus jolies : les enfans nés du commerce de ces Dieux & des mortelles devaient être supérieurs aux autres hommes ; aussi la Genèse ne manque pas de dire que ces Dieux qui couchèrent avec nos filles produisirent des géans. C'est encor se conformer à l'opinion vulgaire.

Et je ferai venir sur la terre les eaux du déluge.

(Voyez l'article *Déluge.*) Je remarquerai seulement ici que St. Augustin dans sa *Cité de Dieu*, Nº. 8. dit : *Maximum illud diluvium græca nec latina novit historia* : ni l'histoire grecque ni la latine ne connaissent ce grand déluge. En effet, on n'avait jamais connu que ceux de Deucalion & d'Ogigès en Grèce. Ils sont regardés comme universels dans les fables recueillies par *Ovide*, mais totalement ignorés dans l'Asie orientale. *St. Augustin* ne se trompe donc pas en disant que l'histoire n'en parle pas.

DIEU *dit à Noé, Je vais faire alliance avec vous & avec votre semence après vous, & avec tous les animaux.*

DIEU faire alliance avec les bêtes ! quelle alliance ! s'écrient les incrédules. Mais s'il s'allie avec l'homme, pourquoi pas avec la bête ? elle a du sentiment, & il y a quelque chose d'aussi divin dans le sentiment que dans la pensée la plus métaphysique. D'ailleurs, les animaux sentent mieux que la plûpart des hommes ne pensent. C'est apparemment en vertu de ce pacte que *François d'Assise*, fondateur de l'ordre séraphique, disait aux cigales & aux liévres, Chantez, ma sœur la cigale, broutez, mon frère le levraut. Mais quelles ont été les conditions du traité ? que tous les animaux se dévoreraient les uns les autres, qu'ils se nourriraient de notre chair & nous de la leur, qu'après les avoir mangés nous nous exterminerions avec rage, & qu'il ne nous manquerait plus que de manger nos semblables égorgés par nos mains. S'il y avait eu un tel pacte, il aurait été fait avec le diable.

Probablement tout ce passage ne veut dire autre chose sinon que DIEU est également le maître absolu de tout ce qui respire. Ce pacte ne peut être qu'un ordre, & le mot d'*alliance* n'est là que par extension. Il ne faut donc pas s'effaroucher des termes, mais adorer l'esprit, & remonter aux tems où l'on écrivait ce livre qui eſt un ſcandale aux faibles, & une édification aux forts.

Et je mettrai mon arc dans les nuées, & il ſera un ſigne de mon pacte, &c.

Remarquez que l'auteur ne dit pas, j'ai mis mon arc dans les nuées, il dit, je mettrai. Cela ſuppoſe évidemment que l'opinion commune était que l'arc-en-ciel n'avait pas toujours exiſté. C'eſt un phénomène cauſé néceſſairement par la pluie, & on le donne ici comme quelque choſe de ſurnaturel qui avertit que la terre ne ſera plus inondée. Il eſt étrange de choiſir le ſigne de la pluie pour aſſurer qu'on ne ſera pas noyé ; mais auſſi on peut répondre que dans le danger de l'inondation on eſt raſſuré par l'arc-en-ciel.

Et ſur le ſoir les deux anges arrivèrent à Sodome, &c.

Toute l'hiſtoire des deux anges que les Sodomites voulurent violer, eſt peut-être la plus extraordinaire que l'antiquité ait rapportée. Mais il faut conſidérer que preſque toute l'Aſie croyait qu'il y avait des démons incubes & ſuccubes, que de plus ces deux anges étaient des créatures plus parfaites que les hommes, & qu'ils devaient être plus beaux, & allumer plus de déſirs chez un peuple corrompu, que des hommes ordinaires. Il ſe peut que ce trait d'hiſtoire ne ſoit qu'une figure de rhétorique pour exprimer les horribles débordemens de Sodome & de Gomorre. Nous ne propofons cette folution aux favans qu'avec une extrême défiance de nous-mêmes.

Pour *Loth* qui propofe fes deux filles aux Sodomites à la place des deux anges, & la femme de *Loth* changée en ftatue de fel, & tout le refte de cette hiftoire, qu'oferons-nous dire ? L'ancienne fable arabique de *Cinira* & de *Mirra* a quelque rapport à l'incefte de *Loth* & de fes filles : & l'avanture de *Philemon* & de *Baucis* n'eft pas fans reffemblance avec les deux anges qui apparurent à *Loth* & à fa femme. Pour la ftatue de fel, nous ne favons pas à quoi elle reffemble; eft-ce à l'hiftoire d'*Orphée* & d'*Euridice* ?

Il fuffit que tout cela foit dans l'Ecriture fainte pour que nous le révérions, fans chercher à voir dans ce livre autre chofe que ce qui eft écrit par l'Efprit faint. Souvenons-nous toûjours que ces tems-là ne font pas les nôtres, & ne manquons pas de répéter après tant de grands-hommes, que l'ancien Teftament eft une hiftoire véritable, & que tout ce qui a été inventé par le refte de l'univers eft fabuleux.

Il eft vrai que plufieurs célèbres pères de l'églife ont eu la prudence de tourner toutes ces hiftoires en allégories, à l'exemple des Juifs, & furtout de *Philon*. Des papes plus prudens encore voulurent empêcher qu'on ne traduisît ces livres en langue vulgaire, de peur qu'on ne mît les hommes à portée de juger ce qu'on leur proposait d'adorer.

On doit certainement en conclure que ceux qui entendent parfaitement ce livre doivent tolérer ceux qui ne l'entendent pas. Car si ceux-ci n'y entendent rien, ce n'est pas leur faute ; mais ceux qui n'y comprennent rien, doivent tolérer aussi ceux qui comprennent tout.

Les savans trop remplis de leur science, ont prétendu qu'il était impossible que *Moïse* eût écrit la Genèse. Une de leurs grandes raisons est que dans l'histoire d'*Abraham*, il est dit que ce patriarche paya la caverne pour enterrer sa femme en argent monnoié, & que le roi de Gérar donna mille piéces d'argent à *Sara* lorsqu'il la rendit après l'avoir enlevée pour sa beauté à l'âge de soixante & quinze ans. Ils disent qu'ils ont consulté tous les anciens auteurs, & qu'il est avéré qu'il n'y avait point d'argent monnoié dans ce tems-là. Mais on voit bien que ce sont-là de pures chicanes, puisque l'église a toûjours cru fermement que *Moïse* fut l'auteur du Pentateuque. Ils allèguent encor une foule d'objections aussi vaines. Ils osent contredire chaque ligne. Craignons de tomber dans le malheur de croire notre raison. Soyons soumis d'esprit & de cœur. (Voyez *Moïse*.)

GÉNIE.

Génie daimon ; nous en avons déja parlé à l'article *Ange*. Il n'est pas aisé de savoir au juste si les péris des Perses furent inventés avant les démons des Grecs. Mais cela est fort probable.

Bouclier d'Hercule vers 94. Il se peut que les ames des morts appellées *ombres*, *mânes*, ayent passé pour des daimons. *Hercule* dans *Hésiode* dit qu'un daimon lui ordonna ses travaux.

Le daimon ou démon de *Socrate* avait tant de réputation, qu'*Apulée* l'auteur de l'*Ane d'or*, qui d'ailleurs était magicien de bonne foi, dit dans son traité sur ce génie de *Socrate*, qu'il faut être sans *religion pour le nier*. Vous voyez qu'*Apulée* raisonnait précisément comme frère *Garasse* & frère *Bertier*. Tu ne crois pas ce que je crois, tu es donc sans religion. Et les jansénistes en ont dit autant à frère *Bertier*, & le reste du monde n'en sait rien. Ces démons, dit le très religieux & très ordurier *Apulée*, sont des puissances intermédiaires entre l'æther & notre basse région. Ils vivent dans notre atmosphère, ils portent nos prières & nos mérites aux Dieux. Ils en rapportent les secours & les bienfaits comme des interprètes & des ambassadeurs. C'est par

GÉNIE. 253

leur ministère, comme dit *Platon*, que s'opèrent les révélations, les préfages, les miracles des magiciens.

„ Cæterum funt quædam divinæ mediæ
„ potestates, inter summum æthera, & infi-
„ mas terras, in isto intersitæ aeris spatio,
„ per quas & desideria nostra, & merita ad
„ Deos commeant. Hos græco nomine dæ-
„ monas nuncupant. Inter terricolas cœlico-
„ lasque vectores, hinc precum, inde dono-
„ rum : qui ultro citròque portant, hinc pe-
„ titiones, inde suppetias : ceu quidam utrius-
„ que interpretes, & salutigeri. Per hos eos-
„ dem, ut Plato in symposio autumat, cuncta
„ denuntiata, & magorum varia miracula,
„ omnesque præsagium species reguntur. "

St. Augustin a daigné réfuter *Apulée*, voici ses paroles.

„ Nous ne pouvons non plus dire que *Cité de*
„ les démons ne sont ni mortels, ni éternels; *Dieu,*
„ car, tout ce qui a la vie, ou vit éternel- liv. IX.
„ lement, ou perd par la mort la vie dont il chap. XII.
„ est vivant ; & *Apulée* a dit que quant au pag. 324.
„ tems les démons sont éternels. Que res- traduc-
„ te-t-il donc, sinon que les démons tenant tion de
„ le milieu, ils ayent une chose des deux *Giri.*
„ plus hautes & une chose des deux plus
„ basses. Ils ne sont plus dans le milieu ; &
„ ils tombent dans l'une des deux extrémi-
„ tés : & comme des deux choses qui sont,
„ soit de l'une, soit de l'autre part, il ne se

„ peut faire qu'ils n'en ayent pas deux, fe-
„ lon que nous l'avons montré ; pour tenir
„ le milieu il faut qu'ils ayent une chofe de
„ chacune ; & puifque l'éternité ne leur peut
„ venir des plus baffes, où elle ne fe trouve
„ pas, c'eft la feule chofe qu'ils ont des plus
„ hautes ; & ainfi pour achever le milieu qui
„ leur appartient, que peuvent-ils avoir des
„ plus baffes que la mifère ? "
C'eft puiffamment raifonner.

Comme je n'ai jamais vu de génies, de daimons, de péris, de farfadets, foit bienfefans, foit malfefans, je n'en puis parler en connaiffance de caufe ; & je m'en rapporte aux gens qui en ont vus.

Chez les Romains on ne fe fervait point du mot *genius*, pour exprimer, comme nous fefons, un rare talent ; c'était *ingenium*. Nous employons indifféremment le mot *génie* quand nous parlons du démon qui avait une ville de l'antiquité fous fa garde, ou d'un machinifte, ou d'un muficien.

Ce terme de *génie* femble devoir défigner non pas indiftinctement les grands talens, mais ceux dans lefquels il entre de l'invention. C'eft furtout cette invention qui paraiffait un don des Dieux, cet *ingenium quafi ingenitum*, une efpèce d'infpiration divine. Or un artifte, quelque parfait qu'il foit dans fon genre, s'il n'a point d'invention, s'il n'eft point original, n'est point réputé génie ; il ne passera pour avoir été inspiré que par les artistes ses prédécesseurs ; quand même il les surpasserait.

Il se peut que plusieurs personnes jouent mieux aux échecs que l'inventeur de ce jeu, & qu'ils lui gagnassent les grains de bled que le roi des Indes voulait lui donner. Mais cet inventeur était un génie ; & ceux qui le gagneraient peuvent ne pas l'être. Le *Poussin* déja grand peintre avant d'avoir vu de bons tableaux, avait le génie de la peinture. *Lulli* qui ne vit aucun bon musicien en France, avait le génie de la musique.

Lequel vaut le mieux de posséder sans maître le génie de son art, ou d'atteindre à la perfection en imitant & en surpassant ses maîtres ?

Si vous faites cette question aux artistes, ils seront peut-être partagés. Si vous la faites au public, il n'hésitera pas. Aimez-vous mieux une belle tapisserie des Gobelins qu'une tapisserie faite en Flandre dans les commencemens de l'art ? préférez-vous les chef-d'œuvres modernes en estampes aux premières gravures en bois ? la musique d'aujourd'hui aux premiers airs qui ressemblaient au chant grégorien ? l'artillerie d'aujourd'hui au génie qui inventa les premiers canons ? tout le monde vous répondra oui. Tous les acheteurs vous diront, j'avoue que l'inventeur de la navette avait plus de génie que le manufacturier qui a fait mon drap ; mais mon drap vaut mieux que celui de l'inventeur.

Enfin, chacun avouera, pour peu qu'on ait de conscience, que nous respectons les génies qui ont ébauché les arts, & que les esprits qui les ont perfectionnés sont plus à notre usage.

SECTION SECONDE.

L'article *Génie* a été traité dans le grand dictionnaire par des hommes qui en avaient. On n'osera donc dire que peu de choses après eux.

Chaque ville, chaque homme ayant eu autrefois son génie, on s'imagina que ceux qui fesaient des choses extraordinaires étaient inspirés par ce génie. Les neuf muses étaient neuf génies qu'il falait invoquer, c'est pourquoi *Ovide* dit :

Est Deus in nobis agitante calescimus illo.

Il est un Dieu dans nous, c'est lui qui nous anime.

Mais au fond, le génie est-il autre chose que le talent ? qu'est-ce que le talent sinon la disposition à réussir dans un art ? pourquoi disons-nous le génie d'une langue ? c'est que chaque langue par ses terminaisons,

par

par ſes articles, ſes participes, ſes mots plus ou moins longs, aura néceſſairement des propriétés que d'autres langues n'auront pas. Le génie de la langue françaiſe ſera plus fait pour la converſation, parce que ſa marche néceſſairement ſimple & régulière ne gênera jamais l'eſprit. Le grec & le latin auront plus de variété. Nous avons remarqué ailleurs que nous ne pouvons dire, *Théophile a pris ſoin des affaires de Céſar*, que de cette ſeule manière; mais en grec & en latin on peut tranſpoſer les cinq mots qui compoſeront cette phraſe en cent vingt façons différentes, ſans gêner en rien le ſens.

Le ſtile lapidaire ſera plus dans le génie de la langue latine que dans celui de la françaiſe & de l'allemande.

On appelle *génie d'une nation* le caractère, les mœurs, les talens principaux, les vices même qui diſtinguent un peuple d'un autre. Il ſuffit de voir des Français, des Eſpagnols & des Anglais pour ſentir cette différence.

Nous avons dit que le génie particulier d'un homme dans les arts, n'eſt autre choſe que ſon talent, mais on ne donne ce nom qu'à un talent très ſupérieur. Combien de gens ont eu quelque talent pour la poéſie, pour la muſique, pour la peinture? cependant, il ſerait ridicule de les appeller des génies.

Le génie conduit par le goût ne fera jamais

Sixiéme partie. R

de faute grossière ; aussi *Racine* depuis *Andromaque*, le *Poussin*, *Rameau*, n'en ont jamais fait.

Le génie sans goût en commettra d'énormes ; & ce qu'il y a de pis, c'est qu'il ne les sentira pas.

GÉOGRAPHIE.

LA géographie est une de ces sciences qu'il faudra toûjours perfectionner. Quelque peine qu'on ait prise, il n'a pas été possible jusqu'à présent d'avoir une description exacte de la terre. Il faudrait que tous les souverains s'entendissent & se prêtassent des secours mutuels pour ce grand ouvrage ; mais ils se sont presque toûjours plus appliqués à ravager le monde qu'à le mesurer.

Personne encor n'a pu faire une carte exacte de la haute Egypte ni des régions baignées par la mer Rouge, ni de la vaste Arabie.

Nous ne connaissons de l'Afrique que ses côtes ; tout l'intérieur est aussi ignoré qu'il l'était du tems d'*Atlas* & d'*Hercule*. Pas une seule carte bien détaillée de tout ce que le Turc possède en Asie. Tout y est placé au hazard, excepté quelques grandes villes dont les masures subsistent encore. Dans les états du grand-mogol, la position d'Agra & de

Delli est un peu connue, du moins supposée; mais de là jusqu'au royaume de Golconde tout est placé à l'avanture.

On sait à-peu-près que le Japon s'étend en latitude septentrionale depuis environ le trentiéme degré jusqu'au quarantiéme; & si l'on se trompe, ce n'est que de deux degrés, qui font environ cinquante lieues. De sorte que sûr la foi de nos meilleures cartes, un pilote risquerait de s'égarer ou de périr.

A l'égard de la longitude, les premières cartes des jésuites la déterminèrent entre le cent cinquante-septiéme degré & le cent soixante & quinze; & aujourd'hui on la détermine entre le cent quarante-six, & le cent soixante.

La Chine est le seul pays de l'Asie dont on ait une mesure géographique, parce que l'empereur *Cam hi* employa des jésuites astronomes pour dresser des cartes exactes.

Dans notre occident, l'Italie, la France, la Russie, l'Angleterre, & les principales villes des autres états ont été mesurées par la même méthode qu'on a employée à la Chine; mais ce n'est que depuis très peu d'années qu'on a formé en France l'entreprise d'une topographie entière. Une compagnie tirée de l'académie des sciences a envoyé des ingénieurs & des arpenteurs dans toute l'étendue du royaume, pour mettre le moindre hameau, le plus petit ruiſſeau, les collines, les buiſſons à leur véritable place. Avant ce tems la topographie était ſi confuſe, que la veille de la bataille de Fontenoi on examina toutes les cartes du pays, & on n'en trouva pas une ſeule qui ne fût entiérement fautive.

Si on avait donné de Verſailles un ordre poſitif à un général peu expérimenté de livrer la bataille, & de ſe poſter en conſéquence des cartes géographiques, comme cela eſt arrivé quelquefois du tems du miniſtre *Chamillart*, la bataille eût été infailliblement perdue.

Un général qui ferait la guerre dans le pays des Uſcoques, des Morlaques, des Monténegrins, & qui n'aurait pour toute connaiſſance des lieux que les cartes, ſerait auſſi embarraſſé que s'il ſe trouvait au milieu de l'Afrique.

Heureuſement on rectifie ſur les lieux ce que les géographes ont ſouvent tracé de fantaiſie dans leur cabinet.

Il eſt bien difficile en géographie comme en morale, de connaître le monde ſans ſortir de chez ſoi.

Le livre de géographie le plus commun en Europe eſt celui d'*Hubner*. On le met entre les mains de tous les enfans depuis Moſcou juſqu'à la ſource du Rhin; les jeunes gens ne ſe forment dans toute l'Allemagne que par la lecture d'*Hubner*.

Vous trouvez d'abord dans ce livre, que *Jupiter* devint amoureux d'*Europe* treize cent années juste avant Jésus-Christ.

Selon lui, il n'y a en Europe ni chaleur trop ardente, ni froidure excessive. Cependant on a vu dans quelques étés les hommes mourir de l'excès du chaud ; & le froid est souvent si terrible dans le nord de la Suède & de la Russie, que le thermomètre y est descendu jusqu'à trente-quatre degrés au dessous de la glace.

Hubner compte en Europe environ trente millions d'habitans ; c'est se tromper de plus de soixante & dix millions.

Il dit que l'Europe a trois mères-langues, comme s'il y avait des mères-langues, & originairement comme si chaque peuple n'avait pas toujours emprunté mille expressions de ses voisins.

Il affirme qu'on ne peut trouver en Europe une lieue de terrain qui ne soit habité, mais dans la Russie, il est encor des déserts de trente à quarante lieues. Le désert des Landes de Bordeaux n'est que trop grand. J'ai devant mes yeux quarante lieues de montagnes couvertes de neige éternelle, sur lesquelles il n'a jamais passé ni un homme ni même un oiseau.

Il y a encor dans la Pologne des marais de cinquante lieues d'étendue, au milieu desquels sont de misérables isles presque inhabitées.

Il dit que le Portugal a du levant au conchant cent lieues de France. Cependant on ne trouve qu'environ cinquante de nos lieues de trois mille pas géométriques.

Si vous en croyez *Hubner*, le roi de France a toûjours quarante mille Suisses à sa solde ; mais le fait est qu'il n'en a jamais eu qu'environ treize mille.

Le château de Notre-Dame de la Garde près de Marseille, lui parait une forteresse importante & presque imprenable. Il n'avait pas vu cette belle forteresse,

> Gouvernement commode & beau,
> A qui suffit pour toute garde
> Un Suisse avec sa hallebarde
> Peint sur la porte du château.

Il donne libéralement à la ville de Rouen trois cent belles fontaines publiques. Rome n'en avait que cent cinq du tems d'*Auguste*.

On est bien étonné quand on voit dans *Hubner* que la rivière de l'Oyse reçoit les eaux de la Sarre, de la Somme, de Lauti & de la Canche. L'Oyse coule à quelques lieues de Paris ; la Sarre est en Lorraine près de la basse Alzace, & se jette dans la Moselle au dessus de Trèves. La Somme prend sa source près de St. Quentin, & se jette dans la mer au dessous d'Abbeville. Lauti & la Canche font des ruisseaux qui n'ont pas plus de communication avec l'Oyſe que n'en ont la Somme & la Sarre. Il faut qu'il y ait là quelque faute de l'éditeur, car il n'eſt guères poſſible que l'auteur ſe ſoit mépris à ce point.

Il donne la petite principauté de Foix à la maiſon de *Bouillon* qui ne la poſſède pas.

L'auteur admet la fable de la royauté d'Yvetot ; il copie exactement toutes les fautes de nos anciens ouvrages de géographie, comme on les copie tous les jours à Paris ; & c'eſt ainſi qu'on nous redonne tous les jours d'anciennes erreurs avec des titres nouveaux.

Il ne manque pas de dire que l'on conſerve à Rodez un ſoulier de la Ste. Vierge, comme on conſerve dans la ville du Puy en Velay le prépuce de ſon fils.

Vous ne trouverez pas moins de contes ſur les Turcs que ſur les chrétiens. Il dit que les Turcs poſſédaient de ſon tems quatre iſles dans l'Archipel. Ils les poſſédaient toutes.

Qu'*Amurat ſecond*, à la bataille de Varn tira de ſon ſein l'hoſtie conſacrée qu'on lui avait donné en gages, & qu'il demanda vengeance à cette hoſtie de la perfidie des chrétiens. Un Turc, & un Turc dévot comme *Amurat II*, faire ſa prière à une hoſtie ! il tira le traité de ſon ſein, il demanda vengeance à DIEU, & l'obtint de ſon ſabre.

Il aſſure que le czar *Pierre I* ſe fit patriarche. Il abolit le patriarcat, & fit bien ; mais ſe faire prêtre, quelle idée !

Il dit que la principale erreur de l'égliſe grecque eſt de croire que le St. Eſprit ne procède que du père. Mais d'où ſait-il que c'eſt une erreur ? l'égliſe latine ne croit la proceſſion du St. Eſprit par le père & le fils que depuis le neuviéme ſiécle ; la grecque, mère de la latine, date de ſeize cent ans. Qui les jugera ?

Il affirme que l'égliſe grecque ruſſe reconnait pour médiateur non pas JESUS-CHRIST, mais *St. Antoine.* Encor s'il avait attribué la choſe à *St. Nicolas*, on aurait pu autrefois excuſer cette mépriſe du petit peuple.

Cependant, malgré tant d'abſurdités, la géographie ſe perfectionne ſenſiblement dans notre ſiécle.

Il n'en eſt pas de cette connaiſſance comme de l'art des vers, de la muſique, de la peinture. Les derniers ouvrages en ces genres ſont ſouvent les plus mauvais. Mais dans les ſciences qui demandent de l'exactitude plutôt que du génie, les derniers ſont toûjours les meilleurs, pourvu qu'ils ſoient faits avec quelque ſoin.

Un des plus grands avantages de la géographie eſt, à mon gré, celui-ci. Votre sotte voisine, & votre voisin encor plus sot, vous reprochent sans cesse de ne pas penser comme on pense dans la rue St. Jacques. Voyez, vous disent-ils, quelle foule de grands-hommes a été de notre avis depuis *Pierre Lombard* jusqu'à l'abbé *Petit-pied*. Tout l'univers a reçu nos vérités, elles règnent dans le fauxbourg St. Honoré, à Chaillot & à Etampes, à Rome & chez les Uscoques. Prenez alors une mappe-monde, montrez-leur l'Afrique entière, les empires du Japon, de la Chine, des Indes, de la Turquie, de la Perse; celui de la Russie, plus vaste que ne fut l'empire Romain. Faites-leur parcourir du bout du doigt toute la Scandinavie, tout le nord de l'Allemagne, les trois royaumes de la Grande-Bretagne, la meilleure partie des Pays-Bas, la meilleure de l'Helvétie; enfin vous leur ferez remarquer dans les quatre parties du globe, & dans la cinquiéme qui est encor aussi inconnue qu'immense, ce prodigieux nombre de générations qui n'entendirent jamais parler de ces opinions, ou qui les ont combattues, ou qui les ont en horreur, vous opposerez l'univers à la rue St. Jacques.

Vous leur direz que *Jules-César* qui étendit son pouvoir bien loin au delà de cette rue, ne sut pas un mot de ce qu'ils croient si universel; Que leurs ancêtres, à qui *Jules-César* donna les étrivières, n'en surent pas davantage.

Peut-être alors auront-ils quelque honte d'avoir cru que les orgues de la paroisse St. Severin donnaient le ton au reste du monde.

GÉOMÉTRIE.

Feu Mr. *Clairaut* imagina de faire apprendre facilement aux jeunes gens les élémens de la géométrie ; il voulut remonter à la source , & suivre la marche de nos découvertes & des besoins qui les ont produites.

Cette méthode parait agréable & utile ; mais elle n'a pas été suivie ; elle exige dans le maître une flexibilité d'esprit qui sait se proportionner , & un agrément rare dans ceux qui suivent la routine de leur profession.

Il faut avouer qu'*Euclide* est un peu rebutant ; un commençant ne peut deviner où il est mené. Euclide dit au premier livre que *si une ligne droite est coupée en parties égales & inégales , les quarrés construits sur les segmens inégaux sont doubles des quarrés construits sur la moitié entière de la ligne ; plus la petite ligne qui va de l'extrémité de cette moitié jusqu'au point d'intersection.*

On a besoin d'une figure pour entendre cet obscur théorème ; & quand il est compris, l'étudiant dit , à quoi peut-il me servir ? &

GÉOMÉTRIE. 267

que m'importe ? Il se dégoûte d'une science dont il ne voit pas assez tôt l'utilité.

La peinture commença par le désir de dessiner grossiérement sur un mur les traits d'une personne chère. La musique fut un mélange grossier de quelques tons qui plaisaient à l'oreille, avant que l'octave fût trouvée.

On observa le coucher des étoiles avant d'être astronome. Il paraît qu'on devrait guider ainsi la marche des commençans de la géométrie.

Je suppose qu'un enfant doué d'une conception facile, entende son père dire à son jardinier, Vous planterez dans cette plate-bande des tulipes sur six lignes, toutes à un demi-pied l'une de l'autre. L'enfant veut savoir combien il y aura de tulipes. Il court à la plate-bande avec son précepteur. Le parterre est inondé, il n'y a qu'un des longs côtés de la plate-bande qui paraisse. Ce côté a trente pieds de long, mais on ne sait point quelle est sa largeur. Le maître lui fait d'abord aisément comprendre qu'il faut que ces tulipes bordent ce parterre à six pouces de distance l'une de l'autre. Ce sont déja soixante tulipes pour la première rangée de ce côté. Il doit y avoir six lignes. L'enfant voit qu'il y aura six fois soixante : 360 tulipes. Mais de quelle largeur sera donc cette plate-bande que je ne puis mesurer ? Elle sera évidemment de six fois six pouces, qui font trois pieds.

Il connait la longueur & la largeur. Il veut connaître la superficie. N'est-il pas vrai, lui dit son maître, que si vous fesiez courir une ligne de trois pieds sur cette platebande d'un bout à l'autre, elle l'aurait successivement couverte toute entière ? Voilà donc la superficie trouvée ; elle est de trois fois trente. Ce morceau a 90 pieds quarrés.

Le jardinier quelques jours après tend un cordeau d'une angle à l'autre dans la longueur ; ce cordeau partage le rectangle en deux parties égales. Il est donc, dit le disciple, aussi long qu'un des deux côtés ?

LE MAITRE.

Non, il est plus long.

LE DISCIPLE.

Mais quoi ! si je fais passer des lignes sur cette transversale que vous appelez *diagonale*,

il n'y en aura pas plus pour elle que pour les deux autres ; elle leur est donc égale ?

GÉOMÉTRIE.

Quoi ! lorſque je forme la lettre N, ce trait qui lie les deux jambages n'eſt-il pas de la même hauteur qu'eux ?

LE MAITRE.

Il eſt de la même hauteur, mais non de la même longueur, cela eſt démontré. Faites deſcendre cette diagonale au niveau du terrain ; vous voyez qu'elle déborde un peu.

LE DISCIPLE.

Et de combien préciſément déborde-t-elle ?

LE MAITRE.

Il y a des cas où l'on n'en ſaura jamais rien, de même qu'on ne ſaura point préciſément quelle eſt la racine quarrée de cinq.

LE DISCIPLE.

Mais la racine quarrée de 5 eſt 2, avec la racine d'un cinquiéme.

LE MAITRE.

Et qu'eſt-ce que la racine quarrée d'un cinquiéme ? Vous ſentez bien que cela ne ſe peut exprimer en chiffres. Il y a de même en géométrie des lignes dont les rapports ne peuvent s'exprimer.

LE DISCIPLE.

Voilà une difficulté qui m'arrête. Quoi! je ne saurai jamais mon compte ? il n'y a donc rien de certain ?

LE MAITRE.

Il est certain que cette ligne de biais partage le quadrilataire en deux parties égales. Mais il n'est pas plus surprenant que ce petit reste de la ligne diagonale n'ait pas une commune mesure avec les côtés, qu'il n'est surprenant que vous ne puissiez trouver en arithmétique la racine quarrée de 5.

Vous n'en saurez pas moins votre compte ; car si un arithméticien dit qu'il vous doit la racine quarrée de cinq écus, vous n'avez qu'à transformer ces cinq écus en petites piéces, comme soixante & quatre, & vous serez payé en recevant huit piéces, qui sont la racine quarrée de soixante & quatre. Il ne faut pas qu'il y ait de mystère ni en arithmétique, ni en géométrie.

Ces premières ouvertures aiguillonnent l'esprit du jeune homme. Son maitre lui ayant dit que la diagonale d'un quarré étant incommensurable, immésurable aux côtés & aux bases, lui apprend qu'avec cette ligne dont on ne saura jamais la valeur, il va faire cependant un quarré qui fera démontré être le double du quarré, *a*, *b*, *c*, *d*.

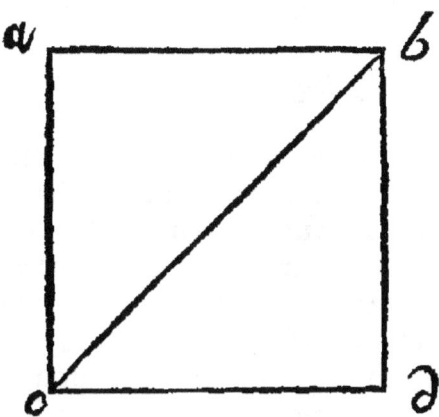

Il lui fait voir premiérement que les deux triangles qui partagent le quarré font égaux. Enfuite traçant cette figure, il démontre à

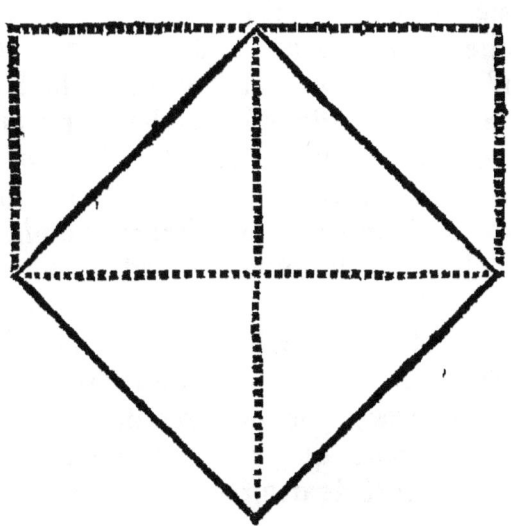

l'esprit & aux yeux que le quarré formé par ces quatre lignes noires vaut les deux quarrés pointillés. Et cette proposition servira bientôt à faire comprendre ce fameux théorème que *Pythagore* trouva établi chez les Indiens, & qui était connu des Chinois, que le grand côté d'un triangle rectangle peut porter une figure quelconque, égale aux figures établies fur les deux autres côtés.

Le jeune homme veut-il mesurer la hauteur d'une tour, la largeur d'une rivière dont il ne peut approcher, chaque théorème a sur le champ son application ; il apprend la géométrie par l'usage.

Si on s'était contenté de lui dire que le produit des extrêmes est égal au produit des moyens, ce n'eût été pour lui qu'un problème stérile ; mais il sait que l'ombre de cette perche est à la hauteur de la perche comme l'ombre de la tour voisine est à la hauteur de la tour. Si donc la perche a cinq pieds & son ombre un pied, & si l'ombre de la tour est de douze pieds, il dit, comme un est à cinq, ainsi douze est à la hauteur de la tour ; elle est donc de soixante pieds.

Il a besoin de connaître les propriétés d'un cercle ; il sait qu'on ne poura jamais avoir la mesure exacte de sa circonférence, parce qu'on suppose que sa courbe est composée d'une infinité de droites, & qu'on ne mesure point

point l'infini. Mais cette extrème exactitude est inutile pour opérer. Le développement d'un cercle est sa mesure.

Il connaîtra que ce cercle étant une espèce de poligone, son aire est égale à ce triangle dont le petit côté est le rayon du cercle, & dont la base est la mesure de sa circonférence.

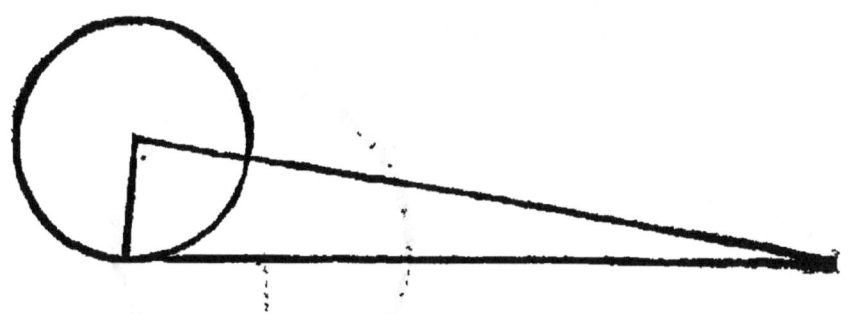

Les circonférences des cercles seront entre elles comme leurs rayons.

Les cercles ayant les propriétés générales de toutes les figures rectilignes semblables, & ces figures étant entre elles comme les quarrés de leurs côtés correspondans, les cercles auront aussi leurs aires proportionnelles au quarré de leurs rayons.

Ainsi comme le quarré de l'hypoténuse est égal au quarré des deux côtés, le cercle dont le rayon sera cette hypoténuse sera égal à deux cercles qui auront pour rayon les deux autres côtés. Et cette connaissance servira aisément pour construire un bassin d'eau aussi grand que

Sixième partie.   S

deux autres baſſins pris enſemble. On double le cercle ſi on ne le quarre pas exactement.

Accoutumé à ſentir ainſi l'avantage des vérités géométriques ; il lit dans quelques élémens de cette ſcience, que ſi on tire cette ligne droite appellée *tangente*, qui touchera le cercle en un point, on ne poura jamais faire paſſer une autre ligne droite entre ce cercle & cette ligne.

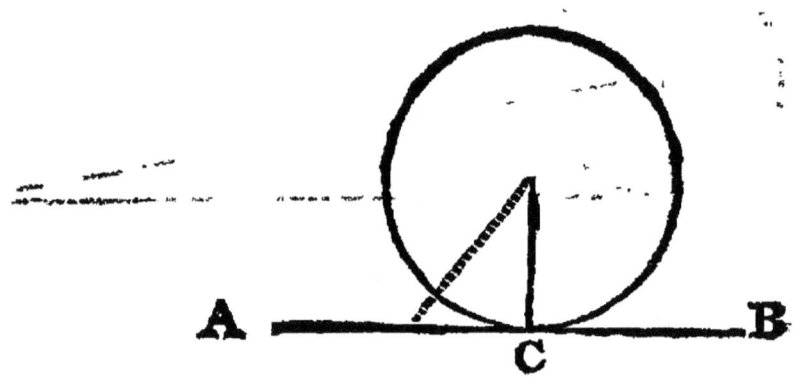

Cela eſt bien évident, & ce n'était pas trop la peine de le dire. Mais on ajoute qu'on peut faire paſſer une infinité de lignes courbes à ce point de contact ; cela le ſurprend & ſurprendrait auſſi des hommes faits. Il eſt tenté de croire la matière pénétrable. Les livres lui diſent que ce n'eſt point là de la matière, que ce ſont des lignes ſans largeur. Mais ſi elles ſont ſans largeur, ces lignes droites métaphyſiques paſſeront en foule en A B, l'une fur l'autre, fans rien toucher. Si elles ont de la largeur, aucune courbe ne paffera. On lui répond gravement que c'eft là un infini du fecond ordre. Ces mots effrayent l'enfant. Il ne fait plus où il en eft ; il fe voit tranfporté dans un nouveau monde qui n'a rien de commun avec le nôtre.

Comment croire que ce qui eft manifeftement impoffible à la nature, foit vrai?

Je conçois bien, dira-t-il à un maître de la géométrie tranfcendante, que tous vos cercles fe rencontreront au point C. Mais voilà tout ce que vous démontrerez. Vous ne pourrez jamais me démontrer que ces lignes circulaires aillent au delà du point de contingence.

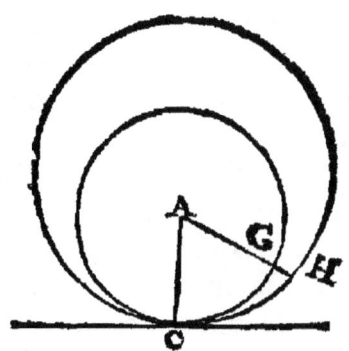

La fécante A G eft plus courte que la fécante A C H ; d'accord ; mais il ne fuit point dela que vos lignes courbes puiffent paffer par C Elles y peuvent paffer, répondra le

Sixieme partie.   S ij

maître, parce que C eſt un infiniment petit qui contient d'autres infiniment petits.

Je n'entends point ce que c'eſt qu'un infiniment petit, dit l'enfant ; & le maître eſt obligé d'avouer qu'il ne l'entend pas davantage. C'eſt là, où *Malezieux* s'extaſie dans ſes élémens de géométrie. Il dit poſitivement qu'il y a des vérités incompatibles. N'eût-il pas été plus honnête d'avouer que ces infinis ne ſont que des approximations, des ſuppoſitions ?

Je ne puis toûjours diviſer un nombre par la penſée ; mais ſuit-il delà que ce nombre ſoit infini ? Auſſi *Newton* dans ſon calcul intégral & dans ſon différentiel, ne ſe ſert pas de ce grand mot ; & *Clairaut* ſe garde bien d'enſeigner dans ſes élémens de géométrie, qu'on puiſſe faire paſſer des cerceaux entre une boule & la table ſur laquelle cette boule eſt poſée.

Il faut bien diſtinguer entre la géométrie utile & la géométrie curieuſe.

L'utile eſt le compas de proportion inventé par *Galilée* ; la meſure des triangles, celle des ſolides, le calcul des forces mouvantes. Preſque tous les autres problêmes peuvent éclairer l'eſprit & le fortifier. Bien peu ſeront d'une utilité ſenſible au genre-humain. Quarrez des courbes tant qu'il vous plaira, vous montrerez une extrême ſagacité. Vous reſſemblez à un arithméticien qui examine les propriétés des nombres au lieu de calculer fa fortune.

Lorfqu'*Archimède* trouva la pefanteur fpécifique des corps, il rendit fervice au genre humain; mais de quoi vous fervira de trouver trois nombres tels que la différence des quarrés de 2 ajoutés au cube de trois faffent toûjours un quarré, & que la fomme des trois différences ajoutée au même cube faffe un autre quarré ? *Nugæ dificiles*,

GLOIRE.

Que *Cicéron* aime la gloire après avoir étouffé la confpiration de *Catilina*, on le lui pardonne.

Que le roi de Pruffe *Fréderic le grand* penfe ainfi après Rosbac & Liffa, & après avoir été le légiflateur, l'hiftorien, le poëte & le filofofe de fa patrie; qu'il aime paffionnément la gloire, & qu'il foit affez habile pour être modefte, on l'en glorifiera davantage.

Que l'impératrice *Catherine II* ait été forcée par la brutale infolence d'un fultan Turc à déployer tout fon génie; que du fond du Nord elle ait fait partir quatre efcadres qui ont effrayé les Dardanelles & l'Afie mineure,

& qu'elle ait en 1770 enlevé quatre provinces à ces Turcs qui fesaient trembler l'Europe, on trouvera fort bon qu'elle jouïsse de sa gloire ; & on l'admirera de parler de ses succes avec cet air d'indifférence & de supériorité qui fait voir qu'on les mérite.

En un mot, la gloire convient aux génies de cette espèce, quoiqu'ils soient de la race mortelle très chétive.

Mais si au bout de l'Occident, un bourgeois d'une ville nommée *Paris* près de Gonesse, croit avoir de la gloire s'il est harangué par un régent de l'université qui lui dit, Monseigneur, la gloire que vous avez acquise dans l'exercice de votre charge, vos illustres travaux dont tout l'univers retentit, &c. Je demande alors s'il y a dans cet univers assez de sifflets pour célébrer la gloire de mon bourgeois, & l'éloquence du pédant qui est venu braire cette harangue dans l'hôtel de monseigneur ?

Nous sommes si sots, que nous avons fait DIEU glorieux comme nous.

Ben - al - bétif, ce digne chef des derviches, leur disait un jour : Mes frères, il est tres bon que vous vous serviez souvent de cette sacrée formule de notre Koran, *Au nom de Dieu très miséricordieux ;* car DIEU use de miséricorde, & vous apprenez à la faire en répétant souvent les mots qui recommandent une vertu., sans laquelle il resterait peu d'hommes fur la terre. Mais, mes frères, gardez-vous bien d'imiter des téméraires qui fe vantent à tout propos de travailler à la gloire de Dieu. Si un jeune imbécille foutient une thèfe fur les cathégories, thèfe à laquelle préfide un ignorant en fourrure, il ne manque pas d'écrire en gros caractères à la tête de fa thèfe; *Ek allhà abron doxa: Ad majorem Dei gloriam.* Un bon mufulman a-t-il fait blanchir fon fallon, il grave cette fottife fur fa porte; un faka porte de l'eau pour la plus grande gloire de Dieu. C'eſt un ufage impie qui eſt pieufement mis en ufage. Que diriez-vous d'un petit chiaoux, qui en vuidant la chaife percée de notre fultant, s'écrierait, A la plus grande gloire de notre invincible monarque ? Il y a certainement plus loin du fultan à Dieu, que du fultan au petit chiaoux.

Qu'avez-vous de commun, miférables vers de terre appellés *hommes*, avec la gloire de l'Etre infini ? Peut-il aimer la gloire ? Peut-il en recevoir de vous ? Peut-il en goûter ? Jufqu'à quand, animaux à deux pieds fans plumes, ferez-vous Dieu à votre image ? Quoi ! parce que vous êtes vains, parce que vous aimez la gloire, vous voulez que Dieu l'aime auffi ! S'il y avait plufieurs Dieux, chacun d'eux peut-être voudrait obtenir les fuffrages de fes femblables. Ce ferait là la gloire d'un Dieu. Si l'on peut comparer la grandeur infinie avec la baffeffe extrême, ce Dieu ferait comme le roi *Alexandre* ou *Scander*, qui ne voulait entrer en lice qu'avec des rois : Mais vous, pauvres gens, quelle gloire pouvez-vous donner à Dieu ? Ceffez de prophaner fon nom facré. Un empereur nommé *Octave Augufte*, défendit qu'on le louât dans les écoles de Rome, de peur que fon nom ne fût avili. Mais vous ne pouvez ni avilir l'Etre fuprême, ni l'honorer. Anéantiffez-vous, adorez & taifez-vous.

Ainfi parlait *Ben-al-bétif*; & les derviches s'écrièrent, Gloire à Dieu ! *Ben-al-bétif* a bien parlé.

GOUT.

Y A-t-il un bon & un mauvais goût ? oui fans doute, quoique les hommes différent d'opinions, de mœurs, d'ufages.

Le meilleur goût en tout genre eft d'imiter la nature avec le plus de fidélité, de force & de grace.

Mais la grace n'eft-elle pas arbitraire ? non, puifqu'elle confifte à donner aux objets qu'on repréfente, de la vie & de la douceur.

Entre deux hommes dont l'un fera grof-

GOUT.

fier, l'autre délicat, on convient assez que l'un a plus de goût que l'autre.

Avant que le bon tems fût venu, *Voiture* qui dans sa manie de broder des riens avait quelquefois beaucoup de délicatesse & d'agrément, écrit au grand *Condé* sur sa maladie :

> Commencez, Seigneur, à songer
> Qu'il importe d'être & de vivre;
> Pensez à vous mieux ménager.
> Quel charme a pour vous le danger
> Que vous aimiez tant à suivre?
> Si vous aviez dans les combats
> D'Amadis l'armure enchantée
> Comme vous en avez le bras
> Et la vaillance tant vantée,
> Seigneur, je ne me plaindrais pas.
> Mais en nos siècles où les charmes
> Ne font pas de pareilles armes;
> Qu'on voit que le plus noble sang,
> Fût-il d'Hector ou d'Alexandre,
> Est aussi facile à répandre
> Que l'est celui du plus bas rang;
> Que d'une force sans seconde
> La mort fait ses traits élancer;
> Et qu'un peu de plomb peut casser
> La plus belle tête du monde,
> Qui l'a bonne y doit regarder.
> Mais une telle que la vôtre,

Ne se doit jamais hazarder.
Pour votre bien & pour le nôtre,
Seigneur, il vous la faut garder.
Quoique votre esprit se propose,
Quand votre course sera close,
On vous abandonnera fort.
Croyez-moi, c'est fort peu de chose
Qu'un demi-Dieu quand il est mort.

Ces vers passent encor aujourd'hui pour être pleins de goût & pour être les meilleurs de *Voiture*.

Dans le même tems, *l'Etoile* qui passait pour un génie, *l'Etoile* l'un des cinq auteurs qui travaillaient aux tragédies du cardinal de Richelieu ; *l'Etoile*, l'un des juges de *Corneille*, fesait ces vers qui sont imprimés à la suite de *Malherbe* & de *Racan*;

Que j'aime en tout tems la taverne !
Que librement je m'y gouverne !
Elle n'a rien d'égal à soi.
J'y vois tout ce que j'y demande ;
Et les torchons y sont pour moi
De fine toile de Hollande.

Il n'est point de lecteur qui ne convienne que les vers de *Voiture* sont d'un courtisan qui a le bon goût en partage, & ceux de *l'Etoile* d'un homme grossier sans esprit.

C'est dommage qu'on puisse dire de *Voiture*, Il eut du goût cette fois-là. Il n'y a certainement qu'un goût détestable dans plus de mille vers pareils à ceux-ci.

> Quand nous fumes dans Etampes
> Nous parlames fort de vous.
> J'en foupirai quatre coups
> Et j'en eus la goutte crampe.
> Etampe & crampe vraiment
> Riment merveilleufement.
> Nous trouvames près Sercote,
> (Cas étrange & vrai pourtant)
> Des bœufs qu'on voyait broutant
> Deffus le haut d'une motte.
> Et plus bas quelques cochons
> Avec nombre de moutons, &c.

La fameufe lettre de la carpe au brochet, & qui lui fit tant de réputation, n'eft-elle pas une plaifanterie trop pouffée, trop longue, & en quelques endroits trop peu naturelle ? n'eft-ce pas un mélange de fineffe & de groffiéreté, de vrai & de faux ? Falait-il dire au grand Condé, nommé le *brochet* dans une fociété de la cour, qu'à fon nom *les baleines du nord fuaient à groffes gouttes*, & que les gens de l'empereur penfaient le frire & le manger avec un grain de fel ?

Eft-ce un bon goût d'écrire tant de lettres feulement pour montrer un peu de cet efprit qui confifte en jeux de mots & en pointes ?

N'eft-on pas révolté quand *Voiture* dit

au grand *Condé* sur la prise de Dunkerke; *Je crois que vous prendriez la lune avec les dents?*

Il semble que ce faux goût fut inspiré à *Voiture* par le *Marini* qui était venu en France avec la reine *Marie de Médicis*. Voiture & Costar le citent très souvent dans leurs lettres comme un modèle. Ils admirent sa description de la rose fille d'Avril, vierge & reine, assise sur un trône épineux, tenant majestueusement le sceptre des fleurs, ayant pour courtisans & pour ministres la famille lascive des zéphirs, & portant la couronne d'or & le manteau d'écarlate.

Bella figlia d'Aprile
Verginella e reina
Su lo spinoso trono
Del verde cespo assisa
De' fior' la scettro in maesta sostiene;
E corteggiata intorno
Da lasciva famiglia
Di zephiri ministri
Porta d'or' la corona e d'ostro il manto.

Voiture cite avec complaisance dans sa trente-cinquiéme lettre à *Costar*, l'atôme sonnant du *Marini*, la voix emplumée, le soufle vivant vêtu de plumes, la plume sonore, le chant ailé, le petit esprit d'harmonie caché dans de petites entrailles, & tout cela pour dire, Un rossignol.

> *Una voce pennuta, un suon' volante,*
> *E vestito di penne, un vivo fiato,*
> *Una piuma canora, un canto alato,*
> *Un spirituel che d'armonia composto*
> *Vive in anguste viscere nascoto.*

Balzac avait un mauvais goût tout contraire ; il écrivait des lettres familières avec une étrange emphase. Il écrit au cardinal de *la Valette*, que ni dans les déserts de la Libie, ni dans les abimes de la mer, il n'y eut jamais un si furieux monstre que la sciatique; & que si les tyrans dont la mémoire nous est odieuse, eussent eu tels instrumens de leur cruauté, c'eût été la sciatique que les martyrs eussent endurée pour la religion.

Ces exagérations emphatiques, ces longues périodes mesurées, si contraires au stile épistolaire, ces déclamations fastidieuses, hérissées de grec & de latin au sujet de deux sonnets assez médiocres qui partageaient la cour & la ville, & sur la pitoyable tragédie d'*Hérode* infanticide, tout cela était d'un tems où le goût n'était pas encor formé. *Cinna* même, & les *Lettres provinciales* qui étonnèrent la nation, ne la dérouillèrent pas encore.

Les connaisseurs distinguent encor dans le même homme le tems où son goût était formé, celui où il acquit sa perfection, celui où il tomba en décadence. Quel homme d'un esprit un peu cultivé ne sentira pas l'extrême différence des beaux morceaux de *Cinna*, & de ceux-ci du même auteur dans ses vingt dernières tragédies ?

Dis-moi donc, lorsqu'Othon s'est offert à Camille,
A-t-il été content ? a-t-elle été facile ?
Son hommage auprès d'elle a-t-il eu plus d'effet ?
Comment l'a-t-elle pris ? & comment l'a-t-il fait ?
(elle.)

Est-il parmi les gens de lettres quelqu'un qui ne reconnaisse le goût perfectionné de *Boileau* dans son art poetique, & son goût non encor rafiné dans sa satyre sur les embarras de Paris, où il peint des chats dans les gouttières ?

L'un miaule en grondant comme un tigre en furie,
L'autre roule sa voix comme un enfant qui crie ;
Ce n'est pas tout encor, les souris & les rats
Semblent pour m'éveiller s'entendre avec les chats.

S'il avait vécu alors dans la bonne compagnie, elle lui aurait conseillé d'exercer son talent sur des objets plus dignes d'elle que des chats, des rats & des souris.

Comme un artiste forme peu-à-peu son goût, une nation forme aussi le sien. Elle croupit des siécles entiers dans la barbarie, ensuite il s'élève une faible aurore ; enfin le grand jour paraît, après lequel on ne voit plus qu'un long crépuscule.

Nous convenons tous depuis longtems, que malgré les foins de *François I* pour faire naître le goût des beaux arts en France, ce bon goût ne put jamais s'établir que vers le siécle de *Louis XIV* ; & nous commençons à nous plaindre que le siécle préfent dégénère.

Les Grecs du bas empire avouaient que le goût qui régnait du tems de *Périclès* était perdu chez eux. Les Grecs modernes conviennent qu'ils n'en ont aucun.

Quintilien reconnaît que le goût des Romains commençait à fe corrompre de fon tems.

Nous avons vu à l'article *Art dramatique*, combien *Lopez de Vega* fe plaignait du mauvais goût des Efpagnols.

Les Italiens s'apperçurent les premiers que tout dégénérait chez eux quelque tems après leur immortel *Seicento* ; & qu'ils voyaient périr la plûpart des arts qu'ils avaient fait naître.

Adiffon attaque fouvent le mauvais goût de fes compatriotes dans plus d'un genre, foit quand il fe moque de la ftatue d'un amiral en perruque quarrée, foit quand il témoigne fon mépris pour les jeux de mots employés férieufement, ou quand il condamne des jongleurs introduits dans les tragédies.

Si donc les meilleurs esprits d'un pays conviennent que le goût a manqué en certains tems à leur patrie, les voisins peuvent le sentir comme les compatriotes. Et de même qu'il est évident que parmi nous tel homme a le goût bon & tel autre mauvais, il peut être évident aussi que de deux nations contemporaines l'une a un goût rude & grossier, l'autre fin & naturel.

Le malheur est que quand on prononce cette vérité on révolte la nation entière dont on parle, comme on cabre un homme de mauvais goût lorsqu'on veut le ramener.

Le mieux est donc d'attendre que le tems & l'exemple instruise une nation qui péche par le goût. C'est ainsi que les Espagnols commencent à réformer leur théâtre, & que les Allemands essayent d'en former un.

DU GOUT PARTICULIER D'UNE NATION.

Il est des beautés de tous les tems & de tous les pays, mais il est aussi des beautés locales. L'éloquence doit être partout persuasive, la douleur touchante, la colère impétueuse, la sagesse tranquille ; mais les détails qui pouront plaire à un citoyen de Londre, pouront ne faire aucun effet sur un habitant de de Paris ; les Anglais tireront plus heureusement leurs comparaisons, leurs métaphores de la marine, que ne feront des Parisiens qui voient rarement des vaisseaux. Tout ce qui tiendra de près à la liberté d'un Anglais, à ses droits, à ses usages, sera plus d'impression sur lui que sur un Français.

La température du climat introduira dans un pays froid & humide un goût d'architecture, d'ameublemens, de vêtemens qui sera fort bon, & qui ne poura étre reçu à Rome, en Sicile.

Théocrite & *Virgile* ont dû vanter l'ombrage & la fraîcheur des eaux dans leurs églogues. *Thompson* dans sa description des *Saisons*, aura dû faire des descriptions toutes contraires.

Une nation éclairée, mais peu sociable, n'aura point les mêmes ridicules qu'une nation aussi spirituelle, mais livrée à la société jusqu'à l'indiscrétion. Et ces deux peuples conséquemment n'auront pas la même espèce de comédie.

La poesie sera différente chez le peuple qui renferme les femmes & chez celui qui leur accorde une liberté sans bornes.

Mais il sera toûjours vrai de dire que *Virgile* a mieux peint ses tableaux que *Thompson* n'a peint les siens, & qu'il y a eu plus de goût sur les bords du Tibre que sur ceux de la Tamise ; que les scènes naturelles du *Pas-*

Sixiéme partie. T

tor fido sont incomparablement supérieures aux bergeries de *Racan* ; que *Racine* & *Molière* sont des hommes divins à l'égard des auteurs des autres théâtres.

DU GOUT DES CONNAISSEURS.

En général le goût fin & sûr consiste dans le sentiment prompt d'une beauté parmi des défauts, & d'un défaut parmi des beautés.

Le gourmet est celui qui discernera le mélange de deux vins, qui sentira ce qui domine dans un mets, tandis que les autres convives n'auront qu'un sentiment confus & égaré.

Ne se trompe-t-on pas quand on dit que c'est un malheur d'avoir le goût trop délicat, d'être trop connaisseur ? qu'alors on est trop choqué des défauts & trop insensible aux beautés ? qu'enfin on perd à être trop difficile ? n'est-il pas vrai au contraire qu'il n'y a véritablement de plaisir que pour les gens de goût ? ils voient, ils entendent, ils sentent ce qui échappe aux hommes moins sensiblement organisés, & moins exercés.

Le connaisseur en musique, en peinture, en architecture, en poésie, en médailles &c. éprouve des sensations que le vulgaire ne soupçonne pas ; le plaisir même de découvrir une faute le flatte, & lui fait sentir les beautés plus vivement. C'est l'avantage des bonnes vues sur les mauvaises. L'homme de goût a d'autres yeux, d'autres oreilles, un autre tact que l'homme grossier. Il est choqué des draperies mesquines de *Raphaël*, mais il admire la noble correction de son dessein. Il a le plaisir d'appercevoir que les enfans de *Luocoon* n'ont nulle proportion avec la taille de leur père; mais tout le groupe le fait frissonner tandis que d'autres spectateurs sont tranquilles.

Le célèbre sculpteur homme de lettres & de génie, qui a fait la statue colossale de *Pierre I* à Petersbourg, critique avec raison l'attitude du Moïse de *Michel-Ange*, & sa petite veste serrée qui n'est pas même le costume oriental; en même tems il s'extasie en contemplant l'air de tête.

EXEMPLES DU BON ET DU MAUVAIS GOUT, TIRÉS DES TRAGÉDIES FRANÇAISES ET ANGLAISES.

Je ne parlerai point ici de quelque auteurs Anglais, qui ayant traduit des piéces de *Molière*, l'ont insulté dans leurs préfaces, ni de ceux qui de deux tragédies de *Racine* en ont fait une, & qui l'ont encor chargée de nouveaux incidens pour se donner le droit de censurer la noble & féconde simplicité de ce grand-homme.

De tous les auteurs qui ont écrit en Angleterre sur le goût, sur l'esprit & l'imagination,

& qui ont prétendu à une critique judicieuſe, *Adiſſon* eſt celui qui a le plus d'autorité. Ses ouvrages ſont très utiles, on a déſiré ſeulement qu'il n'eût pas trop ſouvent ſacrifié ſon propre goût au déſir de plaire à ſon parti, & de procurer un prompt débit aux feuilles du ſpectateur qu'il compoſait avec *Steele*.

Cependant, il a ſouvent le courage de donner la préférence au théâtre de Paris ſur celui de Londre ; il fait ſentir les défauts de la ſcène angIaiſe ; & quand il écrivit ſon *Caton*, il ſe donna bien garde d'imiter le ſtile de *Shakeſpear*. S'il avait ſu traiter les paſſions, ſi la chaleur de ſon ame eût répondu à la dignité de ſon ſtile, il aurait réformé ſa nation. Sa piéce étant une affaire de parti, eut un ſuccès prodigieux. Mais quand les factions furent éteintes, il ne reſta à la tragédie de *Caton* que de très beaux vers & de la froideur. Rien n'a plus contribué à l'affermiſſement de l'empire de *Shakeſpear*. Le vulgaire en aucun pays ne ſe connaît en beaux vers ; & le vulgaire anglais aime mieux des princes qui ſe diſent des injures, des femmes qui ſe roulent ſur la ſcène, des aſſaſſinats, des exécutions criminelles, des revenans qui rempliſſent le théâtre en foule, des ſorciers, que l'éloquence la plus noble & la plus ſage.

Colliers a très bien ſenti les défauts du théâtre anglais ; mais étant ennemi de cet art par une ſuperſtition barbare dont il était possédé, il déplut trop à la nation pour qu'elle daignât s'éclairer par lui ; il fut haï & méprisé.

Warburton évêque de Glocester a commenté *Shakespear* de concert avec *Pope*. Mais son commentaire ne roule que sur les mots. L'auteur des trois volumes des *Elémens de critique*, censure *Shakespear* quelquefois ; mais il censure beaucoup plus *Racine* & nos auteurs tragiques.

Le grand reproche que tous les critiques Anglais nous font, c'est que tous nos héros sont des Français, des personnages de roman, des amans tels qu'on en trouve dans *Clélie*, dans *Astrée* & dans *Zaïde*. L'auteur des élémens de critique reprend surtout très sévérement *Corneille*, d'avoir fait parler ainsi *César* à *Cléopatre*.

> C'était pour acquérir un droit si précieux
> Que combattait partout mon bras ambitieux ;
> Et dans Pharsale même il a tiré l'épée
> Plus pour le conserver que pour vaincre Pompée.
> Je l'ai vaincu, princesse, & le Dieu des combats
> M'y favorisait moins que vos divins appas :
> Ils conduisaient ma main, ils enflaient mon courage ;
> Cette pleine victoire est leur dernier ouvrage.

Le critique Anglais trouve ces fadeurs ridicules & extravagantes. Il a sans doute raison. Les Français sensés l'avaient dit avant lui.

Nous regardons comme une règle inviolable ces préceptes de *Boileau*.

Qu'Achille aime autrement que Tirfis & Philène ;
N'allez pas d'un Cyrus nous faire un Artamène.

Nous favons bien que *Céfar* ayant en effet aimé *Cléopatre*, *Corneille* le devait faire parler autrement, & que furtout cet amour eſt très infipide dans la tragédie de *la Mort de Pompée*. Nous favons que *Corneille* qui a mis de l'amour dans toutes fes piéces, n'a jamais traité convenablement cette paſſion, excepté dans quelques fcènes du *Cid* imitées de l'eſpagnol. Mais auſſi toutes les nations conviennent avec nous qu'il a déployé un très grand génie, un fens profond, une force d'eſprit fupérieure dans *Cinna*, dans pluſieurs fcènes des *Horaces*, de *Pompée* & de *Polyeucte*.

Si l'amour eſt infipide dans preſque toutes fes piéces, nous fommes les premiers à le dire ; nous convenons tous que fes héros ne font que des raifonneurs dans fes quinze ou feize derniers ouvrages. Les vers de ces piéces font durs, obfcurs, fans harmonie, fans grace. Mais s'il s'eſt élevé infiniment au deſſus de *Shakeſpear* dans les tragédies de fon bon tems, il n'eſt jamais tombé fi bas dans les autres ; & s'il fait dire malheureufement à Céfar,

Qu'il vient annoblir par le titre de captif,
le titre de vainqueur à préfent effectif, Céfar ne dit point chez lui les extravagances qu'il

débite dans *Shakespear*. Ses héros ne font point l'amour à *Catau* comme le roi *Henri V*; on ne voit point chez lui de prince s'écrier comme *Richard II*;

„ O terre de mon royaume ! ne nourris
„ pas mon ennemi ; mais que les araignées
„ qui fucent ton venin , & que les lourds
„ crapauds foient fur fa route ; qu'ils atta-
„ quent fes pieds perfides , qui le foulent de
„ fes pas ufurpateurs. Ne produis que de
„ puants chardons pour eux ; & quand ils vou-
„ dront cueillir une fleur fur ton fein, ne leur
„ préfente que des ferpens en embufcade. "

On ne voit point chez *Corneille* un héritier du trône s'entretenir avec un général d'armée, avec ce beau naturel que *Shakespear* étale dans le prince de Galles, qui fut depuis le roi *Henri IV*. a)

Le général demande au prince quelle heure il eft. Le prince lui répond ; „ Tu as l'efprit
„ fi gras pour avoir bu du vin d'Efpagne,
„ pour t'être déboutonné après fouper, pour
„ avoir dormi fur un banc après dîner , que
„ tu as oublié ce que tu devrais favoir. Que
„ diable t'importe l'heure qu'il eft ? à moins
„ que les heures ne foient des taffes de vin,
„ que les minutes ne foient des hachis de
„ chapons, que les cloches ne foient des lan-
„ gues de maquerelles, les cadrans des enfei-

a) Scène II du premier acte de la vie & la mort de *Henri IV*.

„ gnes de mauvais lieux, & le foleil lui-
„ même une fille de joie en taffetas couleur
„ de feu.

Comment *Warburton* n'a-t-il pas rougi de commenter ces groffiéretés infames ? travaillait-il pour l'honneur du théâtre & de l'églife anglicane ?

RARETÉ DES GENS DE GOUT.

On eft affligé quand on confidère (furtout dans les climats froids & humides) cette foule prodigieufe d'hommes qui n'ont pas la moindre étincelle de goût, qui n'aiment aucun des beaux arts, qui ne lifent jamais, & dont quelques-uns feuillettent tout au plus un journal une fois par mois pour être au courant, & pour fe mettre en état de parler au hazard des chofes dont ils ne peuvent avoir que des idées confufes.

Entrez dans une petite ville de province, rarement vous y trouvez un ou deux libraires. Il en eft qui en font entiérement privées. Les juges, les chanoines, l'évèque, le fubdélégué, l'élu, le receveur du grenier à fel, le citoyen aifé, perfonne n'a de livres, perfonne n'a l'efprit cultivé ; on n'eft pas plus avancé qu'au douziéme fiécle. Dans les capitales des provinces, dans celles même qui ont des académies, que le goût eft rare !

Il faut la capitale d'un grand royaume pour y établir la demeure du goût ; encor n'est-il le partage que du très petit nombre ; toute la populace en est exclue. Il est inconnu aux familles bourgeoises où l'on est continuellement occupé du soin de sa fortune, des détails domestiques & d'une grossière oisiveté, amusée par une partie de jeu. Toutes les places qui tiennent à la judicature, à la finance, au commerce, ferment la porte aux beaux arts. C'est la honte de l'esprit humain que le goût, pour l'ordinaire, ne s'introduise que chez l'oisiveté opulente. J'ai connu un commis des bureaux de Versailles né avec beaucoup d'esprit, qui disait, Je suis bien malheureux, je n'ai pas le tems d'avoir du goût.

Dans une ville telle que Paris, peuplée de plus de six cent mille personnes, je ne crois pas qu'il y en ait trois mille qui ayent le goût des beaux arts. Qu'on représente un chef-d'œuvre dramatique, ce qui est si rare, & qui doit l'être, on dit tout Paris est enchanté ; mais on en imprime trois mille exemplaires tout au plus.

Parcourez aujourd'hui l'Asie, l'Afrique, la moitié du Nord, où verrez-vous le goût de l'éloquence, de la poésie, de la peinture, de la musique ? presque tout l'univers est barbare.

Le goût est donc comme la philosophie ;

il appartient à un très petit nombre d'ames privilégiées.

Le grand bonheur de la France fut d'avoir dans *Louis XIV* un roi qui était né avec du goût.

Pauci quos equs amavit,
Jupiter aut ardens evexit ad æthera virtus
Diis geniti potuere.

C'est en vain qu'*Ovide* a dit que DIEU nous créa pour regarder le ciel, *Erectos ad sydera tollere vultus* ; Les hommes font prefque tous courbés vers la terre.

GOUVERNEMENT.

SECTION PREMIÈRE.

IL faut que le plaisir de gouverner soit bien grand, puisque tant de gens veulent s'en mêler. Nous avons beaucoup plus de livres sur le gouvernement qu'il n'y a de princes sur la terre. Que DIEU me préserve ici d'enseigner les rois, & messieurs leurs ministres, & messieurs leurs valets de chambre, & messieurs leurs confesseurs, & messieurs leurs fermiers-généraux ! Je n'y entends rien, je les révère tous. Il n'appartient qu'à Mr. *Wilks* de peser dans sa balance anglaise ceux qui sont à la tête du genre-humain : de plus il serait bien étrange qu'avec trois ou quatre mille volumes sur le gouvernement, avec *Machiavel*, & la *Politique de l'Ecriture sainte* par Bossuet, avec le *Citoyen financier*, le *Guidon de finances*, le *Moyen d'enrichir un état*, &c. il y eût encor quelqu'un qui ne fût pas parfaitement tous les devoirs des rois & l'art de conduire les hommes.

Le professeur *Puffendorf*, ou le baron *Puffendorf* dit que le roi *David* ayant juré de ne jamais attenter à la vie de *Semeï* son conseiller privé, ne trahit point son serment quand il ordonna (selon l'histoire juive) à son fils *Salomon* de faire assassiner Semeï, *parce que David ne s'était engagé que pour lui seul à ne pas tuer Semeï*. Le baron, qui réprouve si hautement les restrictions mentales des jésuites, en permet une ici à l'oint *David*, qui ne sera pas du goût des conseillers d'état.

Pesez les paroles de Bossuet dans sa *Politique de l'Ecriture sainte* à monseigneur le dauphin. *Voilà donc la royauté attachée par succession à la maison de David & de Salomon, & le trône de David est affermi à jamais.* (quoique ce petit escabeau appellé *trône* ait très peu duré) *En vertu de cette loi l'aîné devait succéder au préjudice de ses frères : c'est pourquoi Adonias*, qui était l'aîné, *dit à Bethsabé mère de Salomon*, *Vous savez que le*

Puffendorf livre iv. ch. xi. art. xiii.

Liv. ii. propos. ix.

royaume était à moi, & tout Israël m'avait reconnu : mais le Seigneur a transféré le royaume à mon frère Salomon. Le droit d'*Adonias* était incontestable. *Bossuet* le dit expressément à la fin de cet article. *Le Seigneur a transféré* n'est qu'une expression ordinaire, qui veut dire, j'ai perdu mon bien, on m'a enlevé mon bien. *Adonias* était né d'une femme légitime, la naissance de son cadet n'était que le fruit d'un double crime.

A moins donc, dit Bossuet, *qu'il n'arrivât quelque chose d'extraordinaire, l'aîné devait succéder.* Or cet extraordinaire fut que *Salomon*, né d'un mariage fondé sur un double adultere & sur un meurtre, fit assassiner au pied de l'autel son frère aîné, son roi légitime, dont les droits étaient soutenus par le pontife *Abiathar*, & par le général *Joab*. Après cela avouons qu'il est plus difficile qu'on ne pense de prendre des leçons du droit des gens & du gouvernement dans l'Ecriture sainte, donnée aux Juifs, & ensuite à nous pour des intérêts plus sublimes.

Que le salut du peuple soit la loi suprême, telle est la maxime fondamentale des nations ; mais on fait consister le salut du peuple à égorger une partie des citoyens dans toutes les guerres civiles. Le salut d'un peuple est de tuer ses voisins & de s'emparer de leurs biens dans toutes les guerres étrangères. Il est encor difficile de trouver là un droit des gens bien salutaire, & un gouvernement bien favorable à l'art de penser & à la douceur de la société.

Il y a des figures de géométrie très régulières & parfaites en leur genre ; l'arithmétique est parfaite, beaucoup de métiers sont exercés d'une manière toûjours uniforme & toûjours bonne ; mais pour le gouvernement des hommes, peut-il jamais en être un bon, quand tous sont fondés sur des passions qui se combattent ?

Il n'y a jamais eu de couvens de moines sans discorde ; il est donc impossible qu'elle ne soit dans les royaumes. Chaque gouvernement est non-seulement comme les couvens ; mais comme les ménages : il n'y en a point sans querelles ; & les querelles de peuple à peuple, de prince à prince, ont toûjours été sanglantes : celles des sujets avec leurs souverains n'ont pas quelquefois été moins funestes : comment faut-il faire ? ou risquer, ou se cacher.

SECTION SECONDE.

Plus d'un peuple souhaite une constitution nouvelle ; les Anglais voudraient changer de ministres tous les huit jours ; mais ils ne voudraient pas changer la forme de leur gouvernement.

Les Romains modernes sont tous fiers de l'église de St. Pierre, & de leurs anciennes statues grecques ; mais le peuple voudrait être mieux nourri, mieux vêtu, dût-il être moins riche en bénédictions : les pères de famille souhaiteraient que l'église eût moins d'or, & qu'il y eût plus de bled dans leurs greniers : ils regrettent le tems où les apôtres allaient à pied, & où les citoyens Romains voyageaient de palais en palais en litière.

On ne cesse de nous vanter les belles républiques de la Grèce : il est sûr que les Grecs aimeraient mieux le gouvernement des *Périclès* & des *Démosthène* que celui d'un bacha ; mais dans leurs tems les plus florissans ils se plaignaient toûjours ; la discorde, la haine étaient au dehors entre toutes les villes, & au dedans dans chaque cité. Ils donnaient des loix aux anciens Romains qui n'en avaient pas encore ; mais les leurs étaient si mauvaises qu'ils les changèrent continuellement.

Quel gouvernement que celui où le juste *Aristide* était banni, *Phocion* mis à mort, *Socrate* condamné à la cigue après avoir été berné par *Aristophane* ; où l'on voit les *Amphictions* livrer imbécillement la Grèce à *Philippe* parce que les Phocéens avaient labouré un champ qui était du domaine d'*Apollon* ! Mais le gouvernement des monarchies voisines était pire.

Puffendorf promet d'examiner quelle est la meilleure forme de gouvernement : il vous dit, *que plusieurs prononcent en faveur de la monarchie, & d'autres au contraire se déchainent furieusement contre les rois, & qu'il est hors de son sujet d'examiner en détail les raisons de ces derniers.*

Liv. VII. chap. v.

Si quelque lecteur malin attend ici qu'on lui en dise plus que *Puffendorf*, il se trompera beaucoup.

Un Suisse, un Hollandais, un noble Vénitien, un pair d'Angleterre, un cardinal, un comte de l'empire disputaient un jour en voyage sur la préférence de leurs gouvernemens ; personne ne s'entendit, chacun demeura dans son opinion sans en avoir une bien certaine : & ils s'en retournèrent chez eux sans avoir rien conclu ; chacun louant sa patrie par vanité, & s'en plaignant par sentiment.

Quelle est donc la destinée du genre-humain ? presque nul grand peuple n'est gouverné par lui-même.

Partez de l'orient pour faire le tour du monde, le Japon a fermé ses ports aux étrangers dans la juste crainte d'une révolution affreuse.

La Chine a subi cette révolution ; elle obéit à des Tartares moitié Mantchoux, moitié Huns; l'Inde a des Tartares Mogols. L'Euphrate, le Nil, l'Oronte, la Grèce, l'Epire font encor fous le joug des Turcs. Ce n'est point une race anglaife qui règne en Angleterre. C'est une famille allemande qui a fuccédé à un prince Hollandais; & celui-ci à une famille écoffaife, laquelle avait fuccédé à une famille angevine, qui avait remplacé une famille normande, qui avait chaffé une famille faxonne & ufurpatrice. L'Efpagne obéit à une famille françaife, qui fuccéda à une race autrichienne; cette autrichienne à des familles qui fe vantaient d'être vifigoths; ces Vifigoths avaient été chaffés longtems par des Arabes, après avoir fuccédé aux Romains, qui avaient chaffé les Carthaginois.

La Gaule obéit à des Francs après avoir obéi à des préfets Romains.

Les mêmes bords du Danube ont appartenu aux Germains, aux Romains, aux Abares, aux Slaves, aux Bulgares, aux Huns, à vingt familles différentes, & prefque toutes étrangères.

Et qu'a-t-on vu de plus étranger à Rome que tant d'empereurs nés dans des provinces barbares, & tant de papes nés dans des provinces non moins barbares? Gouverne qui peut. Et quand on est parvenu à être le maître, on gouverne comme on peut. Voyez *Loix*.

SECTION TROISIÉME.

Un voyageur racontait ce qui suit en 1769. J'ai vu dans mes courses un pays assez grand & assez peuplé, dans lequel toutes les places s'achètent; non pas en secret & pour frauder la loi comme ailleurs, mais publiquement & pour obéir à la loi. On y met à l'encan le droit de juger souverainement de l'honneur, de la fortune & de la vie des citoyens, comme on vend quelques arpens de terre. Il y a des commissions très importantes dans les armées, qu'on ne donne qu'au plus offrant. Le principal mystère de leur religion se célèbre pour trois petits sesterces; & si le célébrant ne trouve point ce salaire, il reste oisif comme un gagne-denier sans emploi.

Les fortunes dans ce pays ne sont point le prix de l'agriculture; elles sont le résultat d'un jeu de hazard que plusieurs jouent en signant leurs noms, & en fesant passer ces noms de main en main. S'ils perdent, ils rentrent dans la fange dont ils sont sortis, ils disparaissent. S'ils gagnent, ils parviennent à entrer de part dans l'administration publique; ils marient leurs filles à des mandarins, & leurs fils deviennent aussi espèces de mandarins.

Sixiéme partie. V

Une partie considérable des citoyens a toute sa subsistance assignée sur une maison qui n'a rien ; & trois cent personnes ont acheté chacune cent mille écus le droit de recevoir & de payer l'argent dû à ces citoyens sur cet hôtel imaginaire ; droit dont ils n'usent jamais, ignorant profondément ce qui est censé passer par leurs mains.

Quelquefois on entend crier par les rues une proposition faite à quiconque a un peu d'or dans sa cassette, de s'en dessaisir pour acquérir un quarré de papier admirable, qui vous fera passer sans aucun soin une vie douce & commode. Le lendemain on vous crie un ordre qui vous force à changer ce papier contre un autre qui sera bien meilleur. Le surlendemain on vous étourdit d'un nouveau papier qui annulle les deux premiers. Vous êtes ruiné ; mais de bonnes têtes vous consolent, en vous assurant que dans quinze jours les colporteurs de la ville vous crieront une proposition plus engageante.

Vous voyagez dans une province de cet empire & vous y achetez des choses nécessaires au vêtir, au manger, au boire, au coucher. Passez-vous dans une autre province, on vous fait payer des droits pour toutes ces denrées, comme si vous veniez d'Afrique. Vous en demandez la raison, on ne vous répond point ; ou si l'on daigne vous parler, on vous répond que vous venez d'une province *réputée étrangère*, & que par conséquent il faut payer pour la commodité du commerce. Vous cherchez en vain à comprendre comment des provinces du royaume sont étrangères au royaume.

Il y a quelque tems qu'en changeant de chevaux & me sentant affaibli de fatigue, je demandai un verre de vin au maître de la poste ; Je ne saurais vous le donner, me dit-il ; les commis à la soif qui sont en très grand nombre & tous fort sobres, me feraient payer le *trop bu* ; ce qui me ruinerait. Ce n'est point trop boire, lui dis-je, que de se sustenter d'un verre de vin ; & qu'importe que ce soit vous ou moi qui ait avalé ce verre ?

Monsieur, repliqua-t-il, nos loix sur la soif sont bien plus belles que vous ne pensez. Dès que nous avons fait la vendange, les locataires du royaume nous députent des médecins qui viennent visiter nos caves. Ils mettent à part autant de vin qu'ils jugent à propos de nous en laisser boire pour notre santé. Ils reviennent au bout de l'année : & s'ils jugent que nous avons excédé d'une bouteille l'ordonnance, ils nous condamnent à une forte amende : & pour peu que nous soyons récalcitrans on nous envoye à Toulon boire de l'eau de la mer. Si je vous donnais le vin que vous me demandez, on ne manquerait pas de m'accuſer d'avoir trop bu ; vous voyez ce que je riſquerais avec les intendans de notre ſanté.

J'admirai ce régime ; mais je ne fus pas moins ſurpris lorſque je rencontrai un plaideur au déſeſpoir qui m'apprit qu'il venait de perdre au delà du ruiſſeau le plus prochain le même procès qu'il avait gagné la veille au deçà. Je fus par lui qu'il y a dans le pays autant de codes différens que de villes. Sa converſation excita ma curioſité. Notre nation eſt ſi ſage, me dit-il, qu'on n'y a rien réglé. Les loix, les coutumes, les droits des corps, les rangs, les prééminences, tout y eſt arbitraire, tout y eſt abandonné à la prudence de la nation.

J'étais encor dans le pays lorſque ce peuple eut une guerre avec quelques-uns de ſes voiſins. On appellait cette guerre *la ridicule*, parce qu'il y avait beaucoup à perdre & rien à gagner. J'allai voyager ailleurs, & je ne revins qu'à la paix. La nation, à mon retour, paraiſſait dans la dernière miſere ; elle avait perdu ſon argent, ſes ſoldats, ſes flottes, ſon commerce. Je dis, ſon dernier jour eſt venu, il faut que tout paſſe. Voilà une nation anéantie ; c'eſt dommage, car une grande partie de ce peuple était aimable, industrieuse & fort gaye, après avoir été autrefois grossière, superstitieuse & barbare.

Je fus tout étonné qu'au bout de deux ans sa capitale & ses principales villes me parurent plus opulentes que jamais ; le luxe était augmenté, & on ne respirait que le plaisir. Je ne pouvais concevoir ce prodige. Je n'en ai vu enfin la cause qu'en examinant le gouvernement de ses voisins ; j'ai conçu qu'ils étaient tout aussi mal gouvernés que cette nation, & qu'elle était plus industrieuse qu'eux tous.

Un provincial de ce pays dont je parle, se plaignait un jour amérement de toutes les vexations qu'il éprouvait. Il savait assez bien l'histoire ; on lui demanda s'il se serait cru plus heureux il y a cent ans, lorsque dans son pays alors barbare on condamnait un citoyen à être pendu pour avoir mangé gras en carême ? il secoua la tête. Aimeriez-vous les tems des guerres civiles qui commencèrent à la mort de *François II*, ou ceux des défaites de St. Quentin & de Pavie, ou les longs désastres des guerres contre les Anglais, ou l'anarchie féodale, & les horreurs de la seconde race, & les barbaries de la première ? A chaque question il était saisi d'effroi. Le gouvernement des Romains lui parut le plus intolérable de tous. Il n'y a rien de pis, disait-il, que d'appartenir à des maîtres étrangers.

On en vint enfin aux druides. Ah ! s'écria-t-il, je me trompais ; il est encor plus horrible d'être gouverné par des prêtres sanguinaires. Il conclut enfin, malgré lui, que le tems où il vivait, était le moins à tout prendre, le moins odieux.

SECTION QUATRIÉME.

Un aigle gouvernait les oiseaux de tout le pays d'Oritnie. Il est vrai qu'il n'avait d'autre droit que celui de son bec, & de ses serres. Mais enfin après avoir pourvu à ses repas & à ses plaisirs, il gouverna aussi bien qu'aucun autre oiseau de proie.

Dans sa vieillesse, il fut assailli par des vautours affamés qui vinrent du fond du nord désoler toutes les provinces de l'aigle. Parut alors un chat-huant, né dans un des plus chétifs buissons de l'empire, & qu'on avait longtems appelé *lucifugax*. Il était rusé, il s'associa avec des chauve-souris ; & tandis que les vautours se battaient contre l'aigle, notre hibou & sa troupe entrèrent habilement en qualité de pacificateurs dans l'aire qu'on se disputait.

L'aigle & les vautours après une assez longue guerre, s'en rapportèrent à la fin au hibou, qui avec sa physionomie grave sut en imposer aux deux partis.

Il persuada à l'aigle & aux vautours de

se laisser rogner un peu les ongles, & couper le petit bout du bec pour se mieux concilier ensemble. Avant ce tems le hibou avait toûjours dit aux oiseaux, Obéissez à l'aigle; ensuite il avait dit, Obéissez aux vautours. Il dit bientôt, Obéissez à moi seul. Les pauvres oiseaux ne furent à qui entendre; ils furent plumés par l'aigle, le vautour, le chat-huant & les chauve-souris. *Qui habet aures audiat.*

SECTION CINQUIÉME.

,, J'ai un grand nombre de catapultes &
,, de balistes des anciens Romains, qui sont
,, à la vérité vermoulues, mais qui pouraient
,, encor servir pour la montre. J'ai beaucoup
,, d'horloges d'eau dont la moitié sont cas-
,, sées ; des lampes sépulcrales, & le vieux
,, modèle en cuivre d'une quinquirème ; je
,, possede aussi des toges, des pretextes, des
,, laticlaves en plomb ; & mes prédécesseurs
,, ont établi une communauté de tailleurs qui
,, font assez mal des robes d'après ces anciens
,, monumens. A ces causes à ce nous mou-
,, vans, oui le rapport de notre principal
,, antiquaire, nous ordonnons que tous ces
,, vénérables usages soient en vigueur à ja-
,, mais, & qu'un chacun ait à se chauffer
,, & à penser dans toute l'étendue de nos
,, états comme on se chauffait & comme on

» pensait du tems de *Cnidus Rufillus* propré-
» teur de la province à nous dévolue par le
» droit de bienséance, &c. "

On représenta au chauffe-cire qui employait son ministère à sceller cet édit, que tous les engins y spécifiés sont devenus inutiles.

Que l'esprit & les arts se perfectionnent de jour en jour, qu'il faut mener les hommes par les brides qu'ils ont aujourd'hui, & non par celles qu'ils avaient autrefois.

Que personne ne monterait sur les quinquirèmes de son altesse sérénissime.

Que ses tailleurs auraient beau faire des laticlaves, qu'on n'en achéterait pas un seul, & qu'il était digne de sa sagesse de condescendre un peu à la manière de penser des honnêtes gens de son pays.

Le chauffe-cire promit d'en parler à un clerc, qui promit de s'en expliquer au référendaire, qui promit d'en dire un mot à son altesse sérénissime quand l'occasion pourait s'en présenter.

SECTION SIXIÉME.

Tableau du gouvernement anglais.

C'est une chose curieuse, de voir comment un gouvernement s'établit. Je ne parlerai pas ici du grand *Tamerlan*, ou *Timurleng*, parce que je ne sais pas bien précisément quel est le mystère du gouvernement du grand-mogol. Mais nous pouvons voir plus clair dans l'administration de l'Angleterre : & j'aime mieux examiner cette administration que celle de l'Inde, attendu qu'on dit qu'il y a des hommes en Angleterre, & point d'esclaves ; & que dans l'Inde on trouve, à ce qu'on prétend, beaucoup d'esclaves, & très peu d'hommes.

Considérons d'abord un bâtard Normand qui se met en tête d'être roi d'Angleterre. Il y avait autant de droit que *St. Louis* en eut depuis sur le grand Caire. Mais *St. Louis* eut le malheur de ne pas commencer par se faire adjuger juridiquement l'Egypte en cour de Rome ; & *Guillaume le bâtard* ne manqua pas de rendre sa cause légitime & sacrée, en obtenant du pape *Alexandre II* un arrêt qui assurait son bon droit, sans même avoir entendu la partie adverse, & seulement en vertu de ces paroles : *Tout ce que tu auras lié sur la terre sera lié dans les cieux.* Son concurrent *Harald*, roi très légitime, étant ainsi lié par un arrêt émané des cieux, *Guillaume* joignit à cette vertu du siége universel, une vertu un peu plus forte ; ce fut la victoire d'Hasting. Il régna donc par le droit du plus fort, ainsi qu'avaient régné *Pepin* & *Clovis* en France, les Goths & les Lombards en Italie, les Visigoths, & ensuite les Arabes en Espagne, les Vandales en Afrique, & tous les rois de ce monde les uns après les autres.

Il faut avouer encore que notre bâtard avait un auſſi juſte titre que les Saxons & les Danois, qui en avaient poſſédé un auſſi juſte que celui des Romains. Et le titre de tous ces héros était celui des *voleurs de grand chemin*, ou bien, ſi vous voulez, celui des *fouines ſur les baſſes-cours*.

Tous ces grands-hommes étaient ſi parfaitement voleurs de grand chemin, que depuis *Romulus* juſqu'aux flibuſtiers, il n'eſt queſtion que de dépouilles *opimes*, de butin, de pillage, de vaches & de bœufs volés à main armée. Dans la fable *Mercure* vole les vaches d'*Apollon*, & dans l'ancien Teſtament le prophète *Iſaïe* donne le nom de *voleur* au fils que ſa femme va mettre au monde, & qui doit être un grand type. Il l'appelle Maher-ſalal has-bas, *partagez vite les dépouilles*. Nous avons déja remarqué que les noms de *ſoldat* & de *voleur* étaient ſouvent ſynonymes.

Voilà bientôt *Guillaume* roi de droit divin. *Guillaume le roux* qui uſurpa la couronne ſur ſon frère aîné, fut auſſi roi de droit divin ſans difficulté ; & ce même droit divin appartint après lui à *Henri* le troiſiéme uſurpateur.

Les barons Normands, qui avaient concouru, à leurs dépens, à l'invaſion de l'Angleterre, voulaient des récompenses. Il falut bien leur en donner ; les faire grands vassaux, grands-officiers de la couronne. Ils eurent les plus belles terres. Il est clair que *Guillaume* aurait mieux aimé garder tout pour lui, & faire, de tous ces seigneurs, ses gardes, & ses estafiers. Mais il aurait trop risqué. Il se vit donc obligé de partager.

A l'égard des seigneurs Anglo-Saxons, il n'y avait pas moyen de les tuer tous, ni même de les réduire tous à l'esclavage. On leur laissa, chez eux, la dignité de seigneurs châtelains. Ils relevèrent des grands-vassaux Normands, qui relevaient de *Guillaume*.

Par-la tout était contenu dans l'équilibre, jusqu'à la première querelle.

Et le reste de la nation, que devint-il ? ce qu'étaient devenus presque tous les peuples de l'Europe ; des serfs, des villains.

Enfin, après la folie des croisades, les princes ruinés vendent la liberté à des serfs de glèbe, qui avaient gagné quelque argent par le travail & par le commerce. Les villes sont affranchies. Les communes ont des privilèges. Les droits des hommes renaissent de l'anarchie même.

Les barons étaient partout en dispute avec leur roi, & entre eux. La dispute devenait partout une petite guerre intestine, composée de cent guerres civiles. C'est de cet abominable & ténébreux chaos, que sortit encore une faible lumière, qui éclaira les communes, & qui rendit leur destinée meilleure.

Les rois d'Angleterre étant eux-mêmes grands-vassaux de France pour la Normandie, ensuite pour la Guienne & pour d'autres provinces, prirent aisément les usages des rois dont ils relevaient. Les états généraux furent longtems composés, comme en France, des barons & des évêques.

La cour de chancellerie anglaise fut une imitation du conseil d'état, auquel le chancelier de France préside. La cour du banc du roi fut créée sur le modele du parlement institué par *Philippe le bel.* Les plaids communs étaient comme la jurisdiction du châtelet. La cour de l'échiquier ressemblait à celle des généraux des finances, qui est devenue en France la cour des aides.

La maxime, que le domaine royal est inaliénable, fut encore une imitation visible du gouvernement français.

Le droit du roi d'Angleterre, de faire payer sa rançon par ses sujets, s'il était prisonnier de guerre ; celui d'exiger un subside quand il mariait sa fille aînée, & quand il fesait son fils chevalier ; tout cela rappellait les anciens ufages d'un royaume dont *Guillaume* était le premier vaffal.

A peine *Philippe le bel* a-t-il rappellé les communes aux états généraux, que le roi d'Angleterre, *Edouard*, en fait autant pour balancer la grande puiffance des barons. Car c'eft fous le règne de ce prince, que la convocation de la chambre des communes eft bien conftatée.

Nous voyons donc, jufqu'à cette époque du quatorziéme fiécle, le gouvernement anglais fuivre pas-à-pas celui de la France. Les deux églifes font entiérement femblables; même affujettiffement à la cour de Rome; mêmes exactions dont on fe plaint, & qu'on finit toûjours par payer à cette cour avide; mêmes querelles, plus ou moins fortes; mêmes excommunications; mêmes donations aux moines; même chaos; même mélange de rapines facrées, de fuperftitions, & de barbarie.

La France, & l'Angleterre, ayant donc été adminiftrées fi longtems fur les mêmes principes, ou plutôt fans aucun principe, & feulement par des ufages tout femblables, d'où vient qu'enfin ces deux gouvernemens font devenus auffi différens que ceux de Maroc & de Venife?

N'eft-ce point que, l'Angleterre étant une ifle, le roi n'a pas befoin d'entretenir continuellement une forte armée de terre, qui serait plutôt employée contre la nation que contre les étrangers ?

N'est-ce point, qu'en général les Anglais ont dans l'esprit quelque chose de plus ferme, de plus réfléchi, de plus opiniâtre que quelques autres peuples ?

N'est-ce point par cette raison que, s'étant toûjours plaints de la cour de Rome, ils en ont entiérement secoué le joug honteux ; tandis qu'un peuple plus léger l'a porté en affectant d'en rire, & en dansant avec ses chaines ?

La situation de leur pays, qui leur a rendu la navigation nécessaire, ne leur a-t-elle pas donné aussi des mœurs plus dures ?

Cette dureté de mœurs qui a fait, de leur isle, le théâtre de tant de sanglantes tragédies, n'a-t-elle pas contribué aussi à leur inspirer une franchise généreuse ?

N'est-ce pas ce mélange de leurs qualités contraires, qui a fait couler tant de sang royal dans les combats & sur les échaffauts, & qui n'a jamais permis qu'ils employassent le poison dans leurs troubles civils, tandis qu'ailleurs, sous un gouvernement sacerdotal, le poison était une arme si commune ?

L'amour de la liberté n'est-il pas devenu leur caractère dominant, à mesure qu'ils ont été plus éclairés & plus riches ? Tous les citoyens ne peuvent être également puiſſans : mais ils peuvent tous être également libres. Et c'eſt ce que les Anglais ont obtenu par leur conſtance.

Etre libre, c'eſt ne dépendre que des loix. Les Anglais ont donc aimé les loix, comme les pères aiment leurs enfans, parce qu'ils les ont faits, ou qu'ils ont cru les faire.

Un tel gouvernement n'a pu être établi que très tard; parce qu'il a falu longtems combattre des puiſſances reſpectées : la puiſſance du pape, la plus terrible de toutes, puiſqu'elle était fondée ſur le préjugé & ſur l'ignorance ; la puiſſance royale, toûjours prête à ſe déborder, & qu'il falait contenir dans ſes bornes ; la puiſſance du baronage, qui était une anarchie ; la puiſſance des évêques, qui mêlant toûjours le prophane au ſacré, voulurent l'emporter ſur le baronage & ſur les rois.

Peu-à-peu la chambre des communes eſt devenue la digue qui arrête tous ces torrens.

La chambre des communes eſt véritablement la nation : puiſque le roi qui eſt le chef, n'agit que pour lui, & pour ce qu'on appelle *ſa prérogative;* puiſque les pairs ne ſont en parlement que pour eux ; puiſque les évêques n'y font de même que pour eux. Mais la chambre des communes y eft pour le peuple ; puifque chaque membre eft député du peuple. Or ce peuple eft au roi comme environ huit millions font à l'unité. Il eft aux pairs & aux évêques comme huit millions font à deux cent tout au plus. Et les huit millions de citoyens libres font repréfentés par la chambre baffe.

De cet établiffement, en comparaifon duquel la république de *Platon* n'eft qu'un rêve ridicule, & qui femblerait inventé par *Locke*, par *Newton*, par *Halley*, ou par *Archimède*, il eft né des abus affreux, & qui font frémir la nature humaine. Les frottemens inévitables de cette vafte machine, l'ont prefque détruite du tems de *Fairfax* & de *Cromwell*. Le fanatifme abfurde s'était introduit dans ce grand édifice comme un feu dévorant, qui confume un beau bâtiment, qui n'eft que de bois.

Il a été rebâti de pierres du tems de *Guillaume d'Orange*. La philofophie a détruit le fanatifme, qui ébranle les états les plus fermes. Il eft à croire qu'une conftitution qui a réglé les droits du roi, des nobles & du peuple, & dans laquelle chacun trouve fa fûreté, durera autant que les chofes humaines peuvent durer.

Il eft à croire auffi que tous les états, qui

ne font pas fondés sur de tels principes, éprouveront des révolutions.

Après avoir écrit cet article, j'ai relu le dernier article du livre dix-neuviéme de l'*Esprit des loix*, dans lequel l'auteur fait un portrait de l'Angleterre, sans la nommer. J'ai été sur le point de jetter au feu mon article; mais j'ai considéré que s'il n'a pas les traits d'esprit, la finesse, la profondeur qu'on admire dans le président de *Montesquieu*, il peut encore être utile. Il est fondé sur des faits incontestables ; & on conteste quelquefois les idées les plus ingénieuses.

GRACE.

SECTION PREMIÈRE.

Toute la nature, tout ce qui existe, est une grace de DIEU; il fait à tous les animaux la grace de les former & de les nourrir. La grace de faire croître un arbre à soixante & dix pieds est accordée au sapin & refusée au roseau. Il donne à l'homme la grace de penser, de parler & de le connaître; il m'accorde la grace de n'entendre pas un mot de tout ce que *Tournéli*, *Molina*, *Soto*, &c. ont écrit sur la grace.

Sixiéme partie. X

Le premier qui ait parlé de la grace efficace & gratuite, c'eſt ſans contredit *Homère*. Cela pourait étonner un bachelier de théologie qui ne connaitrait que *St. Auguſtin*. Mais qu'il liſe le troiſiéme livre de l'*Iliade*, il verra que *Pâris* dit à ſon frère *Hector*, „ Si les Dieux vous ont donné la valeur,
„ & s'ils m'ont donné la beauté, ne me re-
„ prochez pas les préſens de la belle *Vénus*;
„ nul don des Dieux n'eſt mépriſable, il ne
„ dépend pas des hommes de les obtenir. "

Rien n'eſt plus poſitif que ce paſſage. Si on veut remarquer encor que *Jupiter* ſelon ſon bon plaiſir, donne la victoire tantôt aux Grecs, tantôt aux Troyens, voilà une nouvelle preuve que tout ſe fait par la grace d'en-haut.

Sarpédon & enſuite *Patrocle*, ſont des braves à qui la grace a manqué tour-à-tour.

Il y a eu des philoſophes qui n'ont pas été de l'avis d'*Homère*. Ils ont prétendu que la providence générale ne ſe mèlait point immédiatement des affaires des particuliers, qu'elle gouvernait tout par des loix univerſelles, que *Therſite* & *Achille* étaient égaux devant elle, & que ni *Calchas*, ni *Thaltibius* n'avaient jamais eu de grace verſatile ou congrue.

Selon ces philoſophes le chien-dent & le chêne, la mite & l'éléphant, l'homme, les élémens & les aſtres obéiſſent à des loix invariables, que DIEU, immuable comme elles, établit de toute éternité. Voyez *Providence*.

Ces philosophes n'auraient admis ni la grace de santé de *St. Thomas*, ni la grace médicinale de *Cajetan*. Ils n'auraient pu expliquer l'extérieure, l'intérieure, la coopérante, la suffisante, la congrue, la prévenante, &c. Il leur aurait été difficile de se ranger à l'avis de ceux qui prétendent que le maître absolu des hommes donne un pécule à un esclave & refuse la nourriture à l'autre ; qu'il ordonne à un manchot de pètrir de la farine, à un muet de lui faire la lecture, à un cu-de-jatte d'ètre son courier.

Ils pensent que l'éternel *Demiourgos* qui a donné des loix à tant de millions de mondes gravitans les uns vers les autres, & se prêtant mutuellement la lumière qui émane d'eux, les tient tous sous l'empire de ses loix générales, & qu'il ne va point créer des vents nouveaux pour remuer des brins de paille dans un coin de ce monde.

Ils disent que si un loup trouve dans son chemin un petit chevreau pour son souper, & si un autre loup meurt de faim, DIEU ne s'est point occupé de faire au premier loup une grace particulière.

Nous ne prenons aucun parti entre ces philosophes & *Homère*, ni entre les jansénites & les molinistes. Nous félicitons ceux qui croient avoir des graces prévenantes ; nous compatissons de tout notre cœur à ceux qui se plaignent de n'en avoir que de versatiles ; & nous n'entendons rien au congruisme.

Si un Bergamasque reçoit le samedi une grace prévenante qui le délecte au point de faire dire une messe pour douze sous chez les carmes, célébrons son bonheur. Si le dimanche, il court au cabaret abandonné de la grace, s'il bat sa femme, s'il vole sur le grand chemin, qu'on le pende. DIEU nous fasse seulement la grace de ne déplaire dans nos questions ni aux bacheliers de l'université de Salamanque, ni à ceux de la Sorbonne, ni à ceux de Bourges, qui tous pensent si différemment sur ces matières ardues, & sur tant d'autres ; de n'être point condamné par eux, & surtout, de ne jamais lire leurs livres.

SECTION SECONDE.

Si quelqu'un venait du fond de l'enfer nous dire de la part du diable, Messieurs, je vous avertis que notre souverain seigneur a pris pour sa part tout le genre-humain, excepté un très petit nombre de gens qui demeurent vers le Vatican & dans ses dépendances ; nous prierions tous ce député de vouloir bien nous inscrire sur la liste des privilégiés ; nous lui demanderions ce qu'il faut faire pour obtenir cette grace.

S'il nous répondait, ,, Vous ne pouvez la
,, mériter, mon maître a fait la liste de tous
,, les tems ; il n'a écouté que son bon plai-
,, sir : il s'occupe continuellement à faire une
,, infinité de pots de chambre & quelques
,, douzaines de vases d'or. Si vous êtes pot
,, de chambre, tant pis pour vous. ''

A ces belles paroles nous renverrions l'ambassadeur à coups de fourches à son maître.

Voilà pourtant ce que nous avons osé imputer à DIEU, à l'Etre éternel souverainement bon.

On a toûjours reproché aux hommes d'avoir fait DIEU à leur image. On a condamné *Homère* d'avoir transporté tous les vices & tous les ridicules de la terre dans le ciel. *Platon* qui lui fait ce juste reproche, n'a pas hésité à l'appeller *blasphémateur*. Et nous, cent fois plus inconséquens, plus téméraires, plus blasphémateurs que ce Grec qui n'y entendait pas finesse, nous accusons DIEU dévotement d'une chose dont nous n'avons jamais accusé le dernier des hommes.

Le roi de Maroc *Mulei-Ismaël*, eut, dit-on, cinq cent enfans. Que diriez-vous si un Marabout du mont Atlas vous racontait que le sage & bon *Mulei-Ismaël* donnant à dîner à toute sa famille, parla ainsi à la fin du repas :

Je suis *Mulei-Ismaël* qui vous ai engendrés pour ma gloire, car je suis fort glorieux ; je vous aime tous tendrement, j'ai soin de vous comme une poule couve ses poussins. J'ai décrété qu'un de mes cadets aurait le royaume de Tafilet, qu'un autre posséderait à jamais Maroc ; & pour mes autres chers enfans, au nombre de quatre cent quatre-vingt dix-huit, j'ordonne qu'on en roue la moitié & qu'on brûle l'autre, car je suis le seigneur *Mulei-Ismael ?*

Vous prendriez assurément le Marabout pour le plus grand fou que l'Afrique ait jamais produit.

Mais si trois ou quatre mille Marabouts entretenus grassement à vos dépens, venaient vous répéter la même nouvelle, que feriez-vous ? ne seriez-vous pas tenté de les faire jeûner au pain & à l'eau jusqu'à-ce qu'ils fussent revenus dans leur bon sens ?

Vous m'alléguez que mon indignation est assez raisonnable contre les supralapsaires qui croient que le roi de Maroc ne fait ces cinq cent enfans que pour sa gloire, & qu'il a toûjours eu l'intention de les faire rouer & de les faire brûler, excepté deux qui étaient destinés à régner.

Mais j'ai tort, dites-vous, contre les infralapsaires qui avouent que la première intention de *Mulei-Ifmaël* n'était pas de faire périr ſes enfans dans les ſupplices ; mais qu'ayant prévu qu'ils ne vaudraient rien, il a jugé à propos en bon père de famille de ſe défaire d'eux par le feu & par la roue.

Ah ! ſupralapſaires, infralapſaires, gratuits, ſuffiſans, efficaciens, janſéniſtes, moliniſtes, devenez enfin hommes, & ne troublez plus la terre pour des ſottiſes que vous n'entendez pas !

GREC.

OBSERVATION SUR L'ANEANTISSEMENT DE LA LANGUE GRECQUE A MARSEILLE.

IL eſt bien étrange qu'une colonie grecque ayant fondé Marſeille, il ne reſte preſque aucun veſtige de la langue grecque en Provence ni en Languedoc, ni en aucun pays de la France ; car il ne faut pas compter pour grecs les termes qui ont été formés très tard du latin, & que les Romains eux-mêmes avaient reçus des Grecs tant de ſiécles auparavant; nous ne les avons reçus que de la ſeconde main. Nous n'avons aucun droit de dire que nous avons quitté le mot de *Got* pour celui de *Theos* plutôt que pour celui de *Deus*, dont nous avons fait Dieu par une terminaifon barbare.

Il eft évident que les Gaulois ayant reçu la langue latine avec les loix romaines, & depuis ayant encor reçu la religion chrétienne des mêmes Romains, ils prirent d'eux tous les mots qui concernaient cette religion. Ces mêmes Gaulois ne connurent que très tard les mots grecs qui regardent la médecine, l'anatomie, la chirurgie.

Quand on aura retranché tous ces termes originairement grecs, qui ne nous font parvenus que par les latins, & tous les mots d'anatomie & de médecine connus fi tard, il ne reftera prefque rien. N'eft-il pas ridicule de faire venir abréger de *brakus* plutôt que d'*abreviare* ; acier d'*axi* plutôt que d'*acies* ; acre d'*agros* plutôt que d'*ager* ; aile d'*ily* plutôt que d'*ala* ?

On a été jufqu'à dire qu'aumelette vient d'*ameilaton*, parce que *meli* en grec fignifie du miel, & *oon* fignifie un œuf. On a fait encor mieux dans le *Jardin des racines grecques* ; on y prétend que dîner vient de *dipnein* qui fignifie fouper.

Si on veut s'en tenir aux expreffions grecques que la colonie de Marfeille put introduire dans les Gaules indépendamment des Romains, la lifte en fera courte.

GREC.

Aboyer, peut-être de *bauzein*.
Affre, affreux, d'*afronos*.
Agacer, peut-être d'*anaxein*.
Alali, du cri militaire des Grecs.
Babiller, peut-être de *babazo*.
Balle, de *ballo*.
Bas, de *bathys*.
Blesser, de l'aoriste *blapto*.
Bouteille, de *bouttis*.
Coin, de *gonia*.
Entraille, d'*entera*.
Gargariser, de *gargarizein*.
Hermite, d'*eremos*.
Idiot, d'*idiotes*.
Cuisse, peut-être d'*ischis*.
Tuer, de *thuein*.
Colle, de *colla*.
Colère, de *cholé*.
Bride, de *bryter*.
Brique, de *bryka*.
Couper, de *copto*.
Fier, de *fiaros*.
Orgueil, d'*orge*.
Maraud, de *miaros*.
Moquer, de *mokeno*.
Page, de *païs*.
Sifler, peut-être de *siffloo*.
Moustache, de *mustax*.

Je m'étonne qu'il reste si peu de mots d'une langue qu'on parlait à Marseille du tems d'*Auguste* dans toute sa pureté ; & je m'étonne surtout que la plûpart des mots grecs conservés en Provence soient des expressions de choses inutiles, tandis que les termes qui désignaient les choses nécessaires sont absolument perdus. Nous n'en avons pas un de ceux qui exprimaient la terre, la mer, le ciel, le soleil, la lune, les fleuves, les principales parties du corps humain, mots qui semblaient devoir se perpétuer d'âge en age. Il faut peut-être en attribuer la cause aux Visigoths, aux Bourguignons, aux Francs, à l'horrible barbarie de tous les peuples qui dévastèrent l'empire Romain ; barbarie dont il reste encor tant de traces.

GRÉGOIRE VII.

Voyez
Bayle à
l'article
Grégoire.

Bayle lui-même en convenant que *Grégoire* fut le boutefeu de l'Europe, lui accorde le titre de grand-homme. *Que l'ancienne Rome*, dit-il, *qui ne se piquait que de conquêtes & de la vertu militaire, ait subjugué tant d'autres peuples, cela est beau & glorieux selon le monde ; mais on n'en est pas surpris quand on y fait un peu réflexion. C'est bien un autre sujet de surprise quand on voit la nouvelle Rome, ne se piquant que du ministère apoſtolique, acquérir une autorité ſous laquelle les plus grands monarques ont été contraints de plier. Car on peut dire qu'il n'y a preſque point d'empereur qui ait tenu tête aux papes, qui ne ſe ſoit enfin très mal trouvé de ſa réſiſtance. Encor aujourd'hui les démélés des plus puiſſans princes avec la cour de Rome, ſe terminent preſque toûjours à leur confuſion.*

Je ne ſuis en rien de l'avis de *Bayle*. Il poura ſe trouver bien des gens qui ne ſeront pas de mon avis. Mais le voici, & le réfutera qui voudra.

1°. Ce n'eſt pas à la confuſion des princes d'Orange & des ſept Provinces-Unies que ſe ſont terminés leurs différends avec Rome. Et *Bayle* ſe moquant de Rome dans Amſterdam, était un aſſez bel exemple du contraire.

Les triomphes de la reine *Elizabeth*, de *Guſtave Vaſa* en Suède, des rois de Dannemarck, de tous les princes du nord de l'Allemagne, de la plus belle partie de l'Helvétie, de la ſeule petite ville de Genève, ſur la politique de la cour Romaine, ſont d'aſſez bons témoignages qu'il eſt aiſé de lui réſiſter en fait de religion & de gouvernement.

2°. Le ſaccagement de Rome par les troupes de *Charles-Quint*, le pape *Clément VII* priſonnier au château St. Ange; *Louïs XIV* obligeant le pape *Alexandre VII* à lui demander pardon, & érigeant dans Rome même un monument de la soumission du pape; & de nos jours les jésuites, cette principale milice papale détruite si aisément en Espagne, en France, à Naples, à Goa & dans le Paraguai, tout cela prouve assez que quand des princes puissans sont mécontens de Rome, ils ne terminent point cette querelle à leur confusion; ils pourront se laisser fléchir, mais ils ne seront pas confondus.

3°. Quand les papes ont marché sur la tête des rois, quand ils ont donné des couronnes avec une bulle, il me paraît qu'ils n'ont fait précisément dans ces tems de leur grandeur, que ce que fesaient les califes successeurs de *Mahomet* dans le tems de leur décadence. Les uns & les autres en qualité de prêtres, donnaient en cérémonie l'investiture des empires aux plus forts.

4°. Maimbourg dit, *ce qu'aucun pape n'avait encor jamais fait, Grégoire VII priva Henri IV de sa dignité d'empereur & de ses royaumes de Germanie & d'Italie.*

Maimbourg se trompe. Le pape *Zacharie* longtems auparavant avait mis une couronne sur la tête de l'Austrasien *Pepin* usurpateur du royaume des Francs, puis le pape *Léon III* avait déclaré le fils de ce *Pepin* empereur d'Occident & privé par-là l'impératrice *Irène* de tout cet empire; & depuis ce tems il faut avouer qu'il n'y eut pas un clerc de l'église romaine qui ne s'imaginât que fon évêque difpofait de toutes les couronnes.

On fit toûjours valoir cette maxime quand on le put ; on la regarda comme une arme facrée qui repofait dans la facriftie de St. Jean de Latran, & qu'on en tirait en cérémonie dans toutes les occafions. Cette prérogative eft fi belle, elle élève fi haut la dignité d'un exorcifte né à Velletri ou à Civita-Vecchia, que fi *Luther*, *Zuingle*, *Oecolampade*, *Jean Chauvin*, & tous les prophêtes des Cevennes étaient nés dans un miférable village auprès de Rome & y avaient été tonfurés, ils auraient foutenu cette églife avec la même rage qu'ils ont déployée pour la détruire.

5°. Tout dépend donc du tems, du lieu où l'on eft né, & des circonftances où l'on fe trouve. *Grégoire VII* était né dans un fiécle de barbarie, d'ignorance & de fuperftition, & il avait à faire à un empereur jeune, débauché, fans expérience, manquant d'argent, & dont le pouvoir était contefté par tous les grands feigneurs d'Allemagne.

Il ne faut pas croire que depuis l'Auftrafien *Charlemagne* le peuple Romain ait jamais été fort aife d'obéir à des Francs ou à des Teutons ; il les haïffait autant que les anciens vrais Romains auraient haï les Cimbres, fi les Cimbres avaient dominé en Italie. Les *Othons* n'avaient laiffé dans Rome qu'une mémoire exécrable parce qu'ils y avaient été puissans ; & depuis les *Othons* on sait que l'Europe fut dans une anarchie affreuse.

Cette anarchie ne fut pas mieux réglée sous les empereurs de la maison de *Franconie*. La moitié de l'Allemagne était soulevée contre *Henri IV* ; la grande-duchesse comtesse *Mathilde* sa cousine-germaine plus puissante que lui en Italie, était son ennemie mortelle. Elle possédait soit comme fiefs de l'empire, soit comme allodiaux tout le duché de Toscane, le Crémonois, le Ferrarois, le Mantouan, le Parmesan, une partie de la marche d'Ancone, Reggio, Modène, Spolette, Vérone ; elle avait des droits, c'est-à-dire des prétentions, sur les deux Bourgognes. La chancellerie impériale révendiquait ces terres, selon son usage de tout révendiquer.

Avouons que *Grégoire VII* aurait été un imbécille s'il n'avait pas employé le prophane & le sacré pour gouverner cette princesse, & pour s'en faire un appui contre les Allemands. Il devint son directeur, & de son directeur son héritier.

Je n'examine pas s'il fut en effet son amant, ou s'il feignit de l'être, ou si ses ennemis feignirent qu'il l'était, ou si dans des momens d'oisiveté ce petit homme très pétulant & très vif abusa quelquefois de sa pénitente qui était femme, faible & capricieuse.

Rien n'est plus commun dans l'ordre des choses humaines. Mais comme d'ordinaire on n'en tient point registre, comme on ne prend point de témoins pour ces petites privautés de directeurs & de dirigées, comme ce reproche n'a été fait à *Grégoire* que par ses ennemis, nous ne devons pas prendre ici une accusation pour une preuve. C'est bien assez que *Grégoire* ait prétendu à tous les biens de sa pénitente sans assurer qu'il prétendit encor à sa personne.

6°. La donation qu'il se fit faire en 1077 par la comtesse *Mathilde*, est plus que suspecte. Et une preuve qu'il ne faut pas s'y fier, c'est que non-seulement on ne montra jamais cet acte; mais que dans un second acte on dit que le premier avait été perdu. On prétendit que la donation avait été faite dans la forteresse de Canosse; & dans le second acte on dit qu'elle avait été faite dans Rome. (Voyez l'article *Donations*.) Cela pourait bien confirmer l'opinion de quelques antiquaires un peu trop scrupuleux, qui prétendent que de mille chartres de ces tems-là, (& ces tems sont bien longs) il y en a plus de neuf cent d'évidemment fausses.

Il y eut deux sortes d'usurpateurs dans notre Europe, & surtout en Italie, les brigands & les faussaires.

7°. *Bayle*, en accordant à *Grégoire* le titre de *grand-homme*, avoue pourtant que ce brouillon décrédita fort son héroïsme par ses prophéties. Il eut l'audace de créer un empereur, & en cela il fit bien, puisque l'empereur *Henri IV* avait crée un pape ; *Henri* le déposait, & il déposait *Henri*. Jusques-là il n'y a rien à dire, tout est égal de part & d'autre Mais *Grégoire* s'avisa de faire le prophète ; il prédit la mort d'*Henri IV* pour l'année 1080 ; mais *Henri IV* fut vainqueur ; & le prétendu empereur *Rodolphe* fut défait & tué en Thuringe par le fameux *Godefroi de Bouillon*, plus véritablement grand-homme qu'eux tous.

Cela prouve, à mon avis, que *Grégoire* était encor plus entousiaste qu'habile.

Je signe de tout mon cœur ce que dit Bayle, *Quand on s'engage à prédire l'avenir on fait provision sur toute chose d'un front d'airain, & d'un magazin inépuisable d'equivoques*. Mais vos ennemis se moquent de vos équivoques, leur front est d'airain comme le vôtre, & ils vous traitent de fripon insolent & mal-adroit.

8°. Notre grand-homme finit par voir prendre la ville de Rome d'assaut en 1083 ; il fut assiégé dans le château nommé depuis *St. Ange*, par ce même empereur *Henri IV* qu'il avait osé déposséder. Il mourut dans la misère & dans le mépris à Salerne, sous la protection du Normand *Robert Guiscard*.

J'en demande pardon à Rome moderne ; mais quand je lis l'histoire des *Scipions*, des

Ca-

des *Catons*, des *Pompées* & des *Céfars*, j'ai de la peine à mettre dans leur rang un moine factieux devenu pape fous le nom de *Grégoire VII*.

On a donné depuis un plus beau titre à notre *Grégoire*, on l'a fait faint ; du moins à Rome. Ce fut le fameux cardinal *Cofcia* qui fit cette canonifation fous le pape *Benoit XIII*. On imprima même un office de *St. Grégoire VII* ; dans lequel on dit que ce faint *délivra les fidèles de la fidélité qu'ils avaient jurée à leur empereur*.

Plufieurs parlemens du royaume voulurent faire brûler cette légende par les exécuteurs de leurs hautes juftices ; mais le nonce *Bentivoglio* qui avait pour maîtreffe une actrice de l'opéra qu'on appellait la *Conftitution*, & qui avait de cette actrice une fille qu'on appellait la *Légende*, homme d'ailleurs fort aimable & de la meilleure compagnie, obtint du miniftère qu'on fe contenterait de condamner la légende de *Grégoire*, de la fupprimer, & d'en rire.

GUERRE.

Tous les animaux font perpétuellement en guerre ; chaque efpèce eft née pour en dévorer une autre. Il n'y a pas jufqu'aux moutons & aux colombes qui n'avalent une quantité prodigieuſe d'animaux imperceptibles. Les mâles de la même eſpèce ſe font la guerre pour des femelles, comme *Menelas & Pâris*. L'air, la terre & les eaux ſont des champs de deſtruction.

Il ſemble que Dieu ayant donné la raiſon aux hommes, cette raiſon doive les avertir de ne pas s'avilir à imiter les animaux, ſurtout quand la nature ne leur a donné ni armes pour tuer leurs ſemblables, ni inſtinct qui les porte à ſucer leur ſang.

Cependant la guerre meurtrière eſt tellement le partage affreux de l'homme, qu'excepté deux ou trois nations il n'en eſt point que leurs anciennes hiſtoires ne repréſentent armées les unes contre les autres. Vers le Canada *homme* & *guerrier* ſont ſynonymes; & nous avons vu que dans notre hémiſphère *voleur* & *ſoldat* étaient même choſe. Manichéens! voilà votre excuſe.

Le plus déterminé des flatteurs conviendra ſans peine, que la guerre traîne toûjours à ſa ſuite la peſte & la famine, pour peu qu'il ait vu les hôpitaux des armées d'Allemagne, & qu'il ait paſſé dans quelques villages où il ſe ſera fait quelque grand exploit de guerre.

C'eſt ſans doute un très bel art que celui qui déſole les campagnes, détruit les habi-

GUERRE. 339

tations, & fait périr année commune quarante mille hommes sur cent mille. Cette invention fut d'abord cultivée par des nations assemblées pour leur bien commun ; par exemple, la diète des Grecs déclara à la diète de la Phrygie & des peuples voisins, qu'elle allait partir sur un millier de barques de pêcheurs, pour aller les exterminer si elle pouvait.

Le peuple Romain assemblé jugeait qu'il était de son intérêt d'aller se battre avant moisson, contre le peuple de Veies, ou contre les Volsques. Et quelques années après, tous les Romains étant en colère contre tous les Carthaginois, se battirent longtems sur mer & sur terre. Il n'en est pas de même aujourd'hui.

Un généalogiste prouve à un prince qu'il descend en droite ligne d'un comte, dont les parens avaient fait un pacte de famille il y a trois ou quatre cent ans avec une maison dont la mémoire même ne subsiste plus. Cette maison avait des prétentions éloignées sur une province dont le dernier possesseur est mort d'apoplexie. Le prince & son conseil voyent son droit évident. Cette province qui est à quelques centaines de lieues de lui, a beau protester qu'elle ne le connait pas, qu'elle n'a nulle envie d'être gouvernée par lui ; que pour donner des loix aux gens,

Y ij

il faut au moins avoir leur confentement. Ces difcours ne parviennent pas feulement aux oreilles du prince, dont le droit eſt inconteſtable. Il trouve incontinent un grand nombre d'hommes qui n'ont rien à perdre; il les habille d'un gros drap bleu à cent dix fous l'aune, borde leurs chapeaux avec du gros fil blanc, les fait tourner à droite & à gauche, & marche à la gloire.

Les autres princes qui entendent parler de cette équipée, y prennent part chacun felon fon pouvoir, & couvrent une petite étendue de pays de plus de meurtriers mercenaires, que *Gengis-Kan*, *Tamerlan*, *Bajazet* n'en trainèrent à leur fuite.

Des peuples affez éloignés entendent dire qu'on va fe battre, & qu'il y a cinq ou fix fous par jour à gagner pour eux, s'ils veulent être de la partie; ils fe divifent auffi-tôt en deux bandes comme des moiffonneurs, & vont vendre leurs fervices à quiconque veut les employer.

Ces multitudes s'acharnent les unes contre les autres, non-feulement fans avoir aucun intérêt au procès, mais fans favoir même de quoi il s'agit.

On voit à la fois cinq ou fix puiffances belligérantes, tantôt trois contre trois, tantôt deux contre quatre, tantôt une contre cinq, fe déteftant toutes également les unes les autres, s'uniffant & s'attaquant tour-à-tour; toutes d'accord en un feul point, celui de faire tout le mal poffible.

Le merveilleux de cette entreprife infernale, c'eft que chaque chef des meurtriers fait bénir fes drapeaux & invoque DIEU folemnellement, avant d'aller exterminer fon prochain. Si un chef n'a eu que le bonheur de faire égorger deux ou trois mille hommes, il n'en remercie point DIEU ; mais lorfqu'il y en a eu environ dix mille d'exterminés par le feu & par le fer, & que pour comble de grace quelque ville a été détruite de fond en comble, alors on chante à quatre parties une chanfon affez longue, compofée dans une langue inconnue à tous ceux qui ont combattu, & de plus toute farcie de barbarifmes. La même chanfon fert pour les mariages & pour les naiffances, ainfi que pour les meurtres ; ce qui n'eft pas pardonnable, furtout dans la nation la plus renommée pour les chanfons nouvelles.

Que deviennent & que m'importent l'humanité, la bienfefance, la modeftie, la tempérance, la douceur, la fageffe, la piété, tandis qu'une demi-livre de plomb tirée de fix cent pas me fracaffe le corps, & que je meurs à vingt ans dans des tourmens inexprimables, au milieu de cinq ou six mille mourans, tandis que mes yeux qui s'ouvrent pour la dernière fois voyent la ville où je suis né détruite par le fer & par la flamme, & que les derniers sons qu'entendent mes oreilles sont les cris des femmes & des enfans expirans sous des ruines, le tout pour les prétendus intérêts d'un homme que nous ne connaissons pas?

Ce qu'il y a de pis, c'est que la guerre est un fléau inévitable. Si l'on y prend garde, tous les hommes ont adoré le Dieu *Mars*. Sabaoth chez les Juifs signifie *le Dieu des armes* : mais Minerve chez Homère appelle *Mars* un Dieu furieux, insensé, infernal.

Le célèbre *Montesquieu*, qui passait pour humain, a pourtant dit, qu'il est juste de porter le fer & la flamme chez ses voisins, dans la crainte qu'ils ne fassent trop bien leurs affaires. Si c'est là l'esprit des loix, c'est celui des loix de *Borgia* & de *Machiavel*. Si malheureusement il a dit vrai, il faut écrire contre cette vérité, quoiqu'elle soit prouvée par les faits.

Voici ce que dit *Montesquieu* : a)
„ Entre les sociétés le droit de la défense
„ naturelle entraîne quelquefois la nécessité

a) *Esprit des loix*, liv. X. chap. II.

„ d'attaquer, lorfqu'un peuple voit qu'une
„ plus longue paix en mettrait un autre en
„ état de le détruire, & que l'attaque eft
„ dans ce moment le feul moyen d'empêcher
„ cette deftruction. "

Comment l'attaque en pleine paix peut-elle être le feul moyen d'empêcher cette deftruction ? Il faut donc que vous foyez fûr que ce voifin vous détruira s'il devient puiffant. Pour en être fûr, il faut qu'il ait fait déja des préparatifs de votre perte. En ce cas c'eft lui qui commence la guerre, ce n'eft pas vous; votre fuppofition eft fauffe & contradictoire.

S'il y eut jamais une guerre évidemment injufte, c'eft celle que vous propofez; c'eft d'aller tuer votre prochain, de peur que votre prochain (qui ne vous attaque pas) ne foit en état de vous attaquer.

C'eft-à-dire, qu'il faut que vous hazardiez de ruiner votre pays dans l'efpérance de ruiner fans raifon celui d'un autre. Cela n'eft affurément ni honnête, ni utile, car on n'eft jamais fûr du fuccès; vous le favez bien.

Si votre voifin devient trop puiffant pendant la paix, qui vous empêche de vous rendre puiffant comme lui ? s'il a fait des alliances, faites-en de votre côté. Si ayant moins de religieux, il en a plus de manufacturiers & de foldats, imitez-le dans cette fage économie. S'il exerce mieux ſes matelots, exercez les vôtres; tout cela eſt très juſte. Mais d'expoſer votre peuple à la plus horrible miſere, dans l'idée ſi ſouvent chimérique d'accabler votre cher frère le ſéréniſſime prince limitrophe! ce n'était pas à un préſident honoraire d'une compagnie pacifique à vous donner un tel conſeil.

GUEUX MENDIANT.

Tout pays où la gueuſerie, la mendicité eſt une profeſſion, eſt mal gouverné. La gueuſerie, ai-je dit autrefois, eſt une vermine qui s'attache à l'opulence; oui, mais il faut la ſecouer. Il faut que l'opulence faſſe travailler la pauvreté; que les hôpitaux ſoient pour les maladies & la vieilleſſe; les atteliers pour la jeuneſſe ſaine & vigoureuſe.

Voici un extrait d'un ſermon qu'un prédicateur fit il y a dix ans pour la paroiſſe St. Leu & St. Giles, qui eſt la paroiſſe des gueux & des convulſionnaires:

Pauperes evangeliſantur, les pauvres ſont évangéliſés.

Que veut dire évangile, gueux, mes chers frères? il ſignifie *bonne nouvelle*. C'eſt donc une bonne nouvelle que je viens vous apprendre ; & quelle eſt-elle ? c'eſt que ſi vous êtes des fainéans, vous mourrez ſur un fumier. Sachez qu'il y eut autrefois des rois fainéans, du moins on le dit ; & ils finirent par n'avoir pas un aſyle. Si vous travaillez, vous ſerez auſſi heureux que les autres hommes.

Meſſieurs les prédicateurs de St. Euſtache & de St. Roc peuvent prêcher aux riches de fort beaux ſermons en ſtile fleuri, qui procurent aux auditeurs une digeſtion aiſée dans un doux aſſoupiſſement ; & mille écus à l'orateur. Mais je parle à des gens que la faim éveille. Travaillez pour manger, vous dis-je ; car l'Ecriture a dit, qui ne travaille pas ne mérite pas de manger. Notre confrère *Job* qui fut quelque tems dans votre état, dit que l'homme eſt né pour le travail comme l'oiſeau pour voler. Voyez cette ville immenſe, tout le monde eſt occupé. Les juges ſe lèvent à quatre heures du matin pour vous rendre juſtice & pour vous envoyer aux galères, ſi votre fainéantiſe vous porte à voler maladroitement.

Le roi travaille ; il aſſiſte tous les jours à ſes conſeils ; il a fait des campagnes. Vous me direz qu'il n'en eſt pas plus riche : d'accord ; mais ce n'eſt pas ſa faute. Les financiers ſavent mieux que vous & moi qu'il n'entre pas dans ſes coffres la moitié de ſon revenu; il a été obligé de vendre ſa vaiſſelle pour vous défendre contre nos ennemis. Nous devons l'aider à notre tour. L'ami des hommes ne lui accorde que ſoixante & quinze millions par an : un autre ami lui en donne tout d'un coup ſept cent quarante. Mais de tous ces amis de *Job* il n'y en a pas un qui lui avance un écu. Il faut qu'on invente mille moyens ingénieux pour prendre dans nos poches cet écu qui n'arrive dans la ſienne que diminué de moitié.

Travaillez donc, mes chers frères ; agiſſez pour vous ; car je vous avertis que ſi vous n'avez pas ſoin de vous-même, perſonne n'en aura ſoin ; on vous traitera comme dans pluſieurs graves remontrances on a traité le roi. On vous dira, DIEU vous aſſiſte.

Nous irons dans nos provinces, répondez-vous ; nous ſerons nourris par les ſeigneurs des terres, par les fermiers, par les curés. Ne vous attendez pas, mes frères, à manger à leur table. Ils ont pour la plûpart aſſez de peine à ſe nourrir eux-mêmes, malgré la *méthode de s'enrichir promtement par l'agriculture* & cent ouvrages de cette eſpèce qu'on imprime tous les jours à Paris pour l'uſage de la campagne, que les auteurs n'ont jamais cultivée.

Je vois parmi vous des jeunes gens qui ont quelqu'efprit ; ils difent qu'ils feront des vers, qu'ils compoferont des brochures, comme *Chiniac*, *Nonotte*, *Patouillet* ; qu'ils travailleront pour les nouvelles eccléfiaftiques, qu'ils feront des feuilles pour *Fréron* ; des oraifons funèbres pour des évêques, des chanfons pour l'opéra comique. C'eft du moins une occupation ; on ne vole pas fur le grand chemin quand on fait l'*Année littéraire*, on ne vole que fes créanciers. Mais faites mieux, mes chers frères en JESUS-CHRIST, mes chers gueux, qui rifquez les galères en paffant votre vie à mendier ; entrez dans l'un des quatre ordres mendians ; vous ferez riches & honorés.

Fin de la fixiéme partie.

TABLE DES ARTICLES

contenus dans cette sixiéme partie.

FABLE. . . . . . Pag. 1.
   De quelques fanatiques qui ont voulu
      proscrire les anciennes fables. . 10.
   Apologie de la fable. . . . 11.
FACULTÉ. . . . . 13.
FANATISME. Section première. 16.
   Section seconde. . . . 23.
   Section troisiéme. . . . 28.
FEMME. *Physique & morale.* . . 29.
   Polygamie. . . . . . 37.
   De la polygamie permise par quelques pa-
      pes & par quelques réformateurs. 40.
   Pluralité des femmes. . . 43.
   Réponse de l'Allemand. . . . 45.
FERRARE. . . . . 46.

FERTILISATION. Section première. Pag. 50
    Section seconde. *Pourquoi certaines ter-
    res sont mal cultivées.* . . 59.
FÊTES DES SAINTS. *Lettre d'un ouvrier
    de Lyon à Messeigneurs de la commis-
    sion établie à Paris pour la réforma-
    tion des ordres religieux. Imprimée
    dans les papiers publics en* 1766. 62.
    Section seconde. . . . 65.
FEU. . . . . . 66.
FICTION. . . . . 71.
FIGURE. . . . . . 73.
    Figure, ou forme de la terre. . 74.
    Figuré, exprimé en figure. . . 84.
    Figure en théologie. . . . 90.
    Figures symboliques. . . . 92.
    *Figure, sens figuré, allégorique, mysti-
    que, tropologique, typique, &c.* 94.
FILOSOFE, ou PHILOSOPHE. 101.
    Section seconde. . . . 104.
    Section troisiéme. . . . 110.
FIN DU MONDE (*de la*). . 111.
FLATTERIE. . . . 116.
FLEUVES. . . . . 120.
FOI ou FOY. . . . 124.

FOLIE.	Pag. 127.
FONTE.	131.
FORCE EN PHYSIQUE.	142.
Force mécanique.	144.
FRANC, *ou* FRANQ; FRANCE, FRANÇOIS, FRANÇAIS.	148.
De la nation Française.	156.
Langue française.	163.
FRANÇOIS RABELAIS.	182.
Section seconde. *Des prédécesseurs de Rabelais en Allemagne, & en Italie, & d'abord du livre intitulé* Litteræ virorum obscurorum.	193.
Des anciennes facéties italiennes qui précédèrent Rabelais.	196.
FRANÇOIS XAVIER.	200.
FRAUDE. *S'il faut user de fraudes pieuses avec le peuple ?*	208.
GÉNÉRATION.	215.
GÉNÉRAUX (*Etats*).	227.
GENÈSE.	230.
GÉNIE.	252.
Section seconde.	256.
GÉOGRAPHIE.	258.
GÉOMÉTRIE.	Pag. 266.

DES ARTICLES. 351

GLOIRE. . . . . Pag. 277.
GOUT. . . . . 280.
   Du goût particulier d'une nation. 288.
   Du goût des connaisseurs. . . 290.
   Exemples du bon & du mauvais goût, tirés des tragédies françaises & anglaises. . . . . 291.
   Rareté des gens de goût. . . 296.
GOUVERNEMENT. Section premiere. 293.
   Section seconde. . . . . 301.
   Section troisiéme. . . . 305.
   Section quatriéme. . . . 310.
   Section cinquiéme. . . . 311.
   Section sixiéme. *Tableau du gouvernement anglais.* . . . 312.
GRACE. Section première. . 321.
   Section seconde. . . . 324.
GREC. *Observation sur l'anéantissement de la langue grecque à Marseille.* 327.
GRÉGOIRE VII. . . . 330.
GUERRE. . . . . 337.
GUEUX MENDIANT. . . 344.

ERRATA

du sixiéme volume.

Page 69. *ligne* 16. mais que sait-on ce qui arrivera ? *corrigez*, mais qui sait ce qui arrivera ?

page 71. *lig.* 24. ôtez, & Anchise.

page 107. *lig.* 9. Venet, *corr*. *Venel*.

page 119. *lig.* 25. de *Ponts*, *corr*. de *Ponto*.

page 169. *lig.* 19. de l'usage, *corr*. à l'usage.

page 178. *lig.* 17. & plat, à la fois hérissé, *corr*. & plat à la fois, hérissé.

page 226. *lig.* 4. une. Je suis, *corr*. un. Je suis.

page 245. *lig.* 10. d'un lieu, *corr*. du lieu.

page 261. *lig.* 21. soit habité, *corr*. soit habitée.

page 278. *lig.* 12. gloire s'il est, *corr*. gloire lorsqu'il est.

page 281. *lig.* 11. tant à suivre, *corr*. tant à le suivre.

page 286. *lig.* 4. de ceux-ci du, *corr*. de ceux du.

page 310. *lig.* 5. était le moins à tout, *corr*. était à tout.

www.ingramcontent.com/pod-product-compliance
Lightning Source LLC
Chambersburg PA
CBHW050759170426
43202CB00013B/2483